曾國歷史與文化

從「左右文武」到「左右楚王」

方勤 著

上海古籍出版社

本书为以下项目研究成果

国家社科基金重点项目"枣阳郭家庙墓地发掘报告（2014—2016）"
（项目编号：18AKG005）

考古中国——国家文物局重大研究项目之
"长江中游地区文明进程研究"

国家社科基金重大项目"先秦时期中原与边疆地区冶金手工业考古
资料整理与研究"（项目编号：17ZDA219）

方勤，1969年10月生，历史学博士，研究员，先后毕业于北京大学考古学系、武汉大学中国传统文化研究中心。2013年5月至今，任湖北省文物考古研究所所长、湖北省博物馆馆长，兼任中国考古学会理事、湘鄂豫皖楚文化研究会常务副理事长。主要从事青铜文明及曾、楚文化研究。主持的郭家庙墓地发掘、苏家垄墓地发掘分别获得2015年全国十大考古新发现、2017年全国六大考古新发现。主持国家社科基金重点项目"枣阳郭家庙墓地发掘报告（2014—2016）"，"考古中国——国家文物局重大研究项目"之"长江中游地区文明进程研究"、国家社科基金重大项目"先秦时期中原与边疆地区冶金手工业考古资料整理与研究"课题组成员，发表《曾国历史的考古学观察》等学术文章数十篇。著有《曾国历史与文化——从"左右文武"到"左右楚王"》，主编《曾国考古发现与研究》、《穆穆曾侯——枣阳郭家庙曾国墓地》、《纪南城考古发现》、《礼乐中国——湖北省博物馆馆藏商周青铜器》、《三苗与南土——湖北省文物考古研究所"十二五"期间重要考古收获》等学术著作多部。

图版一

随州叶家山墓地 M111 出土南公簋及铭文

万福垴遗址出土楚季宝钟及铭文

图版二

曲沃晋侯墓地 M64 出土楚公逆钟及部分铭文

图版三

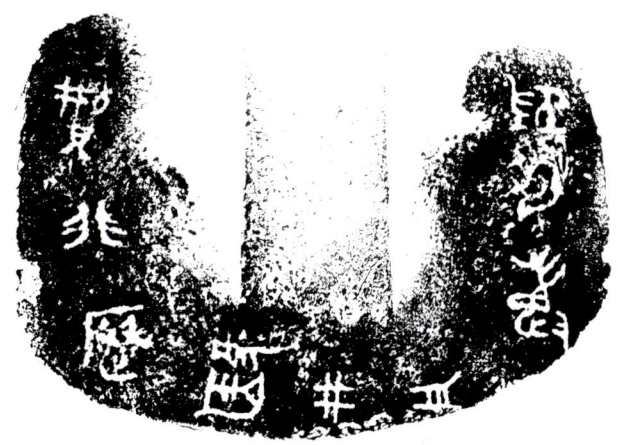

正　　　　　　　　　　　　　背

枣阳郭家庙墓地 GM21 出土曾伯陭钺及铭文

图版四

枣阳郭家庙墓地 M30 出土 10 件一套钮钟

图版五

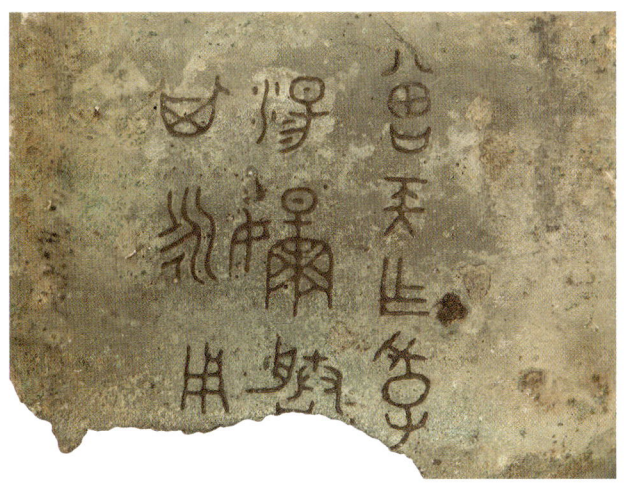

曾侯作季汤芈鼎及铭文

图版六

京山苏家垄遗址墓地南区墓葬分布

图版七

京山苏家垄墓地 M79 出土器物局部

M79 出土铍及盘匜组合

图版八

京山苏家垄墓地 M79 出土鼎、簋

图版九

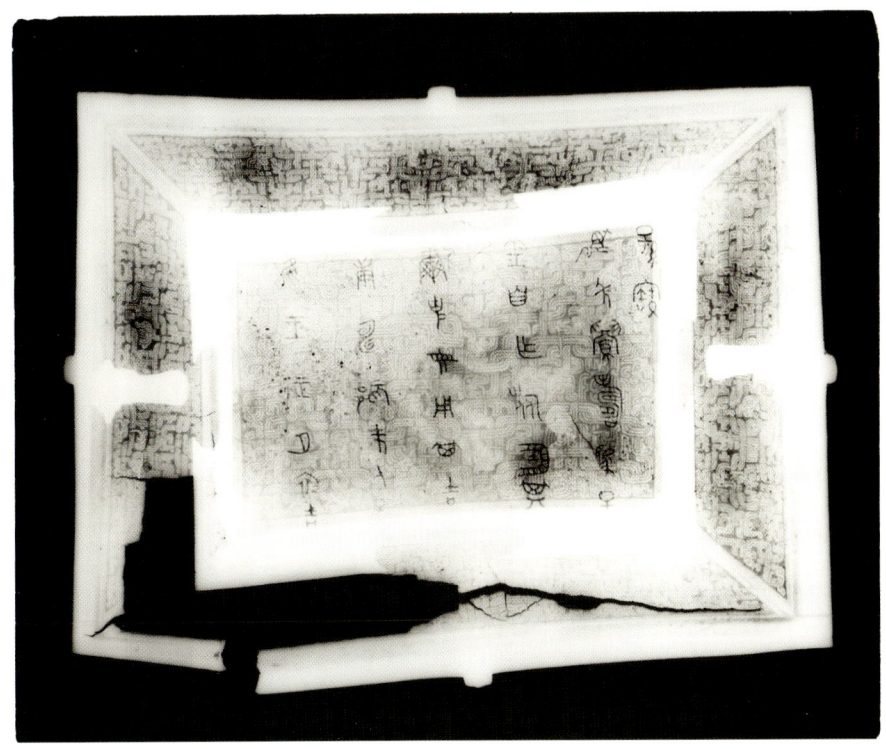

京山苏家垄墓地 M88 出土"陔夫人芈克"簠及铭文 X 光片

图版一〇

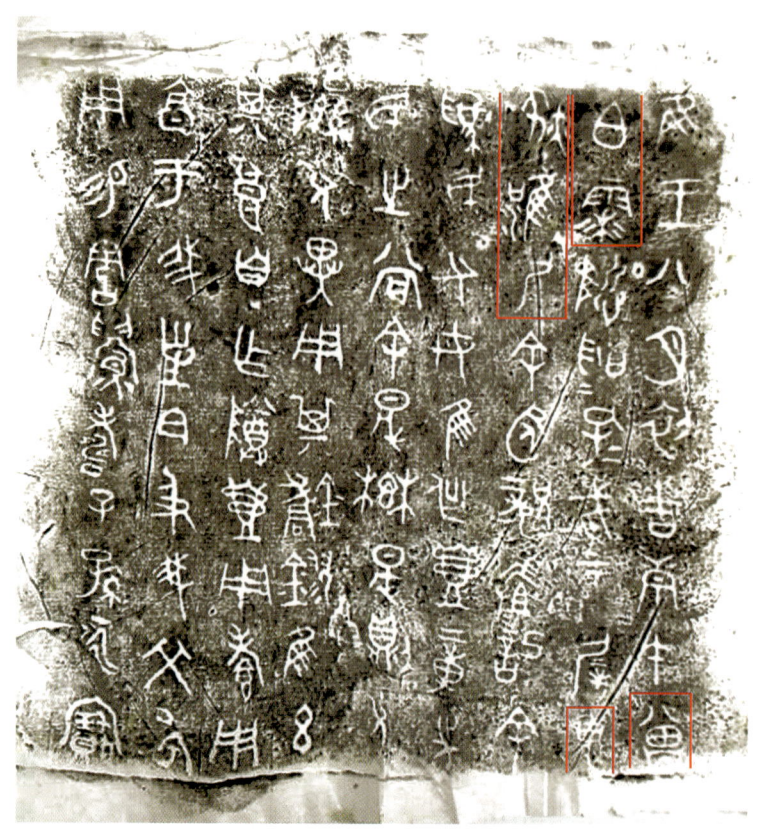

苏家垄墓地 M88 出土曾伯霥壶及铭文

图版一一

国家博物馆藏曾伯黍簠盖及铭文

图版一二

汉东东路墓地 M129 出土曾公铭文编钟

图版一三

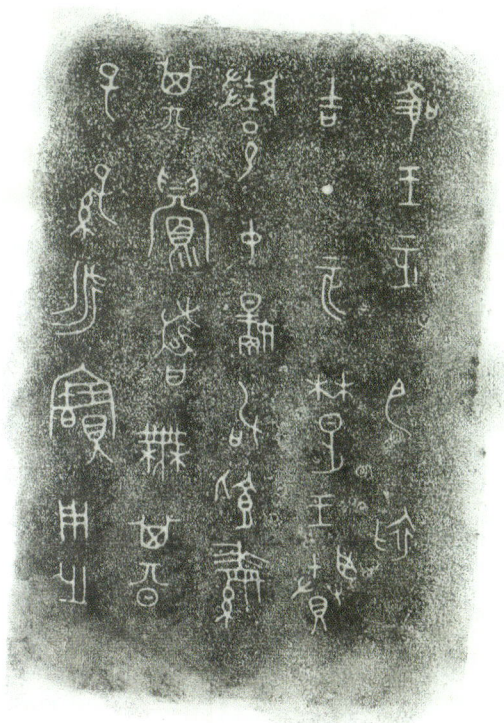

随仲芈加鼎及铭文

图版一四

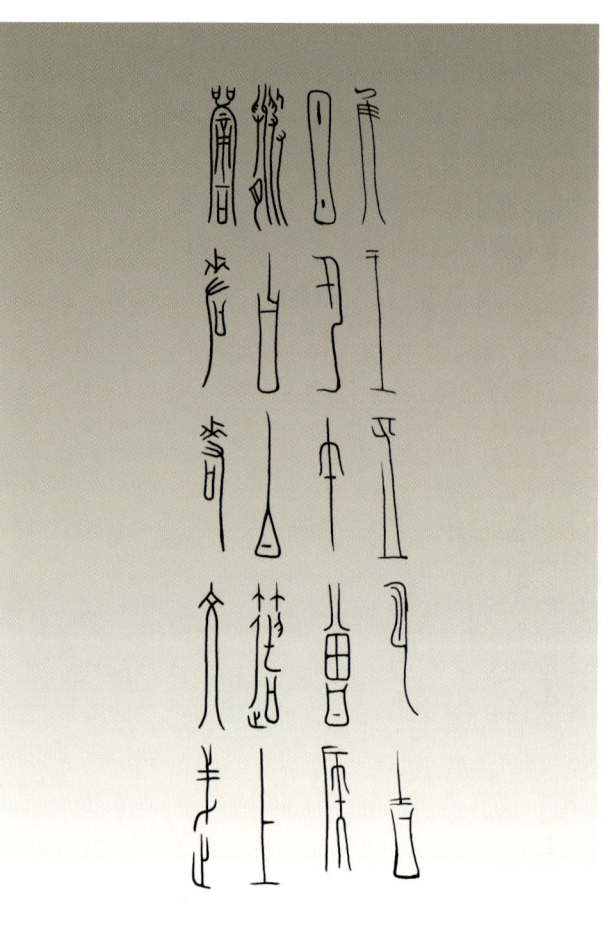

曾侯與编钟铭文中的"左右文武"

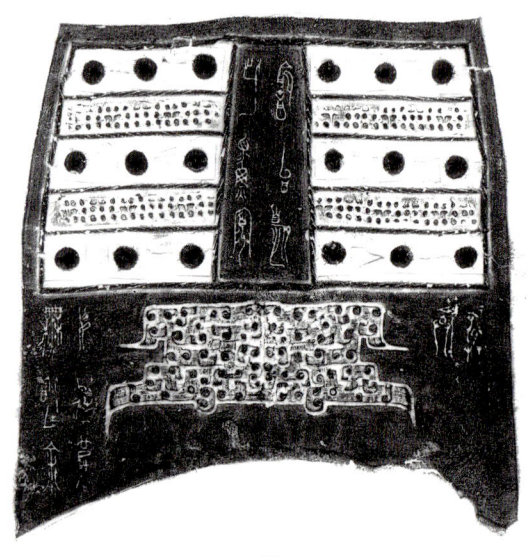
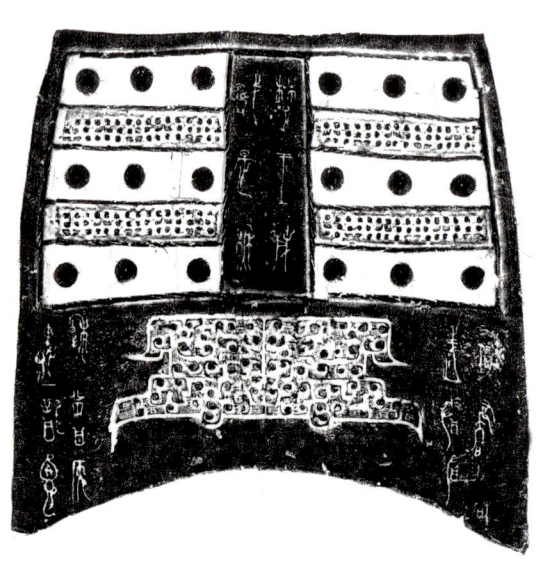

正　　　　　　　　　　　　背

文峰塔 M4 曾侯邨甬钟铭文中的"左右楚王"

图版一五

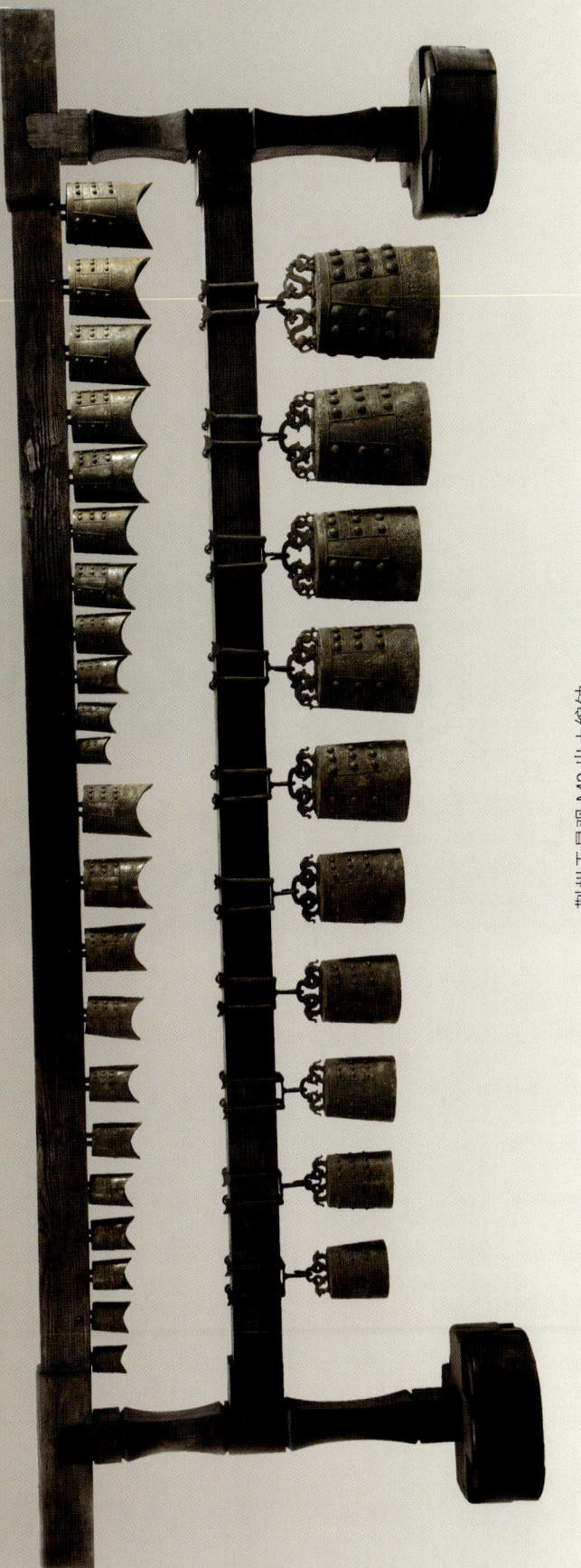

荆州天星观 M2 出土编钟

图版一六

曾侯乙尊盘及尊口沿局部

随州文峰塔墓地 M18 出土曾侯丙铜缶

图版一八

随州叶家山墓地出土玉器及原始瓷器

枣阳郭家庙墓地 M86 出土琴瑟

图版二〇

枣阳郭家庙墓地出土金玉器

序

十几年前，我在《"封建"考论》中对"封建"一词的语源、嬗递及其近代变异、泛化使用进行了梳理，借以考察中国从封建制度到皇权制度演绎的历史过程。限于主题和篇幅，拙著对中国封建制的典型形态——周代分封之诸侯国的实况描述较为简约。而周代宗法与分封结合的制度对三千年来中国历史影响深巨，两周方国的政制及其演变理当进行深入探究。

二十世纪以来，先秦史学在西学影响下，研究范式发生转变，要者便是考古材料的发现和使用。陈寅恪概括王国维"取地下之实物与纸上之遗文互相释证"（《王静安先生遗书序》）的二重证据法，傅斯年所谓"上穷碧落下黄泉，动手动脚找东西"（《历史语言研究所工作之旨趣》），都昭示了考古材料对于先秦史研究的重要意义。近现代以来，考古学科在理论、方法和技术上不断进步，由此带来的丰硕的考古成果，改变了学界对先秦历史、文化、思想的认识。考古学与历史学相互促进，研究境界已超越崔东壁等清人水准。

方勤博士以多年工作和思考的积累，撰成《曾国历史与文化——从"左右文武"到"左右楚王"》，正是根据最新考古材料对曾国这一颇具特色的周代方国做出综合研究的佳作，是一部系统梳理曾国历史文化的论著。曾国虽然名不见经传，但四十年前曾侯乙墓的发掘，使其名闻天下。曾侯乙墓出土的以编钟、尊盘为代表的文物，工艺之精湛，文化内涵之丰富，令人叹为观止。这足以证明其国力之强盛，文化积淀之厚重，由此带来的"曾随之谜"更是为学界关注。四十年来，湖北境内多次重大考古发现已经揭示了曾国的历史面貌，上起西周早期，下迄战国中期，为国内两周考古所罕见，成为研究周代方国的较佳样本。

作者首先排列曾国各历史时期重要考古发现，再对物质文化材料进行详尽的文化分析，指出各阶段的特征，结合史籍，对曾国的族源、疆域、国力、与周王室及周边方国的关系进行了详细考察，考古学的分析与历史学视角结合，做到考古材料与传世文献的相互印证。书中既有宏观论述，又有不少细致考证，如对文峰塔 M4 墓主即曾侯 郑的讨论即其一例。

本书中用较大篇幅论述曾、楚关系，揭示了曾国立国之初"左右文武"代表周王朝经营南方；随着楚国崛起，不得不臣服楚国，从而"左右楚王"。曾楚两国都立国于江汉地区，疆域相邻，相互影响长达数百年。曾国历史的厘清对于楚国历史研究意义重大。此书在早期楚文化、昭王伐楚、楚国核心地区变迁、楚国扩张过程等重要问题上对前贤研究多有辨正，突破处不在少数。

作者对曾国考古反映出的两个重要问题给予特别关注。一是结合苏家垄遗址出土铜器铭文和冶炼遗迹，阐释中国青铜时代铜料来源的"南方之路"，证明曾国在铜料流通中的作用与地位。二是系统分析叶家山、郭家庙、文峰塔、擂鼓墩等地出土的音乐考古材料，揭示曾侯乙编钟代表的曾国音乐作为"华夏正声"的重要地位和发展过程。此二者都已不局限于曾国考古领域，而是将视野扩展到了中国青铜时代礼乐文化的广阔范域。

方勤君先后受业于北京大学考古学系和武汉大学中国传统文化研究中心，受过系统专业训练，又坚持一线田野考古，成绩斐然。他出入考古学和文化史研究之间，触类旁通，对两周历史文化深有心得，集腋成裘，方成此作。本书言而有征、论而有据、材料丰赡、结构严密。有志于曾国研究乃至先秦史研究的学人，有此一书，便能通览曾国考古的最新成果。至于提示线索、启发新知，更为吾辈所期待。希望方勤君继续探索，在这一课题内贡献更多成果，以孚学界之厚望。是为序。

目　录

序 ……………………………………………………………………… 冯天瑜（ i ）

绪　论 ……………………………………………………………………………（ 1 ）
　　一、研究背景、目的与意义 ………………………………………………（ 1 ）
　　二、学术史回顾 ……………………………………………………………（ 6 ）
　　三、框架结构 ………………………………………………………………（ 13 ）
　　四、材料与方法 ……………………………………………………………（ 14 ）

第一章　曾国考古新发现 ……………………………………………………（ 16 ）
　第一节　叶家山墓地与庙台子遗址 ………………………………………（ 17 ）
　　一、叶家山墓地 ……………………………………………………………（ 18 ）
　　二、庙台子遗址 ……………………………………………………………（ 39 ）
　第二节　郭家庙墓地与忠义寨、周台遗址 ………………………………（ 42 ）
　　一、郭家庙墓地 ……………………………………………………………（ 42 ）
　　二、周台与忠义寨遗址 ……………………………………………………（ 52 ）
　第三节　苏家垄遗址 ………………………………………………………（ 53 ）
　　一、苏家垄墓地 ……………………………………………………………（ 57 ）
　　二、苏家垄遗址的调查收获 ………………………………………………（ 61 ）
　第四节　义地岗墓地、擂鼓墩墓地与安居城址 …………………………（ 65 ）
　　一、义地岗墓群 ……………………………………………………………（ 65 ）
　　二、擂鼓墩墓群 ……………………………………………………………（ 75 ）
　　三、安居城址 ………………………………………………………………（ 82 ）
　第五节　其他地区的曾国文化遗存 ………………………………………（ 83 ）

第二章　曾国历史分期与文化内涵分析 （87）

第一节　西周早期 （87）
一、文化遗存辨析 （87）
二、疆域范围 （89）
三、文化内涵分析——保留殷商遗风的姬周文化 （91）

第二节　西周晚期至春秋早期 （97）
一、文化遗存辨析 （97）
二、疆域范围 （106）
三、文化内涵分析——周文化系统的封国文化 （113）

第三节　春秋晚期至战国中期 （115）
一、文化遗存辨析 （115）
二、疆域范围 （122）
三、文化内涵分析——楚文化的同化 （125）

小结 （128）

第三章　交锋与融合：从"左右文武"到"左右楚王" （130）

第一节　"左右文武"：西周早期的曾国文化因素分析 （130）
一、鲜明的周王朝文化因素 （130）
二、地域特色与交流 （134）
三、西周早期的曾、楚关系 （136）

第二节　"左右楚王"：与楚文化的冲突并逐渐融入楚文化 （152）
一、西周晚期至春秋早期的曾、楚关系 （152）
二、春秋晚期（含中期）及以后的曾、楚关系 （156）

第四章　曾国的音乐与青铜成就 （164）

第一节　音乐之路：华夏正声 （164）

第二节　青铜之路：金道锡行 …………………………………………（172）
第三节　余论：曾国文化概观 …………………………………………（184）
　　一、曾国文化中的周王朝正统文化面貌 ……………………………（184）
　　二、曾国的政治文化 …………………………………………………（187）
　　三、出土曾国文物上所见的神话 ……………………………………（189）
　　四、曾国出土文物艺术 ………………………………………………（190）
　　五、曾国文化的吸收与传播 …………………………………………（198）
小结 …………………………………………………………………………（203）

第五章　结语……………………………………………………………（205）

参考文献 ……………………………………………………………………（207）
附录 …………………………………………………………………………（214）
后记 …………………………………………………………………………（262）

插 图 目 录

图一	随枣走廊两周时期曾国遗存分布图	（16）
图二	叶家山墓地与庙台子遗址位置关系图	（17）
图三	随州叶家山墓地2011年、2013年发掘墓葬分布图	（19）
图四	叶家山M65出土部分器物及其铭文拓片	（22）
图五	叶家山M28出土器物及铭文拓片	（25）
图六	叶家山M111出土器物	（29）
图七	叶家山M1出土器物及铭文	（31）
图八	叶家山M2出土器物及铭文	（34）
图九	叶家山M27出土器物及铭文	（38）
图一〇	庙台子遗址群示意图	（40）
图一一	庙台子遗址环壕分布图	（41）
图一二	郭家庙墓地与忠义寨遗址、周台遗址位置关系	（42）
图一三	郭家庙墓地郭家庙墓区墓葬及车马坑分布图	（43）
图一四	2014、2015年郭家庙墓地郭家庙墓区北区	（44）
图一五	郭家庙墓地曹门湾墓区墓葬及车马坑分布图	（44）
图一六	郭家庙墓地曹门湾墓区	（45）
图一七	郭家庙GM21出土的曾伯陭钺和铃钟	（46）
图一八	郭家庙墓区M60车马坑	（47）
图一九	曹门湾墓区M1	（48）
图二〇	曹门湾墓区M1陪葬车坑和马坑	（49）
图二一	"曾侯绎白秉戈"铭文	（50）
图二二	曹门湾墓区M2	（50）
图二三	郭家庙M17出土器物	（51）
图二四	苏家垄遗址位置图	（54）
图二五	苏家垄墓地1966年出土器物及其部分器物铭文	（56）
图二六	苏家垄遗址墓地南区墓葬分布图	（58）
图二七	苏家垄M79与M88墓坑局部	（59）
图二八	曾伯霖壶铭文拓片	（60）

图二九	苏家垄 M79 两套器物组合	（62）
图三〇	"陔夫人芈克"铭文簠及其 X 光片	（63）
图三一	苏家垄遗址炼炉炉基及其周围遗存分布	（64）
图三二	苏家垄遗址炼渣遗存	（64）
图三三	义地岗墓群、擂鼓墩墓群与安居城址三者位置示意图	（66）
图三四	义地岗墓群早年出土带有重要铭文的器物	（68）
图三五	文峰塔墓地墓葬分布图	（70）
图三六	文峰塔墓地 M18	（73）
图三七	汉东东路墓地 M129 出土曾公铭文编钟	（74）
图三八	汉东东路墓地 M129 出土曾侯得铭文戈	（75）
图三九	擂鼓墩墓群范围示意图	（76）
图四〇	曾侯乙墓附葬坑	（77）
图四一	曾侯乙墓编钟与编磬复原图	（79）
图四二	重庆中国三峡博物馆收藏的"曾侯乙甬钟"	（80）
图四三	江陵天星观二号墓出土编钟	（80）
图四四	"盛君縈之御匜"铜簠铭文拓片	（82）
图四五	"曾子仲谋"铭文铜鼎	（84）
图四六	熊家老湾出土带重要铭文的器物	（86）
图四七	叶家山墓地与庙台子遗址位置关系图	（90）
图四八	西周早期曾国疆域及周边各国位置示意图	（92）
图四九	叶家山 M2（上）和长安张家坡 H301（下）陶器群	（94）
图五〇	天马—曲村 M114 随葬陶鬲（左）与叶家山 M65 随葬陶鬲（右）	（95）
图五一	郭家庙出土陶鬲（上）、曾侯乙墓出土铜鬲（中）与曾侯丙墓出土铜鬲（下）	（96）
图五二	叶家山 M50 出土陶鼎（左）与湖南高砂脊遗址出土陶鼎（中、右）	（97）
图五三	曾侯宝鼎及铭文拓片	（100）
图五四	京山苏家垄遗址墓地南区墓葬分布图	（102）
图五五	"曾太祝"铭文簠	（103）
图五六	曾太保鼎及铭文	（104）
图五七	"曾太师旁乐"鼎及铭文拓片	（105）

图五八	西周晚期到春秋早期曾国疆域及周边诸国位置示意图	（107）
图五九	襄阳楚王城遗址与郭家庙墓的位置关系图	（109）
图六〇	郭家庙墓地与忠义寨遗址、周台遗址的位置关系图	（111）
图六一	荆州博物馆所藏弦纹簠	（112）
图六二	叶家山墓地和郭家庙墓地各位曾侯及其夫人墓有无墓道及墓道朝向情况	（114）
图六三	擂鼓墩墓群和义地岗墓群平面图	（117）
图六四	义地岗墓群分布的曾侯墓	（118）
图六五	青铜器铭文所见"曾侯郎"	（119）
图六六	"曾孙定"鼎与"曾都尹定"簠	（122）
图六七	战国时期曾国位置示意图	（123）
图六八	曾侯與编钟（M1∶1）铭文中的"左右文武"	（126）
图六九	文峰塔 M4 甬钟（M4∶016）铭文中的"左右楚王"	（127）
图七〇	楚季宝钟（左）与楚公豪钟（右）	（139）
图七一	楚公逆钟及其铭文	（140）
图七二	万福垴遗址出土的巴式铜剑（正反两面）	（141）
图七三	湖南省博物馆藏楚公豪戈	（141）
图七四	万福垴出土器物	（145）
图七五	沮漳河流域西周中晚期至春秋时期遗存分布图	（150）
图七六	⺊子鼎及铭文	（152）
图七七	郭家庙墓地 CM2 出土红陶曲柄盉	（154）
图七八	曾侯乙墓出土玉剑	（159）
图七九	曾侯丙墓出土镬鼎（上）、九连墩 1 号墓镬鼎（中）、楚幽王墓出土铸客为王后鼎（下）	（162）
图八〇	叶家山墓地 M111 出土编钟	（166）
图八一	曲尺形编钟架和单面编磬架组合而成轩悬规制	（168）
图八二	郭家庙 M30 出土 10 件一套钮钟	（169）
图八三	文峰塔墓地 2012M33 出土铜盘	（173）
图八四	随枣走廊位置图	（174）
图八五	叶家山 M28 出土的两块铜锭	（175）

图八六	庙台子遗址出土的伞状陶管	(176)
图八七	苏家垄遗址的冶炼遗存	(177)
图八八	苏家垄M79所出铜簠与国博所藏"曾伯桼"簠	(178)
图八九	苏家垄周边铜矿及"金道锡行"区域范围的铜、锡矿分布图	(180)
图九〇	和尚垴遗址位置图	(181)
图九一	和尚垴冶炼遗址出土遗物	(182)
图九二	和尚垴遗址出土的带沟槽鬲足(上)与带流陶鬲(下)	(183)
图九三	羊子山M4出土鄂国青铜器	(185)
图九四	曾侯乙墓"弋射图"木衣箱漆书文字	(188)
图九五	叶家山M27出土的人龙合体玉佩(左)、郭家庙出土的羽人玉佩(中)、羽人形编磬立柱(右)	(189)
图九六	曾侯乙主棺内棺纹饰	(191)
图九七	曾侯乙衣箱上的"弋射图"	(192)
图九八	叶家山M27出土立鸟盖悬铃铜罍(左)、M111出土蟠龙兽首铜罍(右)	(193)
图九九	叶家山M111出土的编钟	(193)
图一〇〇	叶家山M28出土的曾侯谏铜盉流上爬兽	(194)
图一〇一	叶家山M111出土的曾侯作父乙铜方鼎	(194)
图一〇二	曾仲斿父壶	(194)
图一〇三	曾侯乙尊盘及尊口沿局部	(195)
图一〇四	曾侯乙编磬架神兽	(196)
图一〇五	曾侯乙编钟钟架铜人立柱	(197)
图一〇六	叶家山M28出土玉凤鸟	(199)
图一〇七	郭家庙曹门湾M1出土四凤纹玉饰	(200)
图一〇八	叶家山M27出土龙形玉佩	(200)
图一〇九	郭家庙曹门湾M1出土人龙合体玉佩(上)、M17出土龙形玉佩(下)	(201)
图一一〇	曾侯乙墓出土彩漆鸳鸯盒线图	(202)
图一一一	叶家山M1出土巴式铜剑	(203)
图一一二	苏家垄M79出土升鼎	(204)

绪　　论

一、研究背景、目的与意义

（一）研　究　背　景

曾国这个诸侯国，其历史是通过考古发掘而逐步揭示的，这在周代的诸侯国历史研究上是绝无仅有的。虽然早在宋代文献中，就有出土"曾"字铭文青铜器的记载，[①]但真正对曾国的研究，是由考古发现推动的。1933年，安徽李三孤堆楚王墓遭军阀盗掘，嗣后的1935年和1938年又再次被盗掘，墓中出土了成千件青铜器，包括曾姬无卹壶，当时这个"曾"字铭文引起了学者关于是否存在曾国的思考。[②] 1966年，京山苏家垄发现了"曾侯仲子斿父"铭文铜器，[③]引起了郭沫若、俞伟超[④]等学者对曾国的关注。1978年曾侯乙墓的发掘，[⑤]掀起曾国历史研究的一个高潮，并提出了"曾国之谜"的学术热点课题。[⑥] 1981年，在距离曾侯乙墓仅102米的地方，又发掘了擂鼓墩二号墓，出土了包括九鼎八簋、36件编钟在内的大量曾国铜器，[⑦]进一步推动了以曾侯乙墓为重点的曾国历史研究。在曾侯乙墓发掘的前后，也有一些关于曾国青铜器的发掘与出土。随州的熊家老湾分别于1970、1972年进行了两次发掘，出土了铭文为"曾伯文"的铜簋。[⑧]

[①] 赵明诚：《金石录》"安州所献六器铭"条，齐鲁书社，2009年。薛尚功：《历代钟鼎彝器款识法帖》，中华书局，1986年。中国社会科学院考古研究所：《殷周金文集成》，中华书局，2007年。
[②] 刘节：《寿县所出楚器考释》，《古史考存》，人民出版社，1958年。
[③] 湖北省博物馆：《湖北京山发现曾国铜器》，《文物》1972年第2期，第47—53页。
[④] 俞伟超、高明：《周代用鼎制度研究》，《北京大学学报》（哲学社会科学版）1978年第1期。1971年夏天，故宫举办了"无产阶级文化大革命期间出土文物展览"，展品共有1982件，其中包括京山苏家垄出土曾国铜器，据陈振裕回忆，展览正式展出前，全国人大副委员长郭沫若到故宫审查了每件展品及其说明。
[⑤] 湖北省博物馆：《曾侯乙墓》，文物出版社，1989年。
[⑥] 李学勤：《曾国之谜》，《光明日报》1978年10月4日版。石泉：《古代曾国—随国地望初探》，《武汉大学学报》（哲学社会科学版）1979年第1期。
[⑦] 湖北省博物馆、随州市博物馆：《湖北随州擂鼓墩二号墓发掘简报》，《文物》1985年第1期，第16—36页。随州市博物馆：《随州擂鼓墩二号墓》，文物出版社，2008年。
[⑧] 鄂兵：《湖北随县发现曾国铜器》，《文物》1973年第5期，第21—25页。

襄阳的枣阳段营、①枣阳曹门湾②分别出土过曾国铜器,枣阳曹门湾还采集到"曾侯絴白"铭文戈。河南的新野小西关出土了曾国青铜器。③ 随州涢阳于 1975 年出土了"曾子原彝"铭文铜器。④ 随州城郊的义地岗于 1979 年发掘一座春秋墓,出土了"周王孙季怠"、"穆侯之子、西宫之孙曾大工尹季怠"铭文戈;⑤同属义地岗墓地的东风油库于 1994 年出土了"曾少宰"和"曾侯䧹"铭文铜器;⑥2011 年在义地岗又发掘了曾公子去疾墓。⑦ 在这期间,为配合工程建设,2002 年至 2003 年发掘了枣阳郭家庙以二十一号曾伯陭墓为代表的二十余座墓葬,⑧2008 年发掘了苏家垄二号墓,这两次发掘虽然涉及两个极其重要的曾国墓葬,但发掘规模有限;1997 年对擂鼓墩整个墓地进行了系统的调查与勘探,⑨取得了一定成果。此外,还发现了文物追缴所得的"曾侯宝"(一释为"曾侯甸")铭文鼎,⑩组织了对附近出土"曾都尹定"铭文鼎、⑪可能为曾国春秋晚期都城的安居城址的调查。⑫ 此外,早在 1983 年,就发掘了西周早期的庙台子曾国遗址。⑬ 但是,这一时期,曾国历史研究仍然在以曾侯乙墓为中心的框架中进行,学者对曾侯乙墓为代表的曾国文化进行了系统研究,但西周早期的考古发现缺乏,关于曾国始封等问题的研究没有突破性进展。

以 2011 年随州叶家山曾国墓地的发掘为标志,迎来了曾国历史研究的又一高潮。2011 年至 2013 年,发掘了随州叶家山曾国墓地,⑭出土了西周早期的"曾侯谏""曾侯

---

① 湖北省博物馆:《湖北枣阳县发现曾国墓葬》,《考古》1975 年第 4 期,第 222—225 页。
② 田海峰:《湖北枣阳县又发现曾国铜器》,《江汉考古》1983 年第 3 期,第 101—103 页。
③ 河南省博物馆等:《河南新野古墓葬清理简报》,《文物资料丛刊》第 2 辑,1978 年,第 70—74 页。
④ 程欣人:《随县涢阳出土楚、曾、息青铜器》,《江汉考古》1980 年第 1 期,第 97—108 页。
⑤ 随县博物馆:《湖北随县城郊发现春秋墓葬和铜器》,《文物》1980 年第 1 期,第 34—41 页。
⑥ 湖北省文物考古研究所、随州市曾都区考古队、随州市博物馆:《湖北随州义地岗墓地曾国墓 1994 年发掘简报》,《文物》2008 年第 2 期,第 4—18 页。
⑦ 湖北省文物考古研究所、随州市博物馆:《湖北随州义地岗曾公子去疾墓发掘简报》,《江汉考古》2012 年第 3 期,第 3—26 页。
⑧ 襄樊市考古队、湖北省文物考古研究所、湖北孝襄高速公路考古队:《枣阳郭家庙曾国墓地》,科学出版社,2005 年。
⑨ 张昌平:《关于擂鼓墩墓群》,《江汉考古》2007 年第 1 期,第 80—86 页。
⑩ 项章:《随州博物馆藏曾侯甸鼎》,《文物》2014 年第 8 期,第 44—45 页。国家博物馆 2015 年 9 月举办的"近藏集萃——国家博物馆新入藏文物特展",也展出了"曾侯宝"铭文鼎。
⑪ 随州市博物馆:《湖北随州市安居镇发现春秋曾国墓》,《江汉考古》1990 年第 1 期,第 10—11 页。
⑫ 武汉大学荆楚史地与考古教研室:《随州安居遗址初次调查报告》,《江汉考古》1984 年第 4 期,第 1—7 页。张昌平:《安居周代城址的发现及其意义》,《中国文物报》1998 年 8 月 26 日。湖北省文物考古研究所调查资料。
⑬ 武汉大学考古教研室:《随州西花园、庙台子遗址发掘简述》,《江汉考古》1984 年第 3 期,第 12—13 页。武汉大学历史系考古教研室等:《西花园与庙台子》,武汉大学出版社,1993 年。
⑭ 湖北省文物考古研究所、随州市博物馆:《湖北叶家山 M65 发掘简报》,《江汉考古》2011 年第 3 期,第 3—40 页。湖北省文物考古研究所、随州市博物馆:《湖北随州叶家山西周墓地发掘简报》,《文物》2011 年第 11 期,第 4—60 页。湖北省文物考古研究所、随州市博物馆:《湖北随州叶家山西周墓地》,《考古》2012 年第 7 期,第 31—52 页。湖北省文物考古研究所、随州市博物馆:《随州叶家山第二次发掘的主要收获》,《江汉考古》2013 年第 3 期,第 3—6 页。湖北省文物考古研究所、随州市博物馆:《湖北随州叶家山 M28 发掘报告》,《江汉考古》2013 年第 4 期,第 3—57 页。湖北省博物馆、湖北省文物考古研究所、随州市博物馆:《随州叶家山西周早期曾国墓地》,文物出版社,2013 年。湖北省文物考古研究所、随州市博物馆、出土文献与中国古代文明协同创新中心:《湖北随州叶家山 M107 发掘简报》,《江汉考古》2016 年第 3 期,第 3—40 页。

狄"等重要铭文铜器。首次揭露了西周早期的曾国公墓地,这是关于曾国始封问题研究的重要突破。为配合寻找曾国早期都城,于2015、2016、2017年连续开展了庙台子遗址的发掘。① 与此同时,关于春秋早期的曾国考古也取得了重要收获,2014、2015、2016年先后连续发掘了枣阳郭家庙墓地和忠义寨城址、周台遗址,确认了郭家庙墓地的曹门湾墓区为曾侯规格的墓葬,②以及忠义寨城址是同期的都城,③在寻找西周晚期至春秋早期的曾国政治中心上有了突破。年代主体同为西周晚期、春秋早期的苏家垄墓葬与遗址发掘于2016年开展,这次出土了"曾伯桼"铭文铜器,找到了在青铜冶炼铸造历史研究上具有重要史料价值的"金道锡行"铭文簋的主人曾伯桼之墓葬,以及与墓葬同期的曾国大型冶炼遗址。④

与此同时,曾侯乙墓所属的战国早期前后,曾国考古也取得了重要收获。2009年,在随州义地岗墓地发掘了春秋晚期的文峰塔M1,墓主人是曾侯乙的先辈曾侯舆(出土文献材料中"舆"或作"腴",或作"遞",为行文方便,本文一律作"舆")。⑤ 出土的曾侯舆编钟铭文直接记载了关于曾国始封、曾楚关系等重要问题。2013年,在随州义地岗墓地发掘65座春秋中晚期墓葬,出土的铜器铭文多见"曾子"、"曾孙"铭文,并发掘了时代晚于曾侯乙的、已至战国中期的曾侯丙墓。⑥ 这些考古资料的时代在曾侯乙前后,是进一步研究春秋中晚期至战国中期曾国历史的重要考古材料。

至此,曾国丰富的考古资料集中在西周早期、西周晚期至春秋早期、春秋晚期(含中期)至战国中期三个历史阶段,而且这三个历史阶段都有国君级大型墓葬的发掘,以及都城等重要遗迹的发现。这在诸侯国的考古和历史研究上都是绝无仅有的。虽然西周中期、战国中晚期等仍然存在部分缺环,但曾国的历史脉络基本勾画出来了,所以,当前根据考古材料,结合文献,对曾国历史进行系统研究是恰逢其时,也是必要的。

近些年,笔者一直关注和参与曾国历史文化研究。如2013年参与叶家山墓地考

---

① 湖北省文物考古研究所考古资料。
② 方勤、胡刚:《枣阳郭家庙曾国墓地曹门湾墓区考古主要收获》,《江汉考古》2015年第3期,第3—11页。方勤、吴宏堂:《穆穆曾侯——枣阳郭家庙曾国墓地》,文物出版社,2015年。湖北省文物考古研究所等:《湖北枣阳郭家庙墓地曹门湾墓区(2014)M10、M13、M22发掘简报》,《江汉考古》2016年第5期,第13—35页。武汉大学历史学院、湖北省文物考古研究所等:《湖北枣阳郭家庙墓地曹门湾墓区(2015)M43发掘简报》,《江汉考古》2016年第5期,第36—49页。
③ 方勤:《郭家庙墓地的性质》,《江汉考古》2016年第5期,第86—88页。
④ 方勤等:《湖北京山苏家垄遗址考古收获》,《江汉考古》2017年第6期,第3—9页。
⑤ 湖北省文物考古研究所等:《随州文峰塔M1(曾侯舆墓)、M2发掘简报》,《江汉考古》2014年第4期,第3—51页。
⑥ 湖北省文物考古研究所:《湖北随州文峰塔墓地考古发掘的主要收获》,《江汉考古》2013年第1期,第3—5页。湖北省文物考古研究所、随州市博物馆:《湖北随州市文峰塔东周墓地》,《考古》2014年第7期,第18—33页。湖北省文物考古研究所、随州市博物馆:《湖北随州文峰塔墓地M4发掘简报》,《江汉考古》2015年第1期,第3—15页。

古工作;2014、2015 年主持郭家庙曾国墓地发掘,获得"全国十大考古新发现";2016、2017 年主持苏家垄墓地与遗址的发掘,获得 2017 年"全国六大考古新发现"。此外,先后发表《曾国历史的考古学观察》等关于曾国历史与文化研究的论文多篇,[①]也是国家社科基金重点项目"郭家庙墓地发掘与研究"的主持人,还先后主持召开了 2013 年"随州叶家山西周墓地考古研讨会"(湖北随州)和"叶家山西周墓地国际学术研讨会"(湖北武汉)、2014 年"曾国考古发现与研究学术研讨会"(北京)、2016 年"曾国考古发现与研究暨纪念苏家垄出土曾国青铜器五十周年国际学术研讨会"(湖北京山)等大型学术研讨会。因为笔者长期在考古第一线,得以接触第一手材料,并在考古工作与学术研究中,有机会向各位专家和学者讨教,因而形成了自己关于曾国历史研究较为系统的思考。

(二) 研究内容与意义

1. 目的与意义

本书在吸收已有资料和研究成果的基础上,充分运用考古新材料,融入自己的研究心得,对曾国考古资料和文献进行全面系统的梳理,形成对曾国历史研究较为系统的成果,构建起曾国这个诸侯国较为完备的历史,亦有助于更系统地了解周朝建立的、以曾侯乙编钟为代表的礼乐文化。

曾国历史研究体系的建立,对研究周代诸侯国乃至整个周王朝的历史有重要的支撑作用。由于楚国与曾国地域相邻,历史事件相互关联,较为完整体系的曾国历史的构建,对楚文化研究也将产生极大的推动作用。

2. 主要内容

本书在梳理曾国的历史发展脉络时,关注曾国作为周王朝文化的代表,从中原地区来到随枣地区,与当地文化交锋与融合的过程。

通过系统考察,我们注意到曾国在以叶家山、庙台子为代表的西周早期,周王朝为主体的文化特色鲜明;以郭家庙、忠义寨、苏家垄为代表的西周晚期至春秋早期,既

---

① 方勤:《曾国历史的考古学观察》,《江汉考古》2014 年第 4 期,第 109—115 页。方勤、胡刚:《枣阳郭家庙曾国墓地曹门湾墓区考古主要收获》,《江汉考古》2015 年第 3 期,第 3—11 页。方勤:《郭家庙墓地的性质》,《江汉考古》2016 年第 5 期,第 86—88 页。方勤:《郭家庙曾国墓地的发掘与音乐考古》,《音乐研究》2016 年第 5 期,第 5—9 页。方勤:《多学科协作全面了解曾侯乙编钟》,《中国社会科学报》2017 年 1 月 23 日版。方勤、吴宏堂:《穆穆曾侯——枣阳郭家庙曾国墓地》,文物出版社,2015 年。

有自身特色，又有与楚、邓、黄等诸侯国及本地文化交流的特征；以曾侯乙为代表的战国早期前后，则受到楚文化的影响，基本融合成为楚文化的一个组成部分。

随州的义地岗墓地出土了曾侯舆墓[①]和文峰塔M4，[②]M4的墓主人亦当为曾侯一级的曾侯郕。曾侯舆编钟铭文直接记载了关于曾国始封，曾、楚关系等重要问题，其中谈到其祖先的历史时，用了"左右文武"一语，即辅佐周文王、武王之意。而M4曾侯郕墓中出土的一枚甬钟，上有"左右楚王"一语，则恰好表明曾国作为周王朝分封在南方的大国，从直接受周王朝指挥，承担经营南方重大使命的同姓诸侯国，到由于楚国的崛起，不得不"左右楚王"，臣服于楚国的过程。

从"左右文武"到"左右楚王"的过程，既是曾国的发展历史，同时，也暗示曾国的文化是从周王朝代表的中原文化，来到南方，逐步与楚地文化交锋、融合，并最终成为楚文化的有机组成部分。

（三）本书的创新点

首次结合最新考古发现，采用以考古学文化内涵为分期手段，对曾国墓葬材料进行系统梳理，尝试构建曾国的历史脉络框架。本文分西周早期、西周晚期至春秋早期、春秋晚期（略涉及春秋中期）至战国中期，在这个基础上，再分析文化内涵，探讨其与中原中央王朝以及与周邻诸侯国，特别是楚国的关系，以及文化上的交锋与融合。

特别值得一提的是，本书通过认真的梳理，提出了曾国分封到江汉地区以后，并不是一味沿袭周王朝，而是主动地创新；而楚国文化在早期受代表周王朝文化的曾国影响，一定程度上也吸收了曾国文化的给养。

与此同时，通过对文献和考古资料的分析，构建曾国灭国之前的编年，指出曾国并不是被楚灭，应该是在秦统一的大背景下，随着秦占楚地之后，随楚国一并迁移的。曾侯丙墓出土的大鼎，特别是蹄足的兽面造型，与九连墩1号墓铜镬鼎、[③]包山2号墓的豕镬鼎几乎一致，[④]与楚幽王墓出土熊悍鼎的风格也极为相似，[⑤]因此可推测曾侯丙的时代在包山2号、九连墩1号墓至楚幽王墓之间，当在公元前300年左右，即秦占领

[①] 湖北省文物考古研究所等：《随州文峰塔M1（曾侯舆墓）、M2发掘简报》，《江汉考古》2014年第4期，第3—51页。

[②] 湖北省文物考古研究所、随州市博物馆：《湖北随州文峰塔墓地M4发掘简报》，《江汉考古》2015年第1期，第3—15页。

[③] 湖北省博物馆：《九连墩——长江中游的楚国贵族大墓》，文物出版社，2007年。

[④] 湖北省荆沙铁路考古队：《包山楚墓》，文物出版社，1991年。

[⑤] 湖南省博物馆、首都博物馆：《凤舞九天——楚文化特展》，科学出版社，2015年。

随州一带之前；曾侯丙墓并不是分布在擂鼓墩墓地，而是在文峰塔墓地，说明此时的曾国国君墓地已经没有曾侯乙时代规范，且墓的亚字形布局，与平夜君成墓①的布局类似，规格也差不多，表明此时的曾国国君墓地与楚国封君的规格相似；擂鼓墩发现的砖瓦厂13号墓，②并没有直接打破国君墓，尽管出土鼎、敦、壶典型楚墓的组合，但是腰坑、墓向南北向等特点，并不是楚墓的特色，相反与曾侯丙的腰坑、南北向相符，所以原来以此推断的被楚国占领并不成立。③ 此外，安徽李三孤堆楚幽王墓葬有曾姬无卹壶礼器，④也暗示了楚国与曾国非同一般的关系，应当不至于"灭"之。

本书首次结合最新考古发掘材料，对西周早期至战国中期曾国青铜器、陶器并行发展的脉络进行系统、全面的考古学考察，来厘清曾国族属性质、曾国疆域和都城变迁。从考古视角考察曾国在中原文化圈、江汉地方文化圈的作用下，其文化面貌的变化状况。⑤

本书首次结合考古发现，综合梳理曾国出土乐器，对曾国音乐考古进行详尽考察。在分析叶家山墓地、郭家庙墓地、曹门湾墓地、苏家垄墓地、义地岗墓地以及擂鼓墩墓群出土的曾国乐器的形态、组合、用途及随葬位置的基础上，结合出土青铜器及陶器的断代，尝试对曾国乐器进行系统的考古学编年，建立曾国音乐考古学的时空框架，揭示出以曾侯乙编钟为代表的曾国音乐代表了公元前五世纪人类音乐的最高水平。

二、学术史回顾

关于商代的"曾"。曾字最早见于商代甲骨文，如"乙未[卜]，贞，立事于南，右[从我]，中从舉，左从罒"（《甲骨文合集》5504）。李学勤认为曾（"罒"即"曾"）与举（"舉"即"举"）是商朝南土的两个封国，商王对南方征伐，动用了曾国和举国的军队。⑥ 结合《诗经·商颂·殷武》中"挞彼殷武，奋伐荆楚"，笪浩波认为是商王武丁伐

---

① 河南省文物考古研究所：《新蔡葛陵楚墓》，大象出版社，2003年。
② 随州市博物馆：《随州擂鼓墩砖瓦厂十三号墓发掘简报》，《江汉考古》1984年第3期，第37—41页。
③ 刘彬徽、王世振：《曾国灭亡年代小考》，《江汉考古》1984年第4期，第91—92页。李家浩：《从曾姬无卹壶铭文谈楚灭曾的年代》，《文史》第33辑，中华书局，1990年，第11—18页。
④ 刘节：《寿县所出楚器考释》，《古史考存》，人民出版社，1858年。曹淑琴、殷玮璋：《寿县朱家集铜器群研究》，苏秉琦主编《考古学文化论集（一）》，文物出版社，1987年，第199—220页。李零：《论东周时期楚国的典型铜器群》，《古文字研究》第19辑，中华书局，1992年，第143页。
⑤ 张昌平：《曾国青铜器研究》，文物出版社，2009年。
⑥ 李学勤：《盘龙城与商朝的南土》，《新出青铜器研究》，文物出版社，1990年，第14页。

楚的记录。① 因此,曾国至迟在商代即存在,地处商朝南土。关于商代曾国的族姓,《世本》载"曾氏,夏少康封其少子曲烈于鄫";② 马俊才、李维明、李迎年③等从考古学角度对夏代的曾进行了探索,认为豫西南地区的方城县八里桥遗址④就是夏代少康次子曲烈的始封地——曾国的都城,马世之亦认为夏代缯国地域在方城。⑤ 杨升南认为商代曾国是夏代的继封,⑥卜辞的曾就是夏时姒姓之国的后裔;而叶家山墓地并不是姬姓周人,而是商代曾的再次继封。西周时期的曾国,韩宇娇认为是西周王朝分封时沿用了商代的国名"曾",仍用"曾",心理上有稳固当地土著遗民之意,⑦应当不误。

关于周代的"曾"。除在随州一带出土了大量"曾"字铭文铜器外,山东亦出土了如"上曾太子鼎"的"曾"字铭文铜器,⑧这引起了学术界关于是否同属一个曾国的思考。尤其是叶家山、郭家庙等曾国考古研究的深入,关于"曾"的研究越来越受到关注。董珊认为有三个曾国,即山东之曾、随州之曾,以及与西申、犬戎共同灭周幽王的曾。⑨董珊提出的随州之曾在叶家山墓地时期不是姬姓曾国,西周晚期才改封为姬姓曾国。李学勤认为金文中确有两个曾国:一在山东,姒姓,即文献中的鄫或缯;一在湖北,姬姓。⑩李学勤认为湖北之曾为姬姓,当是。综合之,可概括如下:

其一,山东之曾,为姒姓,当为《左传》记载的鄫国,后灭于莒国。

其二,与西申、犬戎共同灭周幽王的曾国,李峰、董珊等认为位于西戎进入宗周的必经之路线上,当在西周王朝的首都丰京、镐京(位于今西安市长安区)之北。⑪张昌平根据《国语·郑语》中的两处表述:"当成周者,南有荆蛮、申、吕、应、邓、陈、蔡、随、唐","申、缯、西戎方强……若伐申,而缯与西戎会以伐周,周不守矣",说明"随"、

---

① 笪浩波:《汉东的㠱国、曾国与随国考》,《楚简楚文化与先秦历史文化国际学术研讨会论文集》,湖北教育出版社,2013年,第26—34页。
② 秦嘉谟等辑:《世本八种》,中华书局,2008年。
③ 马俊才:《方城八里桥遗址考古新发现与曾国始封地探讨》,曾国考古发现暨京山苏家垄曾国青铜器出土50年国际学术研讨会,2016年。李维明:《重访八里桥》,《中华曾氏祖根地》,中央文献出版社,2010年。李迎年:《从方城八里桥夏商遗址看曲烈的封地——曾地》,《中华曾氏祖根地》,中央文献出版社,2010年。
④ 北京大学考古等:《河南方城县八里桥遗址1994年春发掘简报》,《考古》1999年第12期,第16—27页。
⑤ 马世之:《缯国故城的未解之谜》,《华夏文明》2017年第5期,第10—11页。
⑥ 杨升南:《叶家山曾侯家族墓地曾国的族属》,《中国文物报》2011年11月2日版。
⑦ 韩宇娇:《卜辞所见商代曾国》,《中原文物》2017年第1期,第92—99页。
⑧ 临朐县文化馆、潍坊地区文物管理委员会:《山东临朐发现齐、郭、曾诸国铜器》,《文物》1983年第12期,第1—6页。孙敬明、何琳仪、黄锡全:《山东临朐新出铜器铭文考释及有关问题》,《文物》1983年第12期,第13—17页。王恩田:《上曾太子鼎的国别及其相关问题》,《江汉考古》1995年第2期,第70—72页。
⑨ 董珊:《从出土文献谈曾分为三》,《出土文献与古文字研究》第5辑,上海古籍出版社,2013年。
⑩ 李学勤:《试论山东新出青铜器的意义》,《文物》1983年第12期,第18—22页。
⑪ 李峰:《西周金文中的郑地和郑国东迁》,《文物》2006年第9期。董珊:《从出土文献谈曾分为三》,《出土文献与古文字研究》第5辑,上海古籍出版社,2013年。

"缯"当是两个国家,颇有见地。他提出"缯"即是在随州的曾,与已分封到南阳的申联合,再与犬戎联合,南北夹击灭了西周。这个观点的难点是如果"缯"为姬姓的周王朝之嫡系,如何会做出灭周之事,而张昌平提出的春秋早期之前(包括郭家庙代表的文化时期)为姒姓曾、之后才改封为姬姓曾,①恰好解决了这个疑义。但叶家山发掘后,曾是姬姓、曾即随的观点逐渐被更多地接受,张昌平由改封观点而推导的结论就需要重新思考了。在赞同《国语》所述"随"、"缯"是两个不同国家的情况下,推论"随"即随州之姬姓曾,"缯"在关中,就比较符合"缯"是与"随"不同的国家、"缯"参与了灭西周的情理。当然,此"申"国应为古本《竹书纪年》"平王奔西申而立"之西申,地点在关中,童书业、②石泉、③李峰、④宋新潮⑤等学者均赞同此观点。何光岳认为参与灭西周之曾,是周昭王、穆王南征时,始封姬姓曾国于方城的缯丘故地,⑥但考虑叶家山墓地的考古新发现,灭周之缯在关中之说应当更可信。

其三,随州之曾,就是以叶家山、郭家庙、曾侯乙为代表的曾国,是李学勤等诸多学者认为的姬姓之曾,也是本文讨论的曾国。

关于随州之曾的研究,也是本书讨论的曾国的研究,以曾侯乙墓发掘为契机,围绕曾侯乙墓中包含的历史文化信息,形成了一个研究高潮,取得了系列重要成果。分述如下。

(一)考古成果出版概要

以曾侯乙墓为代表,曾国考古发掘的系统整理、研究与出版工作取得不俗成绩。历时11年,《曾侯乙墓》⑦大型报告于1989年由文物出版社出版。该报告全面、系统地介绍了曾侯乙墓的发掘及研究成果,为曾侯乙墓研究进一步深入提供了良好条件,获得了夏鼐考古奖。该报告的出版,加上湖北省博物馆推出的常设曾侯乙展览,推动了曾侯乙墓乃至曾国历史文化研究进入高潮。1981年,在随州擂鼓墩旁102米的地方发掘了二号墓,2008年,《随州擂鼓墩二号墓》⑧也由文物出版社出版。2002年,配合工程建设发掘了西周晚期、春秋早期的枣阳郭家庙曾国墓地,2005年,《枣阳郭家庙

---

① 张昌平:《曾国青铜器研究》,文物出版社,2009年。
② 童书业:《春秋左传研究》,上海人民出版社,1980年。
③ 石泉:《古代曾国—随国地望初探》,《武汉大学学报》(哲学社会科学版)1979年第1期。
④ 李峰:《西周金文中的郑地和郑国东迁》,《文物》2006年第9期,第70—78页。
⑤ 宋新潮:《骊山之役及平王东迁历史考述》,《人文杂志》1989第4期,第75—79页。
⑥ 何光岳:《夏源流史》,江西教育出版社,1992年。
⑦ 湖北省博物馆:《曾侯乙墓》,文物出版社,1989年。
⑧ 随州市博物馆:《随州擂鼓墩二号墓》,文物出版社,2008年。

曾国墓地》①由科学出版社出版。这三个大型报告的出版,是曾国历史文化研究工作开展的基础。张昌平主持的国家社科基金项目,对2006年之前出土的曾国青铜器进行了系统梳理,结集成《曾国青铜器》一书,由文物出版社于2007年出版。② 此外,零星发掘的曾国的墓葬、遗址,如曾侯舆墓葬③等,通过简报等形式予以刊发。最近开展的大型考古项目,如叶家山西周早期曾国墓地、郭家庙西周晚期春秋早期曾国墓地等大型考古发掘成果,也正在通过简报陆续公布,如叶家山M65、④M28⑤大型墓葬,以及郭家庙曹门湾M1,⑥等等。此外,出版的《随州叶家山——西周早期曾国墓地》、⑦《穆穆曾侯——枣阳郭家庙曾国墓地》等图录,⑧较为系统地刊发了叶家山西周早期墓地、郭家庙春秋早期曾国墓地,尤其是曾侯墓葬的成果,进一步推动了曾国历史文化的研究。

(二) 关于曾国历史文化的研究

1. 系统性的研究

关于周代历史研究的成果,如《封建考论》、⑨《中华文化史》⑩等,是观察曾国历史以及文化的宏观视角。而曾侯乙墓发掘后,关于曾侯乙的系统研究成果不断。中、美等学者于1988年举办了"中国古代科学文化国际交流·曾侯乙编钟专题",包括程贞一等众多国外学者参加了会议,会议成果于1992年结集成《曾侯乙编钟研究》⑪一书,由湖北人民出版社出版。曾侯乙系统研究始终是热点,由文化部、国家文物局推动,

---

① 襄樊市考古队、湖北省文物考古研究所、湖北孝襄高速公路考古队:《枣阳郭家庙曾国墓地》,科学出版社,2005年。
② 湖北省文物考古研究所:《曾国青铜器》,文物出版社,2007年。
③ 湖北省文物考古研究所等:《随州文峰塔M1(曾侯舆墓)、M2发掘简报》,《江汉考古》2014年第4期,第3—51页。
④ 湖北省文物考古研究所、随州市博物馆:《湖北叶家山M65发掘简报》,《江汉考古》2011年第3期,第3—40页。
⑤ 湖北省文物考古研究所、随州市博物馆:《湖北随州叶家山M28发掘报告》,《江汉考古》2013年第4期,第3—57页。
⑥ 方勤、胡刚:《枣阳郭家庙曾国墓地曹门湾墓区考古主要收获》,《江汉考古》2015年第3期,第3—11页。方勤、吴宏堂:《穆穆曾侯——枣阳郭家庙曾国墓地》,文物出版社,2015年。湖北省文物考古研究所等:《湖北枣阳郭家庙墓地曹门湾墓区(2014)M10、M13、M22发掘简报》,《江汉考古》2016年第5期,第13—35页。武汉大学历史学院、湖北省文物考古研究所等:《湖北枣阳郭家庙墓地曹门湾墓区(2015)M43发掘简报》,《江汉考古》2016年第5期,第36—49页。
⑦ 湖北省博物馆、湖北省文物考古研究所等:《随州叶家山——西周早期曾国墓地》,文物出版社,2013年。
⑧ 方勤、吴宏堂:《穆穆曾侯——枣阳郭家庙曾国墓地》,文物出版社,2015年。
⑨ 冯天瑜:《封建考论》,武汉大学出版社,2006年。冯天瑜:《泛化"封建"观有悖马克思的封建论》,《学术月刊》2007年第2期,第102—124,133页。
⑩ 冯天瑜、何晓明、周积明:《中华文化史(珍藏版)》,上海人民出版社,2015年。
⑪ 湖北省博物馆等:《曾侯乙编钟研究》,湖北人民出版社,1992年。

于2004年立项的曾侯乙编钟研究专项,组织了这个领域几十位的重量级专家,历时11年编撰成《曾侯乙编钟》,①由金城出版社于2015年出版。该书是曾侯乙编钟研究的集大成者,同时,吸收了曾国历史研究的最新成果。它还收录了《曾侯乙编钟大事记》、《历年研究著述目录》等作为附录,收录时间始于曾侯乙发掘,至2015年。尽管该书突出音乐文物,但是也包括了考古发掘、历年研究成果等,可以说是近年系统研究曾侯乙的一部百科全书式著作。

众多学者,包括直接参与发掘的学者,如谭维四、郭德维、黄翔鹏、陈振裕、刘彬徽、刘玉堂、罗运环、冯光生、黄敬刚②等,纷纷发表了研究论文,有的已收入他们的个人学术论文集。谭维四结合发掘现场,撰写并发表了多本既有研究价值又有科普性的读物。③ 此外,张昌平以2006年之前所出的曾国青铜器为基础,对曾国青铜器进行了全景式探讨,集成了《曾国青铜器研究》④一书,亦是从铜器的角度,对曾国的历史、地理与文化进行了较为系统的研究,颇有见地,但该书出版之前,叶家山、郭家庙、苏家垄等重大考古项目没有实施,难免留有遗憾。近年考古新发现后,2016年,张昌平《从五十年到五年》⑤一文,对曾国考古进行了全面梳理,强调了五十年前的1966年苏家垄发现、五年前的2011年叶家山发现这两个标志性考古事件对曾国研究的重要意义。此外,本人亦发表了《曾国历史的考古学观察》,力图对曾国历史进行系统梳理。⑥

2. 曾、随之谜

铜器铭文上"曾",与《左传》记载的"随",是否一个国家?曾侯乙墓发掘出土后的1978年10月4日,李学勤先生在《光明日报》提出了铜器铭文中的曾国就是文献记载的随国这一论点。⑦ 曾随之谜这一课题提出近四十年了,许多学者都参与了这一课

---

① 邹衡、谭维四:《曾侯乙编钟》,金城出版社,2015年。
② 郭德维:《楚史·楚文化研究》,湖北人民出版社,2013年3月。黄敬刚:《曾侯乙墓礼乐制度研究》,人民出版社,2013年。黄敬刚:《曾国与随国历史研究》,人民出版社,2013年。
③ 谭维四:《曾侯乙墓》(20世纪中国文物考古发现与研究丛书),文物出版社,2001年。谭维四:《曾侯乙墓》(中国重大考古发掘记丛书),三联书店,2003年。
④ 张昌平:《曾国青铜器研究》,文物出版社,2009年。
⑤ 张昌平:《从五十年到五年——曾国考古检讨》,《江汉考古》2017年第1期,第57—67页。
⑥ 方勤:《曾国历史的考古学观察》,《江汉考古》2014年第4期,第109—115页。方勤、胡刚:《枣阳郭家庙曾国墓地曹门湾墓区考古主要收获》,《江汉考古》2015年第3期,第3—11页。方勤:《郭家庙墓地的性质》,《江汉考古》2016年第5期,第86—88页。方勤:《郭家庙曾国墓地的发掘与音乐考古》,《音乐研究》2016年第5期,第5—9页。方勤:《多学科协作全面了解曾侯乙编钟》,《中国社会科学报》2017年1月23日版。方勤、吴宏堂:《穆穆曾侯——枣阳郭家庙曾国墓地》,文物出版社,2015年。
⑦ 李学勤:《曾国之谜》,《光明日报》1978年10月4日。

题的研究。① 特别是曾侯舆墓出土的铭文编钟,②记载公元前506年吴国攻破楚国都城、曾侯救楚王这一事件,与文献记载的随侯救楚王可以对应,曾即随的历史谜题完全解开。③ 但张昌平等学者认为,鉴于此结论是基于随州一带出土的铜器铭文只有曾,文献却只有随这一现象得出的,而随州文峰塔出土了"随大司马"铭文戈,④且新发现了楚王媵随仲芈加的"随"字铭文鼎,⑤此外,陈伟识读新蔡葛陵竹简也有"随侯"记载⑥(王恩田也有类似观点⑦),则曾随之谜仍有研究的空间,不能排除继续有"随"铭文的铜器群出现,而揭示确实存在另一个诸侯国——随国的可能。

本文赞成曾国就是随国的观点。除去以上各专家论证观点外,需要补充的是:曾侯舆编钟有"乃加于楚,晢(荆)邦既霰"的铭文,在同一篇文表述楚国时用了"荆"、"楚"两个不同的名称,这说明当时诸侯国确实存在一国两名的情况,也进一步佐证曾国也称随国在当时是合适的;如是,随州文峰塔墓地出土"随大司马"的铭文戈并不一定意味有另一个"随国",如同曾侯舆编钟铭文有"楚"、"荆"并不意味有楚国、荆国两个国。我们认为,曾国当时如同铭文一样,主要还是称曾国,"曾"也是周王室分封时使用的称号;当时所在地名也被称为随地,因而称随国。《左传》等文献为了与鲁国的附属国鄫国相区别,用随国,推测与《左传》是鲁国史官汇编的有关。因而同样是救楚昭王一事,曾侯舆编钟铭文记载是曾国,《左传》文献中记载是随国,这也充分说明曾国、随国是一个国家。

3. 曾国族属性质

"曾"于甲骨文中就有发现,文献记载夏朝即封有曾国,那么曾国的族属是什么,是姬姓吗?西周的曾国与夏、商的"曾"有什么关联?叶家山墓地发掘后,这一问题的讨论更热烈了。主要是两种观点。杨升南根据叶家山墓地的墓道东西向、不是姬姓周人通常的南北向,墓地所出铜器铭文多见日名,而周人不用日名,墓地有商人常见

---

① 李学勤:《由新见青铜器看西周早期的鄂、曾、楚》,《文物》2010年第1期,第40—43页。
② 湖北省文物考古研究所等:《随州文峰塔M1(曾侯舆墓)、M2发掘简报》,《江汉考古》2015年第1期,第3—51页。
③ 江汉考古编辑部:《"随州文峰塔曾侯舆墓"专家座谈会纪要》,《江汉考古》2014年第4期,第52—60页。
④ 湖北省文物考古研究所:《三苗与南土——湖北省文物考古研究所十二五期间重要考古发现》,《江汉考古》2016年增刊。
⑤ 曹锦炎:《"曾"、"随"二国的证据——论新发现的随仲芈加鼎》,《江汉考古》2011年第4期,第67—70页。张昌平:《随仲芈加鼎的时代特征及其他》,《江汉考古》2011年第4期,第71—76页。
⑥ 陈伟:《新出楚简研读》,武汉大学出版社,2010年。
⑦ 王恩田:《曾侯舆编钟释读订补》,复旦大学出土文献与古文字研究中心网站,2015年1月17日发布。他认为曾侯舆编钟铭文之"汭土"之汭转借为随,"汭土"即随土,随国的本土。随在新蔡葛陵楚简中又写作"肥"。"王自肥还郢,徙与郭郢之岁"(《葛陵》甲三:240),肥即随。

的埋葬习俗腰坑,等等,认为随州叶家山不是姬姓周人。① 并进一步指出,随州的曾国应当是对商代姒姓曾国的继封。而叶家山墓地发掘的主持者黄凤春②则从铜器特色、陶器特征等方面综合考虑,认为此时曾人是姬姓周人。韩宇娇进一步认为,姬姓之周只是沿用了商代原地为曾的名号,以获得当地土著的认同。③ 李学勤赞同黄凤春的说法,叶家山是姬姓之周,出土"上曾"铜器铭文的山东之曾,则是姒姓之曾,是商代曾国的继封。叶家山墓地发掘之前,在西周早期为姒姓,春秋国属发生变化,改为姬姓的观点,④随着叶家山墓地的发掘,持这一观点的学者自己对此也有所修正。⑤

4. 曾国疆域与都城变迁

曾国疆域范围始终为学术界所关注。除"上曾"铭文当为山东姒姓的曾,⑥带"曾"铭文多见于随州和枣阳、京山外,在河南、⑦江苏⑧亦有出土,这不得不引起学术界关于曾国疆域的思考。张昌平认为曾国疆域主要在枣阳、京山和随州所在的随枣走廊一带。⑨ 他对曾国疆域中心进行了考察,进而指出了西周在随州,春秋早期到枣阳,随后到京山苏家垄,春秋中晚期至战国又回到随州的观点。黄凤春则始终认为曾国的中心在随州。⑩ 本人在《曾国历史的考古学观察》一文中提出,庙台子是西周早期的都城,周台遗址和忠义寨是西周晚期春秋早期的都城,春秋中晚期又回到随州,⑪而安居城址附近出土了"曾都尹定"铭文鼎,⑫则安居城址可能是此时的都城。随着苏家

---

① 杨升南:《叶家山曾侯家族墓地曾国的族属》,《中国文物报》2011年11月2日版。
② 湖北省文物考古研究所等:《湖北随州叶家山西周墓地》,《考古》2012年第7期,第31—52页。湖北省博物馆、湖北省文物考古研究所等:《随州叶家山——西周早期曾国墓地》,文物出版社,2013年。黄凤春、胡刚:《再说西周金文的南公——二论叶家山西周曾国墓地的族属》,《江汉考古》2014年第5期,第41—45页。
③ 韩宇娇:《卜辞所见商代曾国》,《中原文物》2017年第1期,第92—99页。
④ 张昌平:《曾国青铜器研究》,文物出版社,2009年。
⑤ 张昌平:《从五十年到五年——曾国考古检讨》,《江汉考古》2017年第1期,第57—67页。
⑥ 临朐县文化馆、潍坊地区文物管理委员会:《山东临朐发现齐、郯、曾诸国铜器》,《文物》1983年第12期,第1—6页。孙敬明、何琳仪、黄锡全:《山东临朐新出铜器铭文考释及有关问题》,《文物》1983年第12期,第13—17页。王恩田:《上曾太子鼎的国别及其相关问题》,《江汉考古》1995年第2期,第70—72页。
⑦ 郑杰祥:《河南新野发现的曾国铜器》("曾子仲谋"瓶),《文物》1973年第5期,第14—20页。左超:《关于曾国问题的补遗》,《楚文化研究论集》第5集,黄山书社,2003年。河南省文物考古研究所等:《浙川和尚岭与徐家岭楚墓》("曾太师"鼎、"曾仲嬭"器座、"曾孟嬭䣦姬"簠),大象出版社,2004年。刘海旺、郭培育:《河南潢川春秋墓群发掘获初步成果》,《中国文物报》2001年1月16日。刘海旺、郭培育:《潢川县高稻场春秋墓地》,《中国考古学年鉴(2000)》,文物出版社,2002年。
⑧ 南京市博物馆、六合县文教局:《江苏六合程桥东周三号墓》,《东南文化》1991年第1期,第204—211页。
⑨ 张昌平:《曾国铜器的发现与曾国地域》,《文物》2008年第2期,第59—64页。湖北省文物考古研究所:《曾国青铜器》,文物出版社,2007年。
⑩ 黄凤春:《关于曾国政治中心与变迁问题》,曾国考古发现暨京山苏家垄曾国青铜器出土50年国际学术研讨会,2016年。
⑪ 方勤:《曾国历史的考古学观察》,《江汉考古》2014年第4期,第109—115页。
⑫ 随州市博物馆:《湖北随州市安居镇发现春秋曾国墓》,《江汉考古》1990年第1期,第8—11页。

垄遗址的发掘,我们认为,曾国的政治中心有着从枣阳忠义寨城址到苏家垄遗址,再到安居城址的迁移过程。①

5. 曾国文化的文化因素分析

关于曾国的文化因素研究,一般多见于周文化、楚文化的研究中,学者多认为曾国文化形态在春秋中期之前,与中原周文化面貌一致,而春秋中期之后,多表现为楚文化面貌。② 叶家山墓地发掘后,专家对叶家山墓地是否为姬姓周文化进行了讨论,多倾向其为姬姓周文化。③

6. 曾国的历史编年

叶家山西周早期曾国墓地发掘之前,学术界对曾国早期立国的历史还不甚了解,叶家山的发掘,揭示了自西周早期曾国就已达江汉地区的历史,④这与西周王朝"封建亲戚,以藩屏周"的政治制度吻合。关于其灭国的历史,因在擂鼓墩陵园内发现楚国墓,⑤刘彬徽、李家浩等学者主张战国中期曾国被灭。⑥ 张昌平⑦等学者多采用了这一主张。明确记载楚国灭曾国的文献,是郦道元的《水经注》,⑧更早文献不见楚灭曾的明确表述。而曾侯丙墓⑨的发掘,为曾国存续提供了新的材料,因此前人的观点需要重新审视。

三、框 架 结 构

对曾国历史与文化的研究,首先要尝试通过考古资料,将曾国的历史脉络框架构建起来。曾国的考古资料,尤其是有曾侯墓葬的材料,集中在西周早期、西周晚期至

---

① 方勤、胡长春等:《湖北京山苏家垄遗址考古收获》,《江汉考古》2017 年第 6 期。
② 杨宝成:《试论随枣地区的两周铜器》,《中国考古学会第七次年会论文集》,文物出版社,1992 年。陈振裕、梁柱:《试论曾国与曾、楚关系》,《考古与文物》1985 年第 6 期,第 85—96 页。舒之梅、刘彬徽:《从近年出土曾器看楚文化对曾的影响》,《武汉师范学院学报》1982 年《楚史研究专辑》增刊。张昌平:《曾国青铜器研究》,文物出版社,2009 年。
③ 李学勤等:《湖北随州叶家山西周墓地笔谈》,《文物》2011 年第 11 期,第 64—77 页。李伯谦等:《随州叶家山西周墓地第二次发掘笔谈》,《江汉考古》2013 年第 4 期,第 58—63 页。
④ 湖北省博物馆、湖北省文物考古研究所等:《随州叶家山——西周早期曾国墓地》,文物出版社,2013 年。
⑤ 随州市博物馆:《随州擂鼓墩砖瓦厂十三号墓发掘简报》,《江汉考古》1984 年第 3 期,第 37—41 页。
⑥ 刘彬徽、王世振:《曾国灭亡年代小考》,《江汉考古》1984 年第 4 期,第 91—92 页。李家浩:《从曾姬无卹壶铭文谈楚灭曾的年代》,《文史》第 33 辑,中华书局,1990 年。
⑦ 张昌平:《曾国铜器的发现与曾国地域》,《文物》2008 年第 2 期,第 59—64 页。张昌平:《曾国青铜器研究》,文物出版社,2009 年。
⑧ 郦道元:《水经注》,浙江古籍出版社,2001 年。
⑨ 湖北省文物考古研究所考古资料。

春秋早期、春秋晚期至战国三个阶段：如西周早期以叶家山墓地，以及相关的都城庙台子遗址为代表；西周晚期至春秋早期，以郭家庙墓地，以及相关的作为都城的忠义寨、周台遗址为代表；春秋晚期至战国中期，以义地岗墓地（含文峰塔墓地）、擂鼓墩墓地，以及相关的作为都城的安居遗址为代表。考古资料缺时代明确为西周中期者，而春秋中期的考古材料较少且目前又缺明确的侯一级墓葬的考古资料，所以，对曾国历史脉络的建立，本书分西周早期、西周晚期（含中期）至春秋早期、春秋晚期至战国中期。在这个基础上，思考周代中央王朝和分封诸侯国的文化与社会结构，①再运用文化因素分析法，探讨曾国与中原中央王朝和与周邻诸侯国，特别是楚国的关系，以及文化上的交锋与融合。

本书主体部分共分四章。第一章为曾国新考古发现。该章尊重考古规律，不以历史时代特征为主线，在考虑地理区域的基础上，按考古遗址的重要性来综述。第二章为曾国历史分期与文化内涵分析。该章依据考古资料，结合文献，重建曾国的历史发展脉络，在分期基础上讨论每一阶段的曾国文化内涵。第三章为交锋与融合。这一章我们主要结合历史文献和新出土材料，分析曾国文化与周王朝、诸侯国，尤其是与楚的关系，重点是从新角度探讨曾、楚关系问题。第四章为曾国的音乐与青铜成就。在该章我们主要讨论曾国考古学文化的两个显著特征：一是繁盛的礼乐文明，在出土的曾国音乐文物基础上探讨曾国的音乐体系；二是探讨曾国发达的青铜冶炼工艺及随枣走廊的运铜（铜矿料）通道。

四、材料与方法

（一）材料运用

1. 传世文献

主要有两类：一类是关于整个周代的各种史料，如《左传》、《国语》、《战国策》、《史记》，以及《礼记》等，可使我们了解曾国当时所处的历史背景，以及与各诸侯国的关系。一类是各种有关随、鄫、缯的记载，如《左传》等传世文献；又如"安州六器"和"曾侯"编钟的铭文记载，可惜出土铜器已经遗失，我们只能依靠此前《历代钟鼎彝器

---

① 冯天瑜：《封建考论》，武汉大学出版社，2006年。冯天瑜、何晓明、周积明：《中华文化史（珍藏版）》，上海人民出版社，2015年。

款识法帖》等文献的记载。

2. 金文、竹简、甲骨文

历次考古发掘的大量金文文字,是开展研究的重要基础。除宋代记载的出土青铜器铭文只能见诸文献外,铜器铭文包含两部分:一部分是传世品如曾伯霥"金道锡行"青铜簠等;另一重要部分是考古出土物,如"曾姬无卹"壶,还有叶家山、郭家庙、苏家垄墓地,以及曾侯乙墓、曾侯與墓出土的铜器铭文。其中,有的铭文字数较多,如曾侯與编钟一枚即有169个铭文(含合文1、重文1),曾侯乙编钟65件(套)有3 755个铭文,又如苏家垄出土铜壶、铜簠上数百字的铭文,等等。此外,曾侯乙墓出土竹简240枚6 696字;甲骨文尚有涉及商代时"曾"的文字。

3. 考古发掘资料

历年来的考古调查、勘探和发掘资料,尤其是近年的考古资料,如都城城址状况、墓地分布、冶炼遗址,以及大量的陶器、铜器、玉器等,可以帮助我们系统地分析研究当时的经济状况和社会结构。

(二) 研 究 方 法

一是考古学的方法。曾国的历史主要是通过考古而被关注、被揭示,所以我们自然会把对考古资料的研究摆到非常重要的位置,即力图对考古资料进行系统的分析、梳理,找出其中包含的大量社会信息,复原曾国的历史与文化。

二是将传世文献与出土遗物互证,特别是厘清《左传》等文献中关于随国历史的记载,以及关于缯、鄫国的记载。首先通过考古资料与文献记载的辨析,找出其中的对应关系,然后把关于随国的历史记载与考古中关于曾国的资料对应研究,互为补充。

三是处理好文献记载与考古资料的关系。曾国历史是通过考古发现揭示的,在研究曾国历史与文化的过程中,注意两点:一是关于曾国历史所处的时代,如周朝历史及诸侯国历史,以文献及考古研究已取得的成果为主导;二是关于曾国自身的历史,尤其是以铜器铭文"曾"所反映出的曾国为主,而文献所记载的随国,或缯国、鄫国为辅。

第一章　曾国考古新发现

　　从文献记载看,曾国的文物早在宋代就开始出土了,1933年军阀盗掘的李三孤堆楚王墓中,亦有曾器出土。大规模的考古发现,是新中国成立之后的事,其中,1966年苏家垄(以及2016年再次发掘)、1978年曾侯乙墓、2009年曾侯舆墓、2011年叶家山,以及2014年郭家庙(以及2002年的初次发掘)诸遗址墓地的发掘,是曾国考古最为重要的发现。从区域分布来看,集中分布在随州及枣阳、京山一带,其中,随州是主要分布区域,有叶家山及庙台子等重要遗址,处于涢水及其支流溠水、㵐水、漂水和均水流域;京山主要是苏家垄,处于漳河流域,漳河在今云梦县境内亦汇入涢水;枣阳主要是郭家庙及周台、忠义寨遗址,处于汉水的支流滚河流域(图一)。因此根据时代、地理

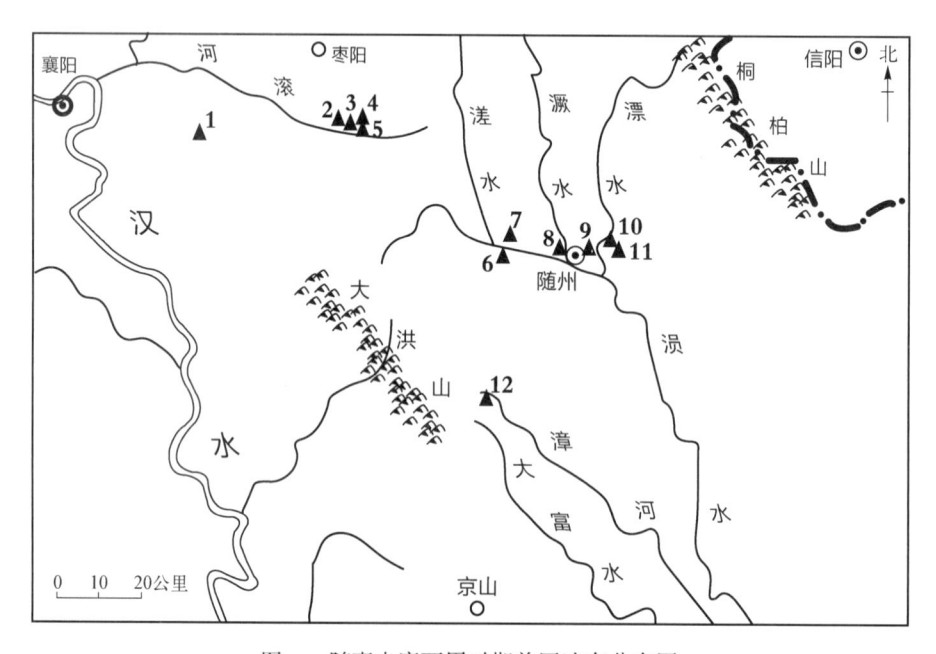

图一　随枣走廊两周时期曾国遗存分布图

曾国遗存:3. 郭家庙墓地　4. 周台遗址　5. 忠义寨城址　6. 安居古城址　8. 擂鼓墩墓群
　　　　　9. 义地岗墓地　10. 叶家山墓地　11. 庙台子遗址　12. 苏家垄墓地
非曾国遗存:2. 九连墩墓地　7. 羊子山墓地
其他:1. 楚王城城址

等因素,下文主要将曾国考古新发现分为四个区域介绍。

第一节 叶家山墓地与庙台子遗址

叶家山墓地与庙台子遗址均位于湖北随州市淅河镇蒋寨村,地处涢水支流漂河岸边。叶家山墓地南距庙台子遗址1公里左右,从距离上看,叶家山墓地与庙台子遗址具有非常密切的关系(图二)。

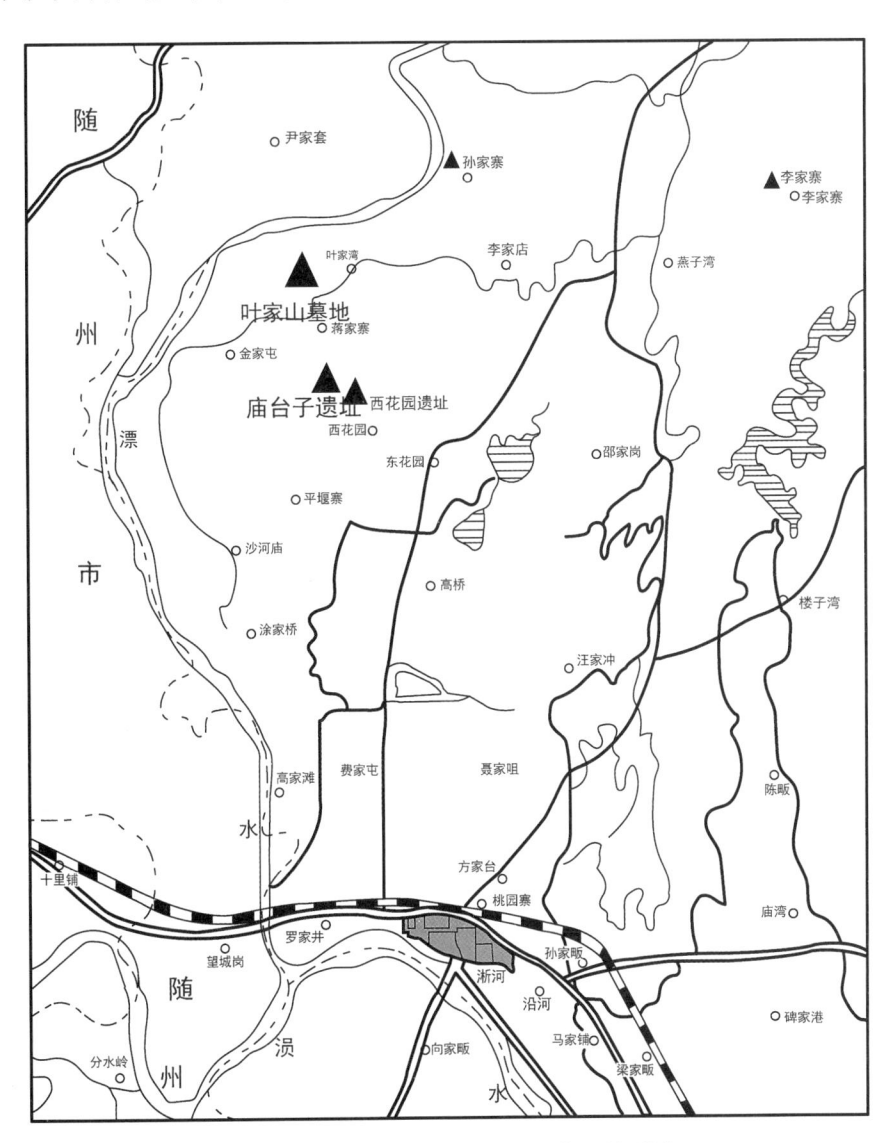

图二 叶家山墓地与庙台子遗址位置关系图

一、叶家山墓地

叶家山墓地位于南北走向的椭圆形岗地上。岗地南北长约400米，东西宽约100米，面积约4万平方米。漂河流经墓地的东北部和墓地北部及西部注入㴲水。

2010年，叶家山墓地在当地农民进行农田改造时，发现过一批青铜器。2011年湖北省文物考古研究所清理了残存的2座墓葬，共出土鼎、簋、罍、觚、方壶等青铜器30余件。[①] 同时对墓地周围进行了勘探，新发现一批墓葬。2011和2013年叶家山墓地两次发掘墓葬140座、马坑7座（图三）。近几年，叶家山墓地的发掘成果已逐步披露、发表。[②] 下文所用叶家山墓地墓葬材料信息均来源于已发表的成果。从已有的出土遗物看，叶家山墓地为存在几代曾侯墓的曾国公共墓地，墓葬大部分相对年代在西周早期。至于墓地中某些墓葬的相对年代是否晚至西周中期，学术界还存在不同的认识。

1. 国君级的曾侯墓

依据墓地规模和已经发表的考古材料，学界已基本认同叶家山墓地M65、M28、M111三座大型墓都是国君级的曾侯之墓。

M65位于墓地北部偏中位置，为带熟土二层台的竖穴土坑重棺单椁的大型墓葬，东西长约5米，南北宽约3.5米。墓葬内人骨朽痕依稀可见，可知墓葬葬式为仰身直肢葬，头朝东。随葬器物较丰富，摆放较有条理。随葬的七鼎四簋与甗、鬲等青铜炊食礼器和漆方盘等放置在西南角二层台，尊、卣、爵、盉、壶、盘等青铜酒、水容器和玉圭、玉戈以及豆等漆木器放置于东部二层台，陶鬲、原始瓷豆等陶器与原始瓷器放置在东北角二层台。戈等青铜兵器和漆木弓放置在二层台的南部，还有一些青铜戈、戟等兵器放置于椁室南侧。铜钺、铜面具、铜钖和当卢、节约、马镳等青铜车马器放置于椁室内，玉蝉、环饰、佩饰等玉器主要分布于棺内人骨四周。随葬品中11件青

[①] 湖北省文物考古研究所、随州市博物馆：《湖北随州叶家山西周墓地发掘简报》，《文物》2011年第11期，第4—60页。

[②] 叶家山墓地的材料均引用于下述文献，无特殊情况下文不再注释。湖北省文物考古研究所、随州市博物馆：《湖北随州叶家山M65发掘简报》，《江汉考古》2011年第3期，第3—40页。湖北省文物考古研究所、随州市博物馆：《湖北随州叶家山西周墓地发掘简报》，《文物》2011年第11期，第4—60页。湖北省文物考古研究所、随州市博物馆：《湖北随州叶家山西周墓地》，《考古》2012年第7期，第31—52页。湖北省文物考古研究所、随州市博物馆：《随州叶家山第二次发掘的主要收获》，《江汉考古》2013年第3期，第3—6页。湖北省文物考古研究所、随州市博物馆：《湖北随州叶家山M28发掘报告》，《江汉考古》2013年第4期，第3—57页。湖北省博物馆、湖北省文物考古研究所、随州市博物馆：《随州叶家山西周早期曾国墓地》，文物出版社，2013年。

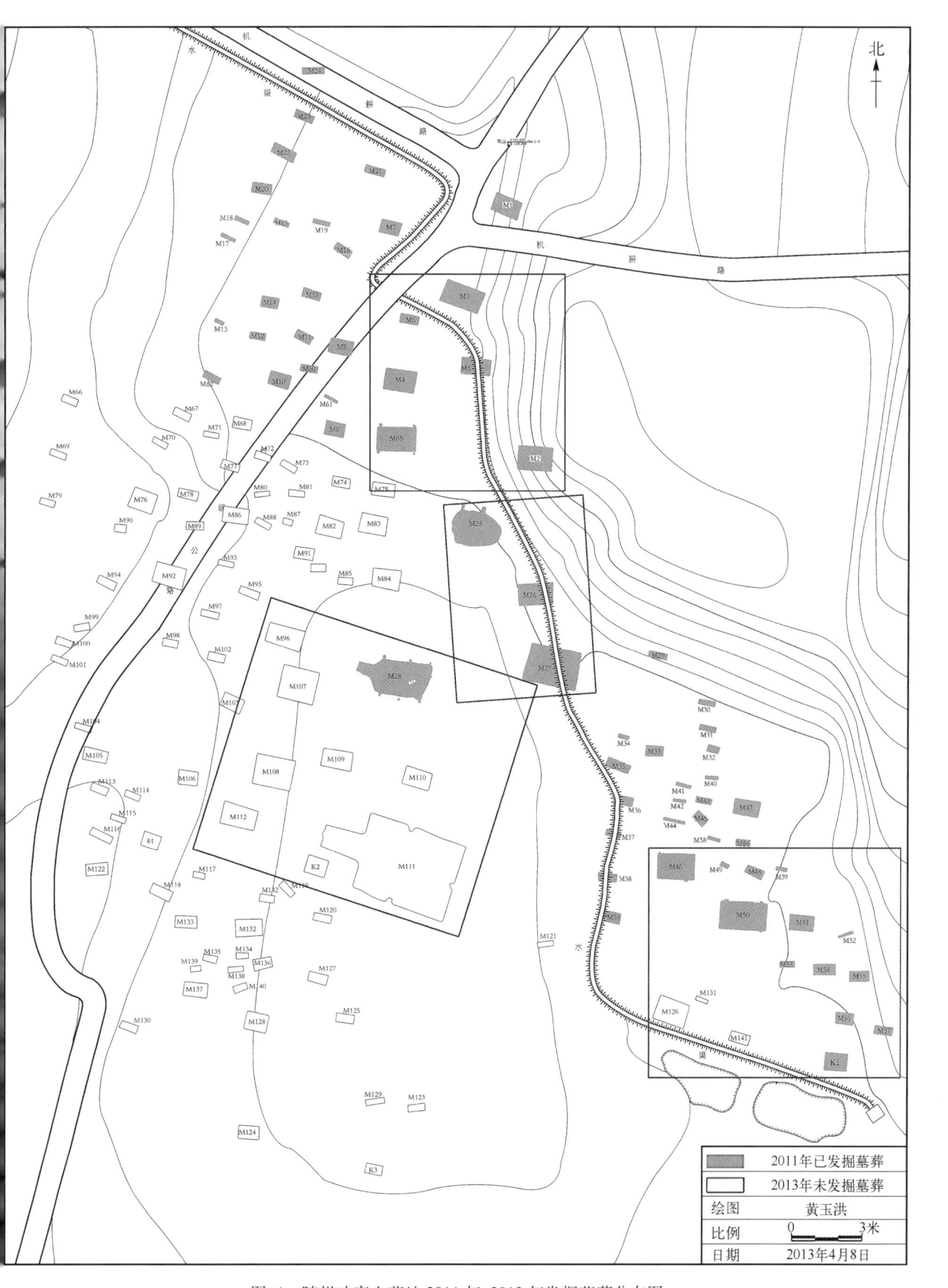

图三 随州叶家山墓地2011年、2013年发掘墓葬分布图

铜器有铭,且有几件器物铭文相似。一件方鼎、一件圆鼎和一件簋等器物上均为"曾侯谏作宝彝",一件簋、一件尊与一件卣上均为"作尊彝",一件盉上为"侯用彝",一件壶上为"曾侯作田壶"(图四)。此外,该墓还发现铭文"束父己"、"作宝鼎"、"亚离父癸"。综合这些铭文信息,可知 M65 为西周早期一座曾侯级别的高等级墓葬。该墓的随葬品中还出土一件象征王权的龙首铜钺,也从侧面说明其为国君级别墓。M65 在田野考古中还有一个重要发现,就是该墓墓葬开口处四角发现有斜洞(可能有类似柱洞的功能),这可能预示着在埋葬时存在建筑的痕迹,这从侧面表明该墓具有极其特殊的意义。

M28 南距 M111 约 8 米。墓坑平面呈凸字形,为一座带单墓道的竖穴土坑一棺一椁大型墓,墓室东西长 7.4 米,南北宽近 6 米。墓道为西窄东宽的斜坡墓道,朝西,长近 3 米,宽 1.3—2.5 米。墓葬棺内人骨保存较差,但仰身直肢的葬式依稀可见,头向东。墓葬随葬品极其丰富,摆放较为有顺序。鼎、鬲、簋、甗、盘、盉、觯、卣、爵、尊、觚、壶等青铜礼器与铜锭皆放置于北边二层台东部,其中尊、爵、提梁卣等青铜酒器集中放置在一长方形漆案上。瓿、罐等原始瓷器与戈、戟、矛等青铜兵器及漆碗等漆器主要放置于东南边与东边二层台。车辖等青铜车马器主要放置于南边偏西二层台,此外还有一部分当卢、銮铃等青铜车马器与铜钺放置于椁室内。长方形漆盾牌与铜锡零散均匀地分布于四周二层台靠墓壁处。棺内则主要放置玉佩饰等玉器。M28 同样在出土的较多青铜器上发现铭文。这些铭文具有较高的重合度,如方鼎、圆鼎、盘、簋等的"曾侯谏作宝彝",方鼎、甗等的"曾侯作宝鼎"或"曾侯用彝",簋、尊、盉、卣、壶等则为"曾侯谏作媿宝噂彝"或"曾侯谏作媿醴(肆)壶"等(图五)。这些铭文都显示了 M28 也与"曾侯谏"关系密切。并且从墓地已发表材料看,M28 出土的铭文与 M65、M2 的多数铭文一致。M2 为女性墓,曾侯谏之墓就很可能是 M28、M65 两墓之一。至于 M65、M28 谁为曾侯谏之墓,现在学术界尚未取得共识,[①] 本文也暂且搁置不论,以待墓地材料全部整理出来后作进一步探讨。但是有一点是可以肯定的,那就是 M28 也是一座曾侯级别的墓葬。M28 墓坑中发现有随葬的木车轮的痕迹,说明 M28 葬有车。M28 葬车,随葬方鼎 3 件,并在椁室内随葬铜钺等几条线索也侧面显示了 M28 的高等级。M28 墓室的东、南、北三边也发现有斜洞,斜洞的存在同样预示着该墓存在建筑设施的可能性。

---

① 关于曾侯谏墓的归属,学术界目前还存在争论。发掘者初始根据铭文推定 M65 为曾侯谏墓,后又由于新材料,在《M28 发掘报告》指出 M65 与 M28 其中之一必为曾侯谏墓。而张昌平先生则根据墓葬的年代顺序推定 M65 的墓主为曾侯谏,M28 墓主为无私名的曾侯。

曾侯谏方鼎(M65：47)

扁足圆鼎(M65：41)

曾侯谏圆鼎(M65：44)

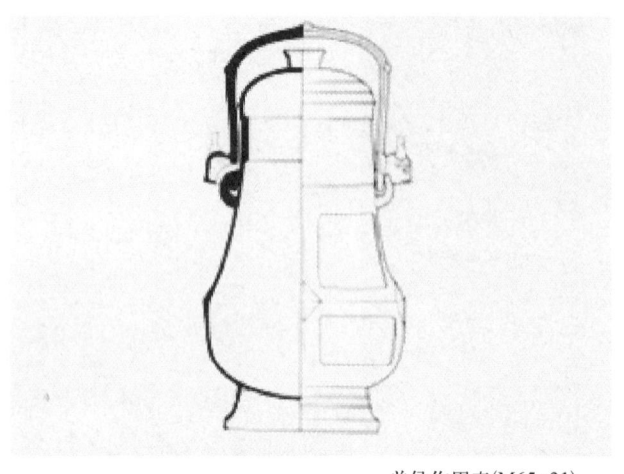

曾侯作田壶(M65:31)

曾侯谏簋(M65:49)

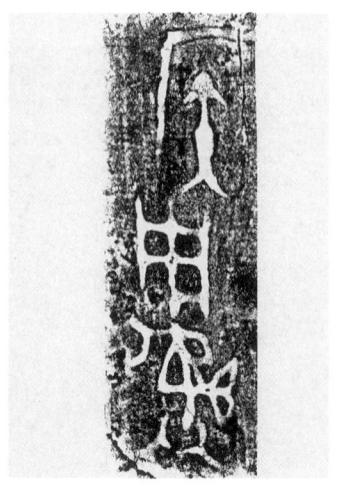

侯铭铜盉(M65:34)

图四 叶家山 M65 出土部分器物及其铭文拓片

第一章　曾国考古新发现

曾侯作宝鼎(M28:156)

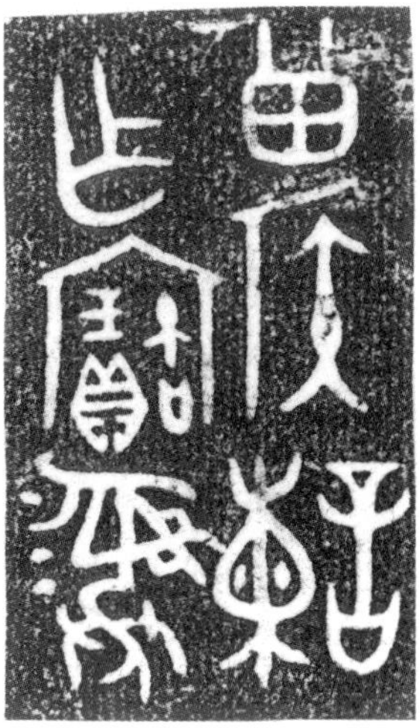

曾侯谏圆鼎(M28:164)

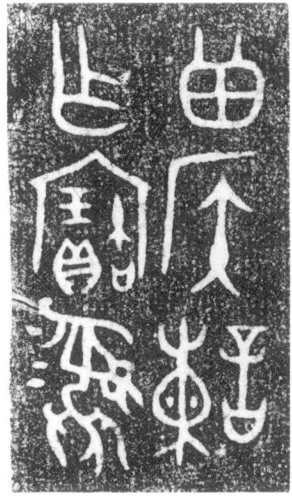

曾侯谏分裆鼎(M28:181) 　　　　铜觚(M28:170)

曾侯铜鬲(M28∶151)

曾侯谏作媿铜簋(M28∶153)

父辛铜爵(M28∶172)

第一章 曾国考古新发现

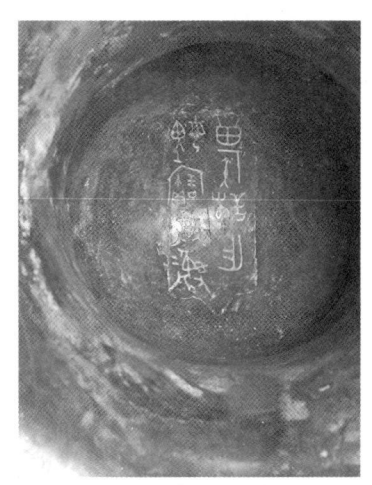

曾侯谏作媿铜尊(M28:174)

曾侯谏作媿铜卣(M28:167)

曾侯谏作媿壶(M28:178)

图五 叶家山 M28 出土器物及铭文拓片

M111发掘报告并没有发表,但是通过已有的介绍可知M111的部分信息。M111位于墓地的中部,墓坑平面呈凸字形,为一座带单墓道的竖穴土坑一棺一椁墓,也是整个墓地中最大的一座墓葬。该墓墓道为长方形斜坡墓道,长近5米,宽3米多。墓室东西长约13米,南北宽约10米。墓室从墓口向下营造时,墓坑四周设有二级台阶。墓葬人骨保存不好,但葬式依稀可辨,为仰身直肢葬,头向东。墓葬随葬极其丰富的随葬品,大部分位于二层台上和棺椁内。二层台在放置随葬品之前,铺有竹席。青铜礼器、酒器、水器主要放置在北部二层台上,并分类摆放在一起。漆木器和原始瓷器放置在东部二层台上,铜兵器主要放置在南部二层台上,1件镈钟、4件甬钟组成的铜编钟和少量铜兵器放置在西部二层台上。椁室内则主要放置车马器和玉器。M111出土的部分青铜器中也发现了较多铭文。方鼎上有铭"曾侯作父乙宝䅳彝",簋上有铭"曾侯犺作宝䅳彝",卣与盘上有铭"曾侯用彝",斝上有铭"侯用彝",壶上有铭"曾侯作田壶"。这些铭文可显示该墓墓主身份为曾侯。而从簋上的铭文看,该墓可能为"曾侯犺"墓。M111的发现对于整个墓地具有重要的研究意义,尤其是该墓发现的一组完好的编钟。这组编钟依然是迄今为止数量最多的西周早期的成套编钟(图六)。

2. 诸侯夫人墓和高等级贵族墓

M1位于墓地东北部,为带熟土二层台的竖穴土坑一椁单棺中型墓,墓底还有殉狗腰坑,东西长约3.6米,南北宽约2.5米。墓葬虽被破坏过,但基本葬式可见,为仰身直肢葬,头向东。M1较多随葬品被农民破坏,其摆放位置缺乏科学的考古依据,不过根据出土的器物位置与农民的部分回忆可以推测随葬的鼎、簋等大部分铜礼器放置于西南角二层台,銮铃、辖等青铜车马器位于棺椁之间,簪、象牙梳、鱼形佩、柄形器等骨牙器、玉器则大部分位于棺内人骨周围。M1较多的青铜器发现带有铭文,这些铭文为辨识墓主的相关信息提供了依据。铜方鼎上有"帀(师)作父癸宝䅳彝",铜圆鼎有"帀(师)作父癸",铜镬鼎有"帀(师)作父乙宝䅳彝",而铜斝有"父丁冉",铜觚有"⌘父癸"(图七)。M1出土器物的铭文较为一致,多包含"师作父"。这说明,M1的几件器物可能是"师"为其父作的器,侧面说明M1的墓主可能是"师"。从以往的考古发现来看,西周早期出土两件或两件以上方鼎的墓葬,其墓主身份往往是国君级别。[①] 因此,M1随葬4件方鼎预示着墓主"师"的身份可能相当

---

① 杨宝成、刘森淼:《商周方鼎初论》,《考古》1991年第6期。

曾侯作父乙铜方鼎(M111:85)

祖辛铜圆鼎(M111:84)

扁足铜鼎(M111:69)

曾侯犺铜簋(M111：60)

"侯用彝"铭文铜斝(M111：111)

曾侯乍田壶(M111：117)

曾侯铜卣(M111:126)　　　　　铜罍(M111:120)

铜编钟(M111:7、8、11、13)

图六　叶家山 M111 出土器物

"师"铜方鼎(M1:01、12、03、02)

"师"铜圆鼎(M1:05) 　　　　　　　　铜鬲(M1:021)

铜簋(M1:04、13)

第一章 曾国考古新发现

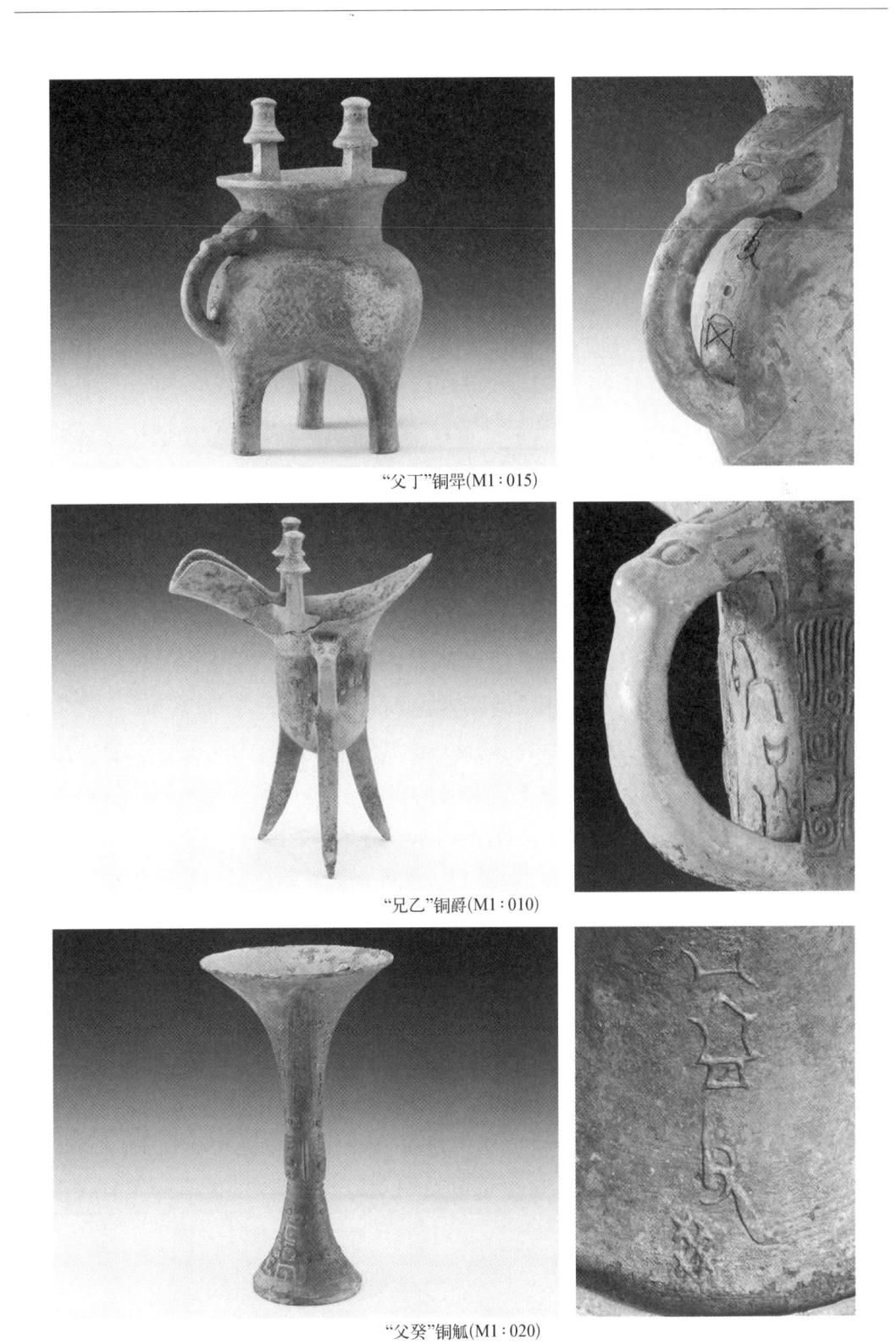

"父丁"铜斝(M1:015)

"兄乙"铜爵(M1:010)

"父癸"铜觚(M1:020)

图七 叶家山 M1 出土器物及铭文

这一级别,①不过 M1 有腰坑等非姬姓贵族的特征,我们认为,其墓主人当是随曾侯分封到曾地的商遗民中的重要贵族的可能性极大,其四件方鼎暗示其特殊身份。但不应是曾侯,这与燕国公墓地有高等规格殷遗民墓葬的情况接近。②

M2 位于墓地东北部,向西邻近曾侯级别的 M65,为带熟土二层台的竖穴土坑一椁单棺中型墓,东西长约 4.6 米,南北宽约 3.1 米。墓葬虽被盗过,但仍可见葬式为仰身直肢葬,头向东且器物摆放有序。随葬的甗、鼎、簋、鬲等青铜容器与陶鬲、原始瓷罍等放置于二层台的东边,而随葬大量的壶、罍、簋等陶容器与四系罐等原始瓷器放置于二层台北部偏东,环、璧、璜等玉装饰品与车马器则放置于棺内。M2 出土的鼎、簋等青铜器上多见有铭文。如铜圆鼎有"曾侯谏作宝彝",铜分裆鼎有"曾侯谏作宝彝"及"父乙亚宣共(?)",甚至还有一件分裆鼎有"丁子(巳),王大祓(祐)。戊午,𤔲子蔑历,敞(尝)白牡一。己未,王赏多邦伯,𤔲子丽(酾),赏𣁳(禾邕)卣(卣)、贝二朋,用作文母乙尊彝"长篇铭文。另外铜簋有"曾侯谏作媿宝障彝",铜甗有"曾侯谏作媿宝彝"等铭文(图八)。M2 的铭文中反复提到了"曾侯谏"和"曾侯谏作媿宝",这两种铭文显示了 M2 与曾国关系密切,说明部分作器者可能为曾侯谏,而"作媿宝"则可能是曾侯为媿姓作器。联系 M2 往西 10 米处即为曾侯级别墓 M65,表明 M2 可能是 M65 的媿姓妻子墓,二者形成夫妻异穴合葬。

M27 位于墓地中东部,为带熟土二层台的竖穴土坑一椁单棺大型墓,东西长约 6.7 米,南北宽约 4.9 米。仰身直肢葬,头向东。随葬器物极其丰富,排放较有顺序。随葬的罍、壶、尊、爵、觥、觯、卣、盉、盘、簋、鼎、鬲等青铜礼器放置于北边二层台,绝大部分的漆器与双系罐、鬲、簋等陶器和尊、瓷、豆、四系罐等原始瓷器主要放置于东边二层台,此外还有少量的陶器和漆木器放置于南边二层台,组佩等玉器放置于棺内人骨周围。M27 出土了较多的原始瓷器、玉器,不见青铜兵器,可能说明该墓墓主为女性。M27 出土的较多青铜器中带有铭文(图九),如铜方鼎为"曾侯作宝障彝鼎",铜盉为"白生作彝,曾",铜簋为"疑(疑)父作宝障彝"。其中部分铭文显示作器者显然是侯伯级别的诸侯。结合墓主为女性的身份,M27 也可能是曾侯夫人,再联系其向西邻近曾侯 M28,仅距 12 米,这些情况说明 M27 与 M28 可能是一组曾侯及夫人墓。

---

① 方勤:《随州叶家山西周早期曾国墓地的发现与研究》,《随州叶家山——西周早期曾国墓地》,文物出版社,2013 年,第 10—15 页。
② 北京市文物研究所:《琉璃河西周燕国墓地(1973—1977)》,文物出版社,1995 年。

曾侯谏圆鼎(M2:6)

曾侯谏分裆鼎(M2:5)

亻子铜鼎(M2:2)

曾侯谏作媿铜甗(M2∶1)

曾侯谏作媿铜簋(M2∶9、8)

铜鬲(M2∶7)

图八　叶家山 M2 出土器物及铭文

第一章 曾国考古新发现

曾侯铜方鼎(M27∶23)

铜圆鼎(M27∶20)

天(疑)父铜簋(M27∶17)

父癸铜簋(M27∶28)

铜爵(M27∶6)　　　　　　　父乙铜觚(M27∶13)

鱼伯彭铜尊(M27∶14)

守父乙铜觯(M27∶8)

鱼伯彭铜卣(M27∶12)

冀(举)阢夒铜壶(M27∶3)

铜觥(M27∶7) 铜罍(M27∶1)

"白生"铜盉(M27∶15)

图九 叶家山 M27 出土器物及铭文

M50 与 M55 是与 M111 息息相关的两座墓葬。M50 是 M111 之东规模最大的一座墓葬。M50 随葬了方鼎、簋、甗、尊、卣、觯、爵等青铜礼器和较多的原始瓷器与玉器。随葬品显示出 M50 的墓主可能为女性,并且青铜方鼎与卣上有铭文"曾侯"字样,这样 M50 可能是一座曾侯夫人墓,并与 M111 相关。M55 与 M50 邻近,墓葬规模较小。该墓主要随葬有鼎、甗、爵、觯及兵器等青铜器和较多的陶鬲、陶甗等陶器。M55 的铜簋上"伯作彝"等铭文预示墓主为贵族,但是从墓地的整体状况看,该墓墓主仅为一般贵族的可能性更大。

M107 是位于墓地中部的一座中型墓葬,其南北两侧分布马坑 K6 与 K7。墓葬为带熟土二层台的竖穴土坑单棺木椁墓,东西长 5.1 米,南北宽 4.2 米。墓葬棺内保存了很罕见的人骨,葬式清晰明确,为仰身直肢葬,头向东。经过人骨鉴定,墓主为35岁左右的男性。随葬器物丰富,摆放较有规律。爵、觚、觯、尊、卣等青铜酒容器放置于南二层台近东部。鼎、簋、鬲、甗等青铜食容器,鬲等陶食容器与豆、盘等漆食容器放置于东二层台近南部,戈、戟、矛、箭、镞等青铜兵器,軎、辖、銮铃、当卢、铃、马镳等青铜车马器放置于椁内棺外周边位置上,而类似于璧、璇玑、管、笄、挖耳勺、戈形佩以及鱼、龙、燕、蝉、兔、蚕等动物形佩饰等玉器装饰品则位于棺内,分布于人骨架周围,可见随葬器物很可能是按着用途放置的。关于该墓等级的推测还有一个值得注意的现象,就是在椁室上部的填土中发现了四个车轮和两根带軎车轴的迹象。墓葬随葬车,也从侧面说明了M107是一座高等级墓葬。墓葬出土的鼎、簋、鬲、爵、觯、尊、卣等10件青铜器带有铭文。铭文根据内容可以分为两类:一类是带日名和族徽的铭文,其中日名包括"父庚"、"父乙"、"父丁"、"父辛";另一类是表明国属的铭文如西宫爵"曾伯作西宫宝䵼彝"。虽然M107带日名的铭文比较复杂,但是带国属的铭文再次显示M107为一座高等级的"曾伯"贵族墓。

二、庙台子遗址

随州庙台子遗址位于㵐水东岸呈南北走向的条形台地上。遗址由南北两个台地组成,所在台地高出周围约2—5米,面积近14万平方米。遗址发现于20世纪50年代,1983年武汉大学曾对该遗址试掘,发现了一批新石器时代、商时期、两周时期的文化遗存,其中两周时期文化遗存最为丰富。[①] 通过相关遗存分析,对遗址的基本面貌有了一个大致的了解:其中遗址④层为典型单位的西周早期遗存,发现有墓葬2座;遗址③层为典型单位的西周晚期至春秋早期遗存,发现疑似墓葬遗迹;遗址②层为典型单位的战国早期遗存,发现有房基、灰坑与墓葬。

2011—2013年为了弄清叶家山曾侯墓地附近是否存在相关的城址,湖北省文物考古研究所在以叶家山为中心的方圆10公里范围内进行了一次区域系统调查,在调查中发现随州庙台子遗址有环壕和大型宫殿基址的遗迹。为了进一步厘清庙台子遗址是否为与叶家山西周曾国墓地相关联的西周早期曾国都城,2015年至

---

① 武汉大学历史系考古教研室等:《西花园与庙台子》,武汉大学出版社,1993年。武汉大学考古教研室:《随州西花园、庙台子遗址发掘简述》,《江汉考古》1984年第3期,第12—13页。武汉大学历史系考古专业、襄樊市博物馆、随州市博物馆:《随州庙台子遗址试掘简报》,《江汉考古》1993年第2期,第1—10页。

2016年,又在以庙台子遗址为中心的周围 5 公里范围内进行区域系统调查、勘探和发掘。庙台子遗址周边调查发现西周时期遗址 11 个、东周时期遗址 13 个、新石器时代遗址 3 个[①](图一〇)。

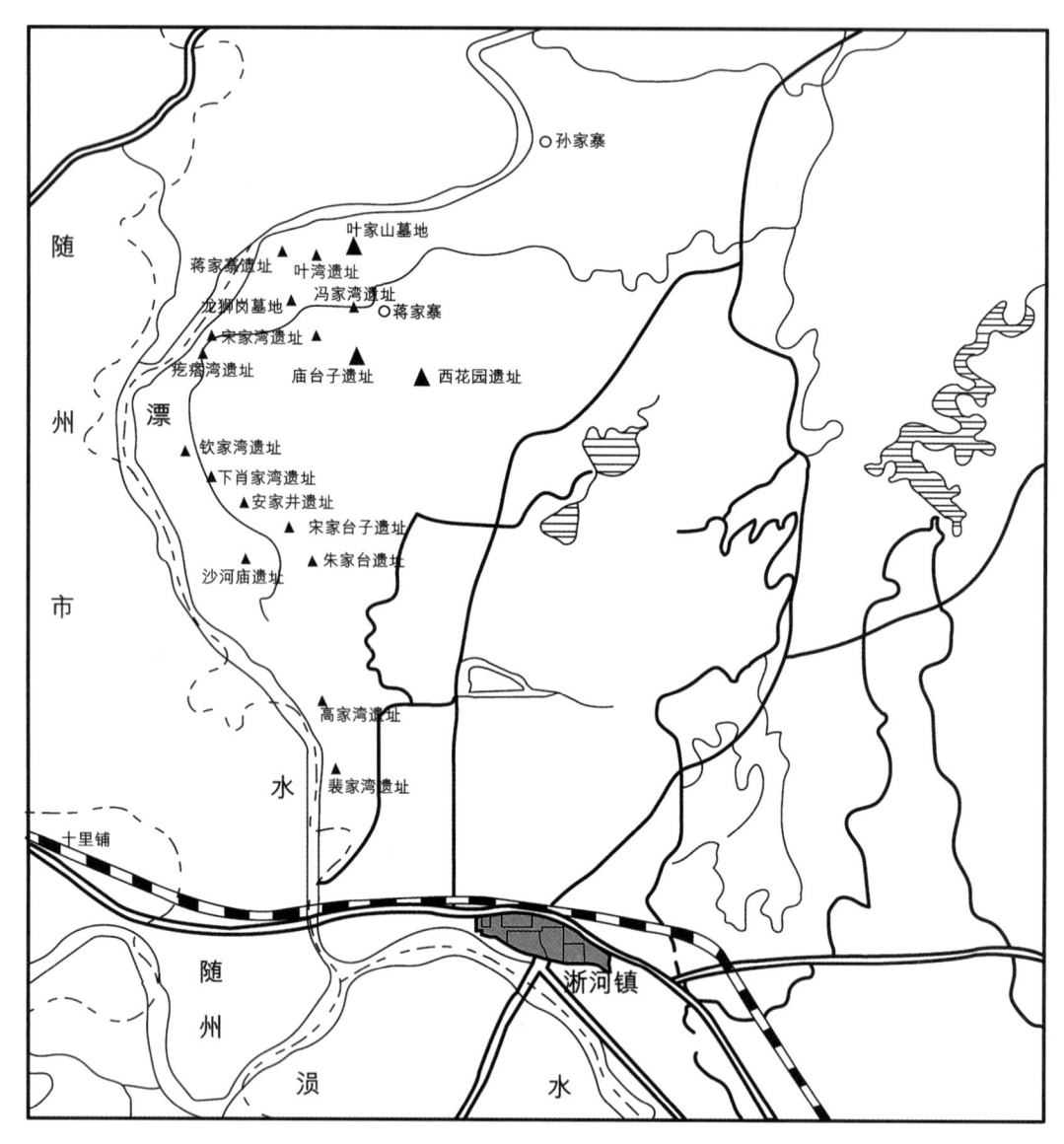

图一〇　庙台子遗址群示意图

经过对庙台子遗址的勘探与解剖发掘,断定庙台子遗址为一处"8"字形环壕聚落,并分为南、北两个台子。遗址的南、北两个台子均有壕沟环绕,且在南、北台子之

---

① 湖北省文物考古研究所考古发掘资料。

间有壕沟连接。壕沟宽约 7—13 米,不见城垣迹象(图一一)。通过解剖发掘的地层显示,环壕始建于西周早期,废弃在西周晚期或春秋早期;通过层位,我们则可以确认环壕聚落的年代基本与叶家山墓地同时。另外在解剖发掘时,在南台子西周早期层位发现了西周早期的夯土基址,为大型排房建筑,这可能预示着该遗址存在高等级的建筑并属于大型聚落。完整的壕沟、大型建筑基址与大型聚落表明庙台子遗址是与叶家山墓地同期的西周早期曾国都城。

图一一 庙台子遗址环壕分布图

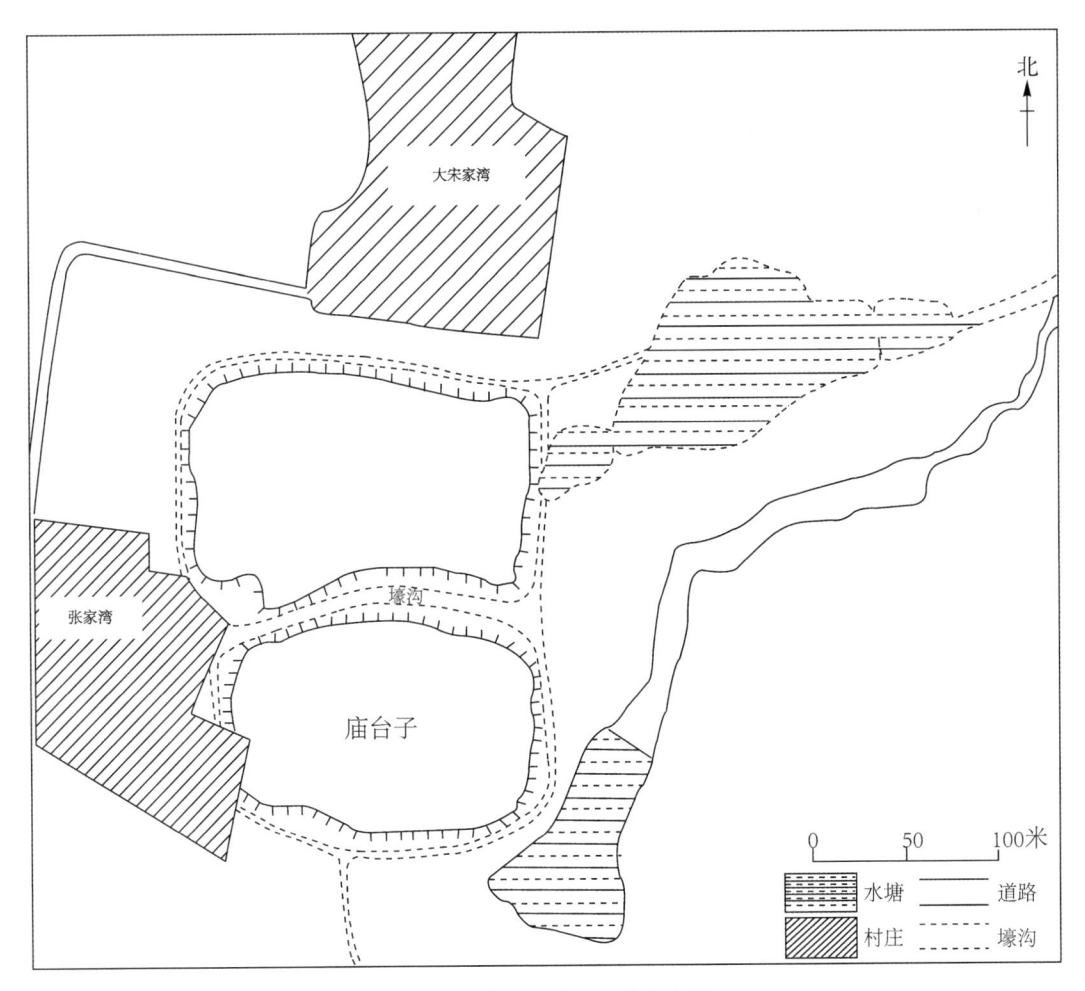

庙台子遗址与周围调查的同时期相关遗址共同组成一个大的聚落遗址群,形成了西周早期曾国的政治中心,而庙台子遗址为其都城性聚落。

当然,庙台子遗址发现的战国早期遗存也不可忽视。庙台子遗址战国早期遗存也发现有烧土房基、墓葬、灰坑等遗迹,这说明在东周时期继续沿用早期的聚落。更深一层次讲,我们不能排除东周时期该遗址经修葺重新成为曾国的重要聚落。

第二节 郭家庙墓地与忠义寨、周台遗址

郭家庙墓地、忠义寨遗址与周台遗址均位于湖北枣阳市吴店镇。三个遗址均地处随枣走廊的西端,汉水支流滚河的北岸地带。三个遗址相互间关系密切,从郭家庙墓地看,周台遗址位于郭家庙墓地的东侧0.8公里处,忠义寨遗址位于郭家庙墓地的东南侧1公里处(图一二)。

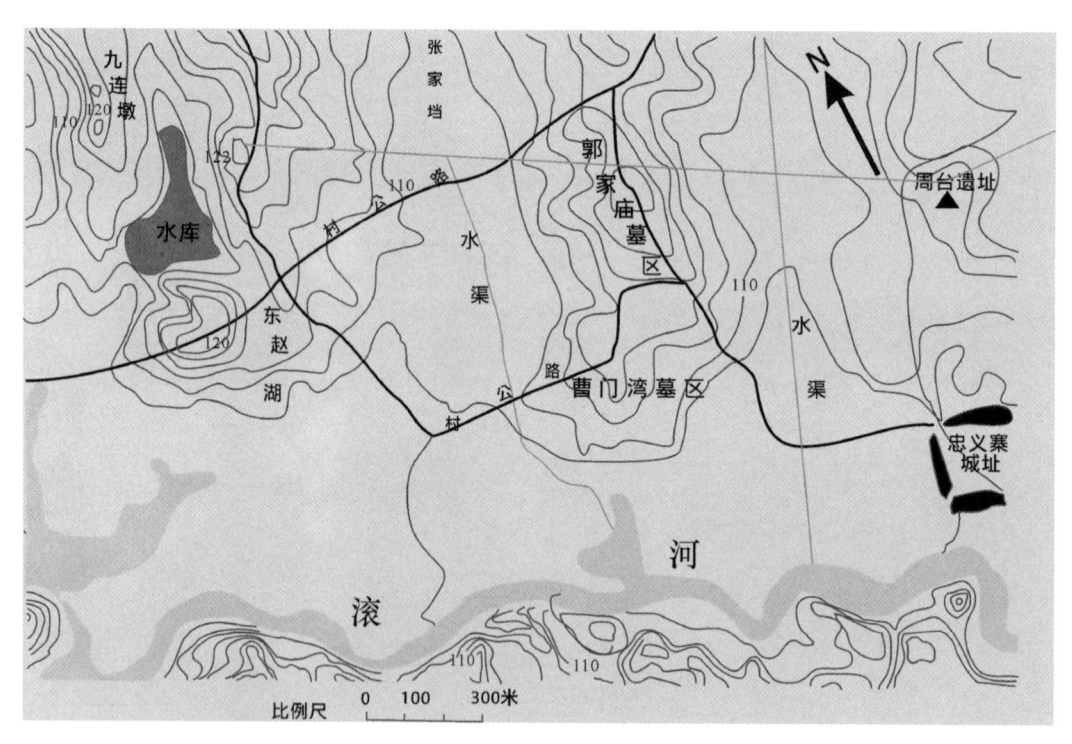

图一二 郭家庙墓地与忠义寨遗址、周台遗址位置关系

一、郭家庙墓地

郭家庙墓地由南北两个岗地组成,以两岗地之间的低洼地为界,北部岗地为郭家庙墓区(图一三,图一四),南部岗地为曹门湾墓区(图一五,图一六)。整个墓地南北

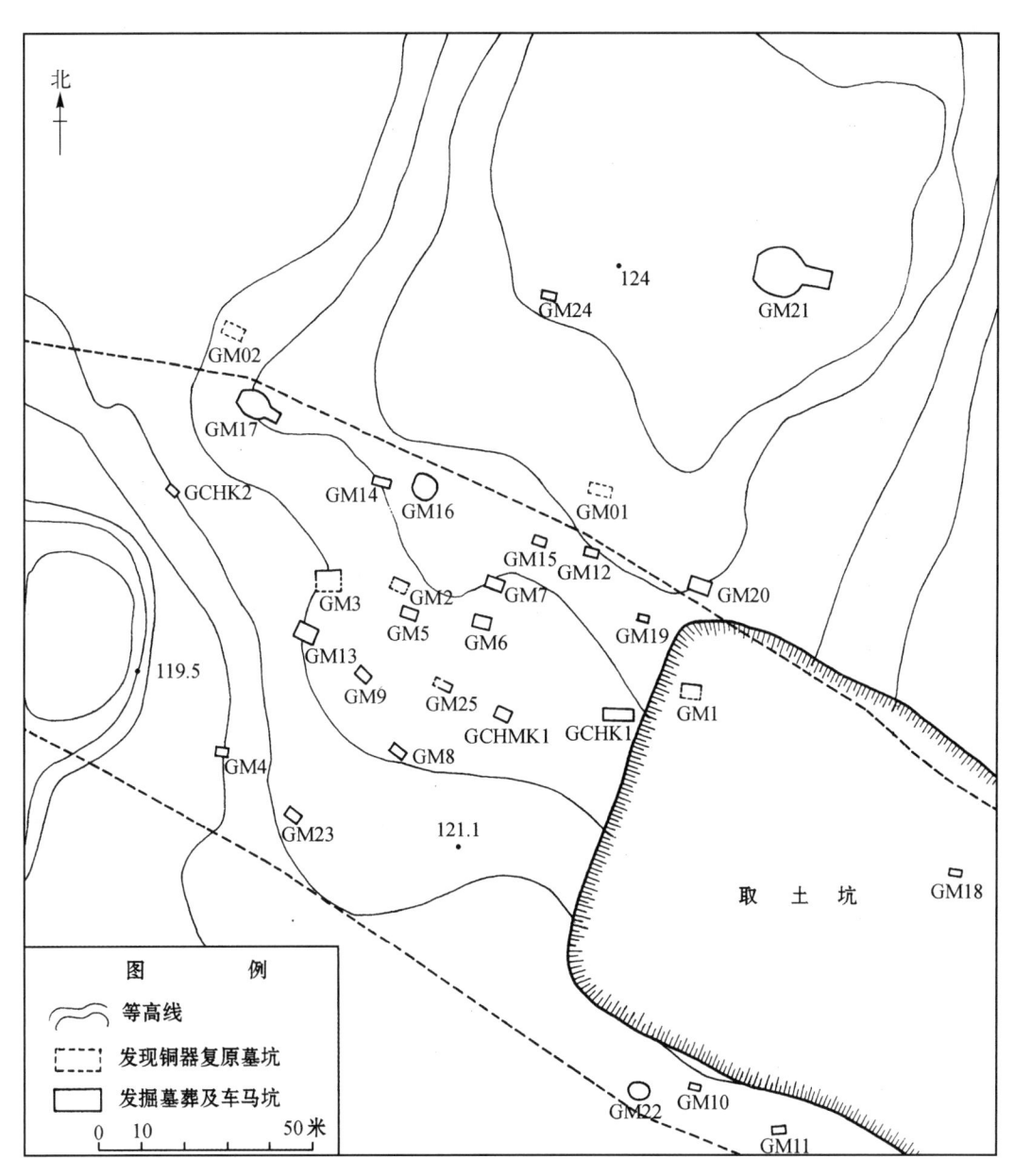

图一三　郭家庙墓地郭家庙墓区墓葬及车马坑分布图

(GM 为 2002 年发掘,GNM 为 2014、2015 年发掘)

长约 1 000 米,东西宽约 800 米。该墓地曾于 1972 年、[①]1983 年[②]都发现过墓葬和带铭

---

① 湖北省博物馆:《湖北枣阳县发现曾国墓群》,《考古》1975 年第 4 期,第 222—226 页。
② 田海峰:《湖北枣阳县又发现曾国铜器》,《江汉考古》1983 年第 3 期,第 101—103 页。徐正国:《枣阳东赵湖再次出土青铜器》,《江汉考古》1984 年第 1 期,第 106 页。

图一四　2014、2015年郭家庙墓地郭家庙墓区北区

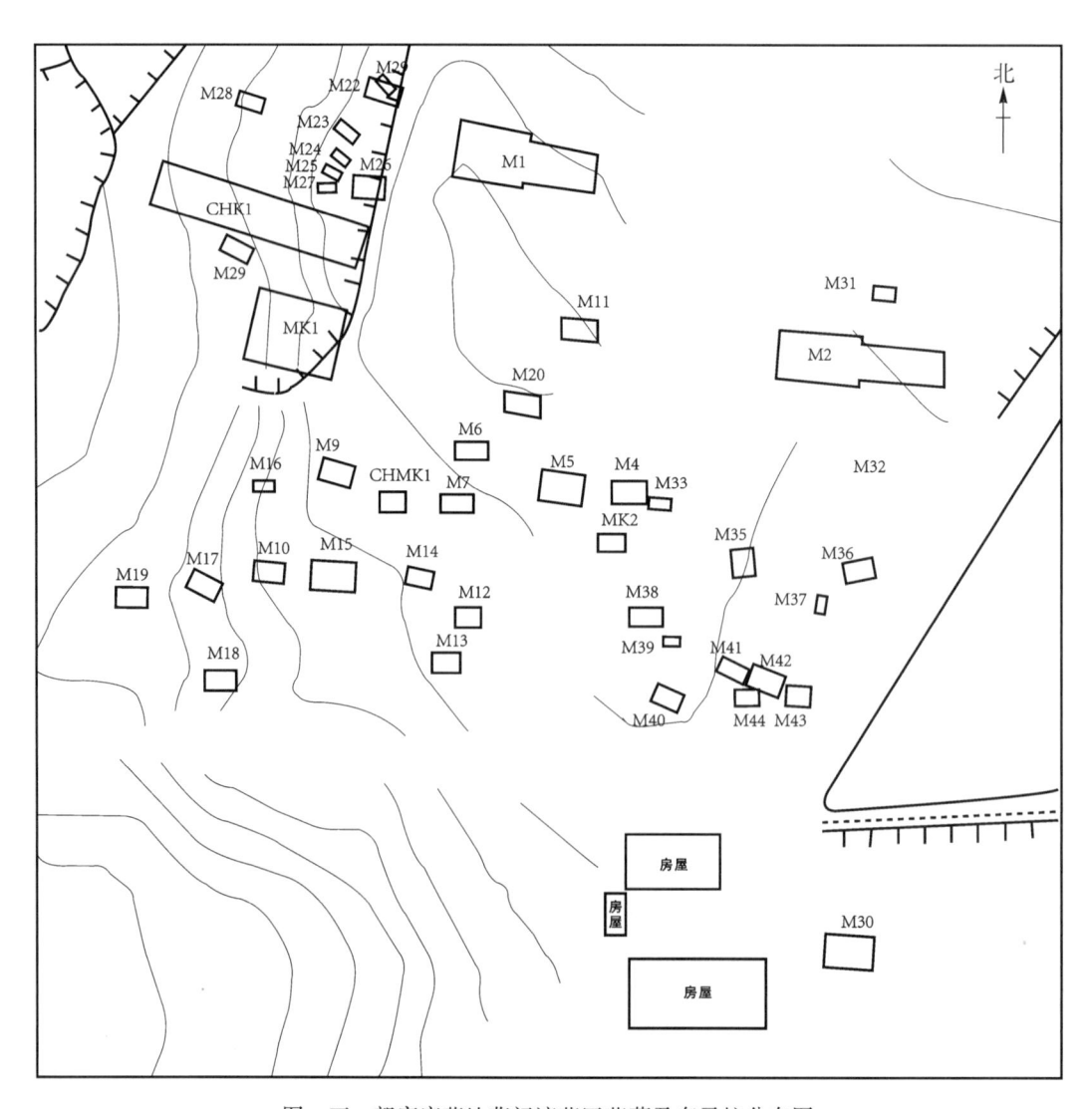

图一五　郭家庙墓地曹门湾墓区墓葬及车马坑分布图

图一六　郭家庙墓地曹门湾墓区

文的青铜器。2002年为配合孝襄高速公路工程建设，湖北省文物考古研究所对墓地进行了抢救性发掘，发掘包括GM21曾伯陭墓在内的墓葬25座。① 2014、2015年湖北省文物考古研究所再次分别对郭家庙墓区和曹门湾墓区进行了发掘，清理墓葬110余座，其中包括曹门湾M1、郭家庙M60等规模较大、等级较高的墓葬。郭家庙墓地的最新资料也已经公布了一些。② 2002年及近几年的发掘资料的特征，都显示出郭家庙墓地是一处存在诸侯级别墓葬、年代为两周之际的曾国公共墓地。

1. 国君级的曾侯墓

枣阳郭家庙墓地目前可确认的曾侯一级的墓葬至少有三位，包括郭家庙墓区GM21和M60、曹门湾墓区M1。

GM21位于郭家庙墓区台地最高处，也是墓区最显要、最核心的位置，为带斜坡式墓道重棺一椁的岩坑墓。墓道东向，为斜坡式墓道，长7.6米。墓葬东西长与最大宽

---

① 襄樊市考古队等：《枣阳郭家庙曾国墓地》，科学出版社，2005年。
② 本书所用郭家庙墓地的材料皆来源于下述资料，无特别情况不再注释。武汉大学历史学院、湖北省文物考古研究所、湖北荆州文物保护中心、枣阳市博物馆考古队：《湖北枣阳郭家庙墓地曹门湾墓区(2015)M43发掘简报》，《江汉考古》2016年第5期，第36—49页。武汉大学中国传统文化研究中心、湖北省文物考古研究所：《枣阳郭家庙曾国墓地曹门湾墓区考古主要收获》，《江汉考古》2015年第3期，第3—11页。湖北省文物考古研究所、湖北荆州文物保护中心、襄阳市文物考古研究所、枣阳市博物馆考古队：《湖北枣阳郭家庙墓地曹门湾墓区(2014)M10、M13、M22发掘简报》，《江汉考古》2016年第5期，第13—35页。方勤、吴宏堂：《穆穆曾侯：枣阳郭家庙曾国墓地》，文物出版社，2015年。襄樊市考古队、湖北省文物考古研究所、湖北孝襄高速公路考古队：《枣阳郭家庙曾国墓地》，科学出版社，2005年。

都在 11 米左右。该墓存在被扰乱的痕迹,因此几乎不见完整的青铜容器,只出土了一些铃钟、矛、戈、镞、铃、削、牌、害、辖、衔、镳、軏足、軏首、銮、节约、扣饰、泡、带扣等青铜兵器和车马器,尤其是出土了 1 件铜钺值得关注。铜钺上刻有铭文 18 字"曾伯陭铸戚钺,用为民刑,非历殴刑,用为民政"(图一七)。铭文不仅确切地标出了铜钺的所属者为"曾伯陭",而且其口气更颇具国君气势,这可能是证明该墓为曾侯墓或墓主人执掌过曾国最直接的文字证据。

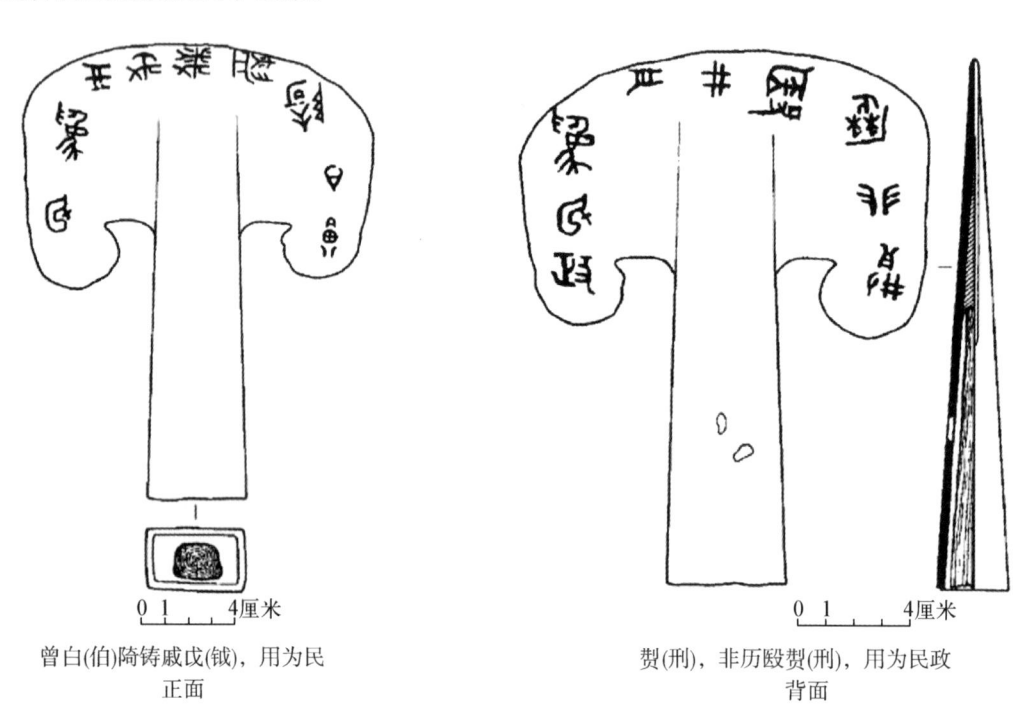

曾白(伯)陭铸戚戉(钺),用为民 正面

勅(刑),非历殴勅(刑),用为民政 背面

曾伯陭钺(M21∶9)正、背面铭文

铜编铃(M21∶43、M21∶44、M21∶42、M21∶35、M21∶40、M21∶41、M21∶39)

图一七 郭家庙 GM21 出土的曾伯陭钺和铃钟

郭家庙 M60 的具体资料还未公布,不过从墓葬分布图上观察,规模与曹门湾墓区 M1 相当。其北面也分布有一车坑,其中一车祔葬 4 马(图一八),符合"天子驾六"、"诸侯驾四"的规格,当为诸侯级别。

曹门湾墓区 M1 的发掘资料并没有全部公布,但是已有部分资料性的介绍可供我们蠡测一些信息。从曹门湾墓区墓葬分布范围看,两座较大墓葬 M1、M2 位于墓区偏北地势较高的位置,其余中小型墓葬分布于其南部或西部。M1 与 M2 形制与墓向基本一致。M1 为东西向的带斜坡单墓道的重棺一椁岩坑墓(图一九)。墓室长 11 米,宽 8.5 米,深 8 米。墓道与墓室同宽,长 10 米,斜坡墓道自东而西,临近墓室处渐收为一平台,形制特别。随葬器物摆放有一定规律,椁室内西北部为车马器,北部为编钟架、编磬等礼乐器,南部为兵器,东部为豆、盒等漆木器及金玉器等。由于该墓早期被盗扰,椁室东部的青铜礼器等可能被盗走了。墓室中的曲尺形编钟和编磬,可能与诸侯悬挂乐器的"轩悬"之制有关。M1 西南面分布着相匹配的陪葬车坑和马坑(图二〇)。车坑内随葬 28 辆车,车饰齐全,是同期长江流域所见最大的车坑。而马坑也随葬有 49 匹马。车坑的周沿发现有柱洞,意味着可能存在车棚的建筑,发掘者推测这可能与"诸侯五日而殡,五月而葬"的礼制有关。这都显示 M1 可能为国君墓葬。1982 年

图一八　郭家庙墓区 M60 车马坑

图一九　曹门湾墓区 M1

在 M1 的西南耕土中出土过带"曾侯绛白秉戈"铭文的铜戈(图二一),这间接地证明了 M1 可能是诸侯级别的墓葬,而 M2 的随葬器物则显示其为 M1 的夫人墓(图二二)。从这方面看,整个曹门湾墓区是以 M1、M2 为中心,陪葬大型车坑、马坑以及众多中小型墓葬的一处布局完整的墓地。

2. 诸侯夫人墓和高等级贵族墓

根据现已发表的材料,曹门湾墓区 M2、郭家庙墓区 M50 与 M52 三座墓疑似曾侯夫人墓。郭家庙墓地 GM17 也是一座带墓道的大型墓。

GM17 位于墓地的中部偏西位置,为一座带斜坡墓道有二层台的单棺竖穴岩坑墓。斜坡墓道东西长 4 米多,南北宽 3 米,中间设置一级台阶。墓葬东西长 7 米多,南北宽 3—6 米。墓葬椁室被盗严重,发现的随葬品较少,计有鼎 2、壶 2、鬲 1 等青铜礼器和罐 4、豆 1 等陶器(图二三)。棺内发现有较多的随葬品,多为玉佩饰、玉管、玛瑙珠等玉器和银箔饰残片。从棺内出土的器物看,该墓为女性墓葬的可能性比较大。其中鼎内见有"曾亘曼非录为尔(妳)行器,尔(妳)永祜福"铭文,充分说明了曾国与

图二〇 曹门湾墓区 M1 陪葬车坑和马坑

图二一　"曾侯绎白秉戈"铭文

图二二　曹门湾墓区 M2

曾亘嫚非录铜鼎(M17:1、M17:2)

铜壶(M17:4)

图二三 郭家庙 M17 出土器物

邓国间的通婚关系。

M22位于墓地的西面,东邻M1,为单棺一椁的竖穴岩坑墓。墓口东西长近4.5米,南北宽2.5米多。椁室内的东部与西南角放置随葬品,棺内随葬玉器。该墓随葬有鼎1、簋2、盘1、匜1等青铜礼器;罐3等陶器,玦、环等玉器。尤其是出土的"郮君"鼎和"隹白盘"比较重要,其中铜鼎上铭为"郮君鲜作其鼎,其万年无疆,子孙永用之,其或隹囗则明亟(殛)之",盘上铭为"隹郯(旁)伯贝懋自用,其万年子孙永宝盘,自作宝,永用享"。发掘者根据史料的记载,认为旁伯可能是房国国君。墓葬随葬品中缺少兵器与车马器,这说明了M22作为女性墓可能随葬了其他封国的器物。

M41位于墓地的东南部,紧邻M51、M43、M45等墓葬,为一座单棺一椁竖穴土坑墓。墓口东西长近5米,南北宽2.8米。椁室东侧放置随葬品。墓葬随葬有鼎1、簋2、盘1、匜1等青铜礼器和罐等陶器,其中铜鼎上见有"曾子"铭文,铜簋上见有"曾太保"铭文。尤以一件铜匜铭文较为重要,即"隹九月初吉壬寅,矢叔夆(?)父媵孟姬元女宝(匜)盘,其永寿用之",其内容说明该件铜匜是矢叔为姬姓长女作的媵器,同时也说明此时的曾国仍与关中地区有着密切的联系。

二、周台与忠义寨遗址

周台遗址位于一条南北向的矮丘岗地上,地势较为平缓。2002年与2014年曾进行两次考古调查:2002年遗址调查范围东西长约1 500米,南北宽约500米,2014年再次调查时,发现遗址范围东西长3 000米,南北宽约2 000米。遗址包括新石器时代遗存与两周遗存。2002年进行过发掘,发掘区位于遗址的东部凹地。[①] 其中根据相关探方的地层剖面看,第③层为两周文化层,其中两周文化层发现有房址、水井、灰坑、墓葬、窑址等遗迹现象。

其中房址F3为台基式建筑,遭到严重破坏。F3台基直接在生土上构筑,台基以黄色沙性土版筑夯打而成。台基呈西北—东南走向,长方形,残长29米,宽6—6.4米,面积约180平方米。台面有两条同向沟槽,中部有两条同向窄黄沙粒夹碎陶片堆积,较薄。台基底部正中有一条同向沟槽,台基填土内有5—8道纵向板痕。从种种痕迹看,这么大的台基式建筑很可能是大型宫殿式建筑的台基,同时也表明该地可能是

---

① 襄樊市文物考古研究所:《枣阳周台遗址发掘报告》,《襄樊考古文集》第1辑,科学出版社,2007年,第34—101页。

两周之际的曾国国都。

根据出土的陶器,发掘者认为遗址的相对年代在西周晚期至战国中期,并将该阶段遗存分为六期。其中,从文化因素上来讲,可以分为两个阶段:第一阶段为第一、二期,时代为西周晚期至春秋早期,属于曾文化;第二阶段为第三—六期,时代为春秋中期至战国中期,属于楚文化。这说明春秋中期以后,楚国占据了此地。最有说服力的是,该遗址发掘的西周晚期的M3。M3被盗,但盗洞之上又覆盖了春秋晚期楚国人生活的居住面,表明该墓葬是春秋中晚期被遗址的后期居住者(楚国人)盗挖的。M3的被盗恰可以作为当时曾、楚处于战争状态在考古学上的反映。汉水之东,曾国最强盛,处于汉水之西的楚国要向东扩张,需要打通随枣走廊。而曾国作为周王朝派往南方的核心诸侯国,肩负"君庇淮夷,临有江夏"的使命,曾、楚两国处于战争态势就自然难免。

忠义寨遗址的详细调查资料并未公布。笔者在主持郭家庙发掘期间,对忠义寨遗址组织了调查。调查前,公布的普查资料认为是战国中晚期。[1] 我们系统调查后发现在战国文化层下叠压着西周晚期、春秋早期的遗存,并有夯土遗迹;确认忠义寨是一个四周有环壕的台地,当为郭家庙墓地时期的曾国都城。整个环壕内的台地东西长500米,南北长300米,面积约为1.5万平方米,台地的北部分布有台基等建筑遗迹;环壕外的北边,即是包含西周晚期、春秋早期遗存在内的周台遗址,周台遗址也发现有同时期的大房子,当是重要的聚落区。所以,忠义寨、周台遗址共同构成了郭家庙墓地时期的大型聚落,忠义寨当为都城城邑。2016年,湖北省文物考古研究所对周台遗址进行了发掘,发现了环壕内的夯土台地、房屋建筑,[2]证实了调查的结论。

第三节 苏家垄遗址

苏家垄遗址群位于湖北省荆门市京山县坪坝镇西侧,坐落于漳水的北岸、两条支流交汇处(图二四)。漳水在今云梦县境内注入涢水(下游称为府河)。遗址群可以分为两部分,即苏家垄遗址部分与苏家垄墓地部分。苏家垄墓地位于南北向的椭圆形岗地上,而苏家垄遗址位于漳水北岸的二级阶地的平坦地带。

---

[1] 襄阳市文物考古研究所调查资料。
[2] 方勤:《郭家庙曾国墓地的性质》,《江汉考古》2016年第5期。湖北省文物考古研究所资料。

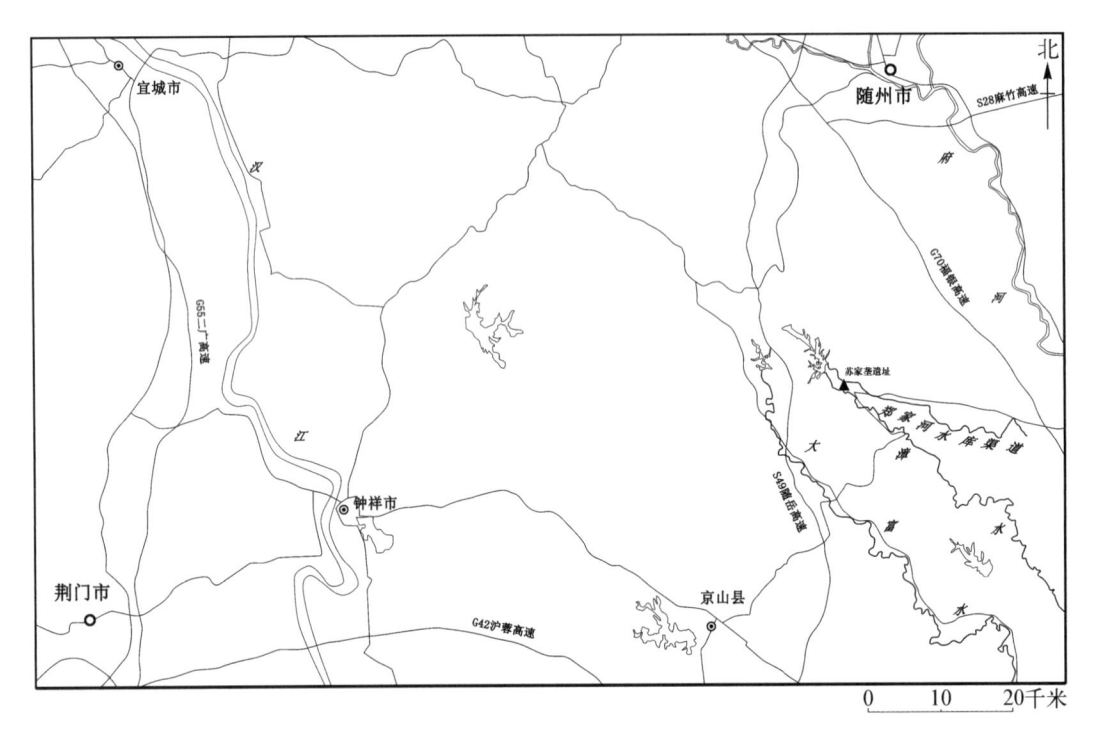

图二四　苏家垄遗址位置图

1966年修建水渠时，苏家垄墓地发现包括九鼎七簋在内的97件青铜器（图二五），鼎、壶等青铜器上有"曾侯仲子斿父"、"曾仲斿父"等铭文，① 这是湖北考古首次发现文献记载的九件列鼎，时代属于两周之际，引起了学术界高度关注。由于这批铜器不是考古发掘所得，因此大家就九鼎是否出于一座墓葬和该墓墓葬规格是否达到诸侯级别等问题有所讨论。1973年在其附近还发现有曾太师鼎和曾子单鬲等西周晚期的青铜器。② 2008年由于水渠工程的整修，在1966年发现青铜器群地点以东25米处抢救发掘墓葬1座，出土青铜簋、戈、车马器等8件器物。③ 2014年开始，湖北省文物考古研究所等单位对墓地及其附近区域进行了区域系统调查、勘探与发掘，最终确认苏家垄遗址群包括墓地与冶炼型居住地点两部分，其中墓地位于冶炼型居住地点北部约600米的丘陵岗地上。④ 这也是首次发现了曾国大规模冶铜遗存，意义重大。

---

① 湖北省博物馆：《湖北京山发现曾国铜器》，《文物》1972年第2期，第47—53页。
② 熊学兵：《京山发现一批西周铜器》，《江汉考古》1983年第1期，第80、83页。
③ 湖北省文物考古研究所：《湖北京山苏家垄墓地M2发掘简报》，《江汉考古》2011年第2期，第34—38页。
④ 苏家垄遗址考古资料多见于湖北省文物考古研究所资料。其他的则见湖北省文物考古研究所：《湖北京山苏家垄遗址考古收获》，《江汉考古》2017年第6期，第3—6页。湖北省文物考古研究所：《湖北京山苏家垄墓群M85发掘简报》，《江汉考古》2018年第1期，第26—33页。

九鼎七簋（疑失一簋）

曾仲斿父壺

銅甗

銅鬲

銅盉

铜铺　　　　　　　　　　　铜匜

铜盘　　　　　　　　　　　铜鼎铭文及其拓片

铜铺铭文及其拓片　　　　　　铜壶铭文拓片

图二五　苏家垄墓地1966年出土器物及其部分器物铭文

一、苏家垄墓地

经过对墓地大面积勘探,在郑家河沟渠两边南北岗地均分布有墓葬。2015—2017年对墓地南部岗地进行了系统的科学考古发掘,清理墓葬101座、车马坑2座①(图二六),年代为两周之际至春秋早中期。墓葬多为东西向,年代上有由北向南渐晚的趋势,墓葬之间不见打破关系。通过比较墓葬的大小,发现较大墓葬沿岗地脊顶排列,1966年清理的九鼎墓M1②以及本次发掘的M60、M79等五鼎规格大墓即从北到南分布在山脊上,小墓则在两侧分布,反映了较为严谨的墓地布局。

这批墓葬保存较好,几乎没有被盗,均为竖穴土坑墓。葬具保存状况不佳,主要为一椁一棺。随葬品多放置在棺椁之间,以青铜器为主,目前已发现青铜礼器500余件。青铜礼器放置有序,组合关系明确。小型墓如M85有鼎1、甗1、簋1、盘1、匜1。有铭青铜器多达50余件,其中多篇铭文涉及重要史料。

苏家垄墓地经过考古发掘的最重要的墓葬有两座,即M79、M88,均位于墓地的中南部,M88在M79东南侧约6米处(图二七)。M79东西长5.1米,南北宽3.9米,而M88的规模与之相似。两者的随葬品都极其丰富:M79有鼎8、鬲4、甗1、簋4、簠4、壶2、盘1、匜1,8鼎包括升鼎5、附耳鼎3,分别与簋、簠搭配;M88有鼎3、鬲5、甗1、簋4、壶2、盘1、匜1及玉器等。但是两墓在随葬种类上略有出入:两者均随葬较多的青铜礼器与铜车马器,除此外,M79随葬有较多的铜兵器和少量的玉器,而M88不见铜兵器而多见玉器。这种玉器的多寡和是否随葬青铜兵器的区别可能说明M79为一男性墓,而M88更可能为女性墓葬。在墓葬发掘过程中对M79、M88青铜礼器进行实验室清理,初步清理出丝绸、黍等若干有机质遗存,尤其在M88一件鼎中清理出的铜镜一枚,保存了诸多重要信息。该枚铜镜也成为M88为女性墓葬的有力证据。

M79与M88在随葬铜器上均发现了大量的铭文。M79出土的鬲、簋、壶等多件铜器上有铭文"曾伯桼",其墓主人当为"曾伯桼"。而M88出土有3鼎4簋,又为女性墓葬,故可能为"曾伯桼"夫人墓。M79、M88两墓各出铜壶2件,造型基本一致,但M88墓出土的2件铜壶铸有铭文,而M79墓的2件铜壶没有铭文。M79墓出土的鼎、簋均有"曾伯桼"铭文,表明墓主人是曾伯桼;M88墓出土的鼎、簋均有"芈克",表明墓主人是芈克。而曾伯桼的铭文壶出土在M88芈克墓中,当是曾伯桼送给芈克的,并为芈克

---

① 方勤、胡长春等:《湖北京山苏家垄遗址考古收获》,《江汉考古》2017年第6期,第3—6页。
② 墓地发掘之始,对墓地进行了统一编号,将"曾侯仲子斿父"九鼎出土地点编号为M1。

图二六　苏家垄遗址墓地南区墓葬分布图

第一章　曾国考古新发现

图二七　苏家垄 M79 与 M88 墓坑局部

留存，也进一步佐证了两者的夫妻关系。M88 所出铜壶"曾伯桼"铭文见于壶盖、壶腹内壁，单壶铭文计 161 字，铭文完全相同，两壶共计 322 字，在春秋时期青铜器中极为罕见。壶腹铭文 83 字（含重文 2，图二八），内容释读为：

图二八　曾伯桼壶铭文拓片

　　唯王八月，初吉庚午，曾伯桼哲圣孔武，孔武元犀，克逊淮夷，余温恭且忌，余为民父母。唯此壶章，先民之尚。余是楙是则，允显允异。用其镐镠，唯玄其良，自作尊壶，用孝用享于我皇祖，及我文考，用锡（赐）害（匄）眉寿，子孙永宝。

　　初步研究，铭文中"哲圣孔武，孔武元犀"，为对曾伯桼品德的赞美之词；"是楙是则，允显允异"，意指曾伯桼自我勉励，以身作则；"克逊淮夷"表示曾国能够治理淮夷；"温恭且忌，为民父母"，是指曾伯桼性格温和恭敬且有威严，统治一方民众；"用其镐镠，唯玄其良，自作尊壶"，说明挑选上好铜料，制作了这件铜壶。盖部铭文 78 个字，内容与壶腹基本一致，壶腹首句"唯王八月"比盖铭多一"王"字，另壶腹多最后祝语"子孙永宝"。壶铭中"克逊淮夷"和 M88 出土的簠铭中"陔夫人芈克"等都是重要的出土文献资料。

M79出土传统的五鼎四簋以及新兴的三鼎四簠,是春秋早中期之际高等级墓葬流行的多套礼器组合的最早实例,体现了春秋早中期之际礼制的转变(图二九)。青铜器诸多特征开江汉地区春秋初期之先河,曾伯桼五鼎风格上承西周晚期、下启春秋之初,为研究楚式升鼎的源流提供了重要资料。

苏家垄墓地与同时期的郭家庙等曾国遗存并立,显示当时曾国复杂的社会结构。此外,遗址出土的大量青铜器铭文涉及诸多历史信息,发现的"番"、"黄"、"宋"等铭文提供了研究曾国与诸侯国关系的重要史料,尤其是M88墓的"陕夫人芈克"铭文簠,其墓同出的三件鼎亦有"陕夫人芈克"的铭文,也是现今可见较早地反映曾国与早期楚国关系的考古实证(图三〇)。

二、苏家垄遗址的调查收获

在墓地发掘的同时,发掘单位对其周边进行了结合勘探的区域考古调查,确认苏家垄遗址是一处以苏家垄墓地为主体,兼有与墓地同期的居址、冶炼遗存的大型遗址群,包含有新石器时代遗存和两周时期遗存,总面积达231万平方米。其中遗址内可能遭到后期破坏,或许也可能是初始时炼铜就分为几个区域进行,调查至少发现了三处铜矿炼渣遗迹分布区域,其中遗址内最大的铜矿炼渣遗迹区域达75万平方米。但是在苏家垄遗址群的北部地带还发现了两处较集中的铜炼渣分布区。分布区面积较小,仅有三、四百平方米大小。其中一处还发现了大量的红烧土遗存,应是炼炉分布区所及。目前,考古调查发现铜炉两座,其中保存完整的只有一座。

完整炼铜炉位于苏家垄遗址群的南部边缘。炼铜炉平面呈圆形,本体炉壁被烧结,大部分形成玻璃态物质层。本体周围同样有被火烧成的红烧土。炼铜炉东西两侧有椭圆形的对称结构,其中东侧结构的平面上分布较多炭痕。炼铜炉本体南北两侧分布有较多的红烧土块,并且还有两个长方形的铜炼渣密集分布区(图三一)。在红烧土块上清理出与墓地同时期的陶片,可见冶炼遗迹与墓葬同期。更重要的,在于残破炼铜炉上还发现有与墓地同时的烧制变形的陶豆盘残片。检测结果与初步研究表明,铜渣主要是当地进行冶炼的炼渣(图三二)。遗址内距离炉址300余米正北方处还出土了一块铜锭。

结合墓地铭文的材料,可以将M79与M88的青铜器归纳为"曾伯桼"器群。曾伯桼器群与传世的曾伯桼"金道锡行"青铜簋对应,揭示了周王朝管理经营南方及南方铜、锡原料产地的重大史实。传世曾伯桼青铜簋,早年系陈介祺先生收藏,现藏国家博物

五鼎四簋

三鼎四簋

图二九 苏家垄 M79 两套器物组合

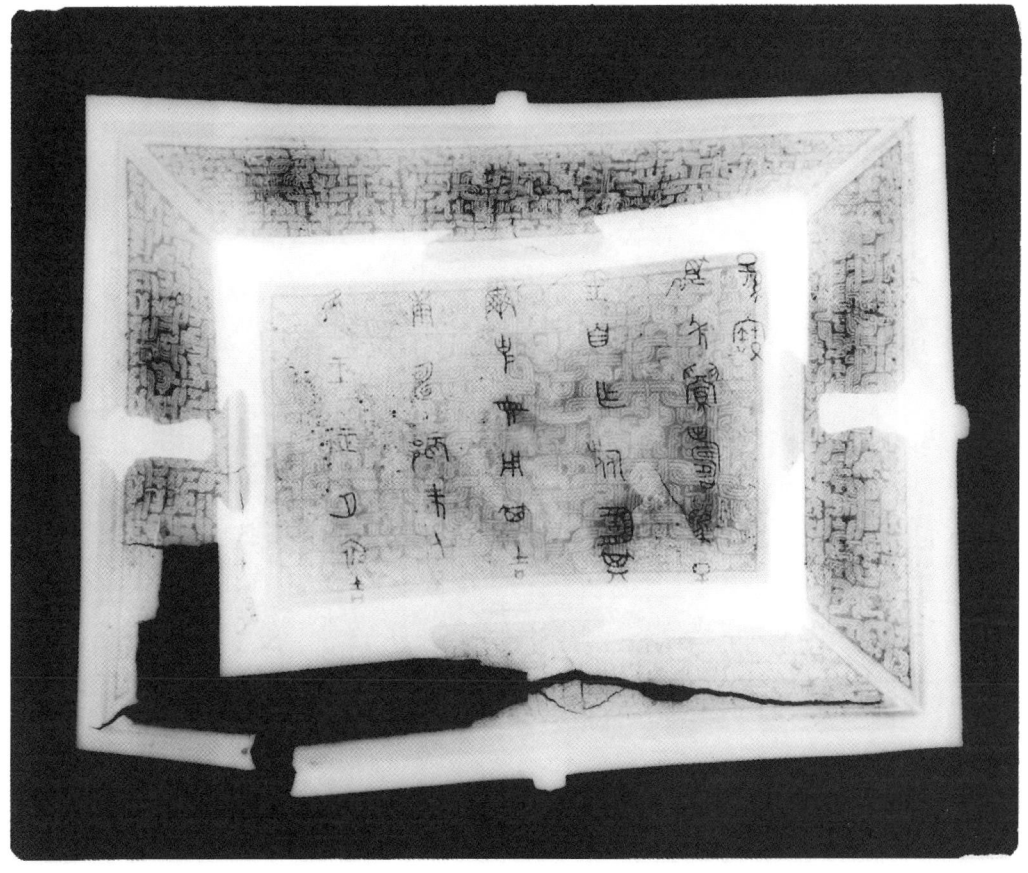

图三〇 "陔夫人芈克"铭文簠及其 X 光片

图三一　苏家垄遗址炼炉炉基及其周围遗存分布

大量炼渣

图三二　苏家垄遗址炼渣遗存

馆,此次出土曾伯桼铜壶,与之均有"克逖淮夷"等铭文,铭文诸多语气、用词相似,可以确认 M79 墓主人"曾伯桼"与传世曾伯桼"金道锡行"簠器主为同一人。这一发现,实证了周王朝通过曾国管理、控制随枣走廊,进而控制淮夷并掌控"金道锡行"铜、锡资源的史实。

苏家垄遗址群大面积的冶炼遗存、出土铜锭及厚重的青铜器等,展现了曾国青铜器从冶炼、生产到流通的诸多环节,为曾国青铜器的研究开辟了新的领域,对探讨春秋时期诸侯国青铜手工业的生产和管理、汉淮与中原地区之间金属资源的流通有着关键的意义。

第四节 义地岗墓地、擂鼓墩墓地与安居城址

一、义地岗墓群

随州义地岗墓群位于湖北省随州市东北部的东城区,其西 2 公里有五眼桥遗址,西北 0.5 公里为蒋家岗墓地,西距擂鼓墩曾侯乙墓 4 公里,并与擂鼓墩战国古墓群隔㵐水相望(图三三)。墓地坐落在一座东北—西南走向的长条形土岗上。㴲水及其支流㵐水交汇于墓地西南部,墓地面积约 18 万平方米。义地岗墓群是一个较大的概念,应该包括义地岗墓地、文峰塔墓地、汉东东路墓地三处常见于发掘简报的墓地。

(一) 义地岗墓地

义地岗发现较早,由于种种原因该墓地基本处于持续发现的状态,公布了一批发掘资料(图三四)。1976 年义地岗墓地出土青铜鼎、盏各 1 件。[1] 1979 年,在义地岗清理一座春秋中期的墓葬,出土有铜鼎、簠等,其中铜簠有"陈公子仲庆"、铜戈有"周王孙季怠"及"曾大工尹季怠"铭文。[2] 1980 年,义地岗南部八角楼发现一座东西向墓葬,出土有春秋中期铜鼎、盏及陶鬲、罐。[3] 1993 年,在义地岗南部发现编号为 M83 的墓葬,墓葬的年代为两周之际,出土有铜鬲、盘等,其中铜鬲口沿饰有铭

---

[1] 陈欣人、刘彬徽:《古盏小议》,《江汉考古》1983 年 1 期,第 74—76 页。
[2] 随县博物馆:《湖北随县城郊发现春秋墓葬和铜器》,《文物》1980 年第 1 期,第 34—41 页。
[3] 随州市博物馆:《随州东城区发现东周墓葬和青铜器》,《江汉考古》1989 年第 1 期,第 22—26 页。

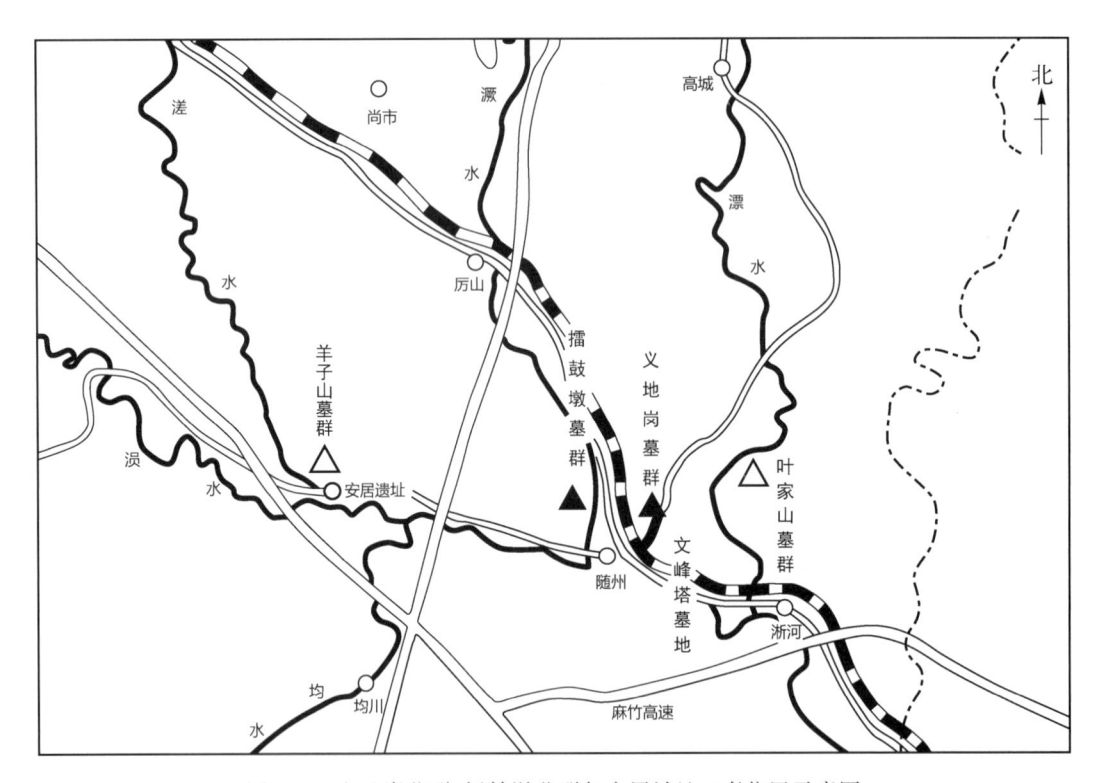

图三三　义地岗墓群、擂鼓墩墓群与安居城址三者位置示意图

文。① 1994年,在义地岗墓地西南部东风油库清理三座春秋中、晚期墓葬,其中M1出土有铜鼎、壶、簠、匜、盘及陶鼎、壶、豆,M2出土有铜鼎、壶、簠、匜、盘及陶鼎、壶、豆,M3出土有铜鼎、壶、盘、匜、豆及陶鼎、橄榄形罐。三个墓葬出土的铭文有"曾侯䚄""曾少宰黄仲酉""曾仲姬"。② 2009年,在义地岗西南部文峰社区清理两座春秋晚期墓葬。其中M1出土有铜鼎、缶、鬲、编钟及陶鬲、罐、盂等,编钟有"曾侯舆"铭文;M2出土多为铜器残片,陶器有陶鬲、壶、豆、罐、盂,其中陶鬲还发现有陶文"曾"。③ 2011年,在义地岗墓地西南部小树林清理一座春秋晚期墓葬,墓葬编号M6,出土铜鼎、簠、甗、壶、缶、斗、匜及陶橄榄形罐,其中铜鼎、簠、甗均有铭文为"曾公子去疾"。④

---

① 随州市考古队:《湖北随州义地岗又出土青铜器》,《江汉考古》1994年第2期,第37—40页。
② 湖北省文物考古研究所、随州市曾都区考古队、随州市博物馆:《湖北随州义地岗墓地曾国墓1994年发掘简报》,《文物》2008年第2期,第4—18页。
③ 湖北省文物考古研究所、随州市博物馆:《随州文峰塔M1(曾侯舆墓)、M2发掘简报》,《江汉考古》2014年第4期,第3—51页。
④ 湖北省文物考古研究所、随州市博物馆:《湖北随州义地岗曾公子去疾墓发掘简报》,《江汉考古》2012年第3期,第3—26页。

第一章 曾国考古新发现

"曾少宰黄仲酉"铜鼎

"曾侯邱"铜鼎

"曾仲姬"铜壶

"陈公子仲庆"簠及其铭文

"周王孙季怡"铜戈

"曾大工尹季怡"铜戈

图三四 义地岗墓群早年出土带有重要铭文的器物

(二) 文峰塔墓地

2012年,义地岗墓地西南部文峰塔工程建设范围内发现春秋中、晚期墓葬54座,车马坑2座、马坑1座(图三五)。① 发掘出土遗物有铜、陶、瓷、漆木、骨、皮革、玉石等各类质地的文物1 027件套。其中,铜器器类主要有鼎、簠、簋、方壶、缶、甗、鉴、盘、匜等。从出土的器物形制可以判断,该墓地主要为春秋中晚期至战国中期的墓葬。出土的部分铜器上有"曾"、"曾子"、"曾公子"及"曾孙"等铭文,根据铭文判定国属应为曾。此次发掘墓葬绝大部分为东西向,少量墓葬为南北向。带墓道的大墓2座,即M18与M8,其墓道皆向南。墓地内的木质葬具与人骨保存状况不佳,从残痕可见葬具分为四种:一椁三棺、一椁两棺、一椁一棺和单棺。

在文峰塔墓地还发掘了两座车马坑与一座马坑。车马坑编号为1号车马坑、2号车马坑。从墓地布局来看,1号车马坑可能归属于M43,为2马驾独辕车。2号车马坑可能归属于M29,为4马驾的独辕车。这些为揭示东周时期车马殉葬提供了实物资料。此外还在M21内发现一件带"随"字铭文的铜戈,其完整铭文为"随大司马嘉有之行戈",这也是考古发掘首次出现"随"字铭文,这为曾、随的关系研究再次提供了科学考古出土的实物证据。

文峰塔墓地M1被破坏严重,可知其为长方方形岩坑竖穴椁室墓。墓口不明,墓地南北长7.1米,东西宽5.9米。M1虽然遭到早期盗扰和现代施工的破坏,但是依然出土了较为丰富的器物,主要为鼎、鬲、缶、戈、镞、车马器等青铜器,石磬以及玉器等,尤其是出土了一套较为精美罕见的青铜编钟。M1出土的铜鬲上有铭为"曾侯與之行鬲",这直接说明了M1的墓主为"曾侯與"。M1的青铜编钟皆为甬钟,合瓦形钟体,形制相同,大小不一,共10件。其中较完整和可复原的编钟有6件,不可复原及残片编钟4件。这批编钟内含非常详实的铭文史料。

编钟M1:1铭文如下。

正面钲部铭:隹(惟)王正月,吉日甲午,曾侯朕曰:白(伯)簉(适)上嚣(庸),堲(左)萗(右)文武;

正面左鼓部铭:达(挞)壁(殷)之命,罛(抚)敽(定)天下,王遣(遣)命南公,縈(营)宅汭土,君庇淮尸(夷),飌(临)有江漒(漫)。周室之既卑(卑);

背面右鼓部铭:攸(吾)用燮譎楚,吴恃有众庶,行乱,西政(征),南伐,乃加于楚,郱(荆)邦既霪(变?刷?),而天命洒(将)误。有懯(严)曾侯,夐=(业业)厥;

---

① 文峰塔墓地所用资料均引自下述文献,无特殊情况下文不再重复注释。湖北省文物考古研究所:《湖北随州文峰塔墓地考古发掘的主要收获》,《江汉考古》2013年第1期,第1—5页。湖北省文物考古研究所、随州市博物馆:《湖北随州文峰塔墓地M4发掘简报》,《江汉考古》2015年第1期,第3—15页。湖北省文物考古研究所等:《随州文峰塔M1(曾侯與)、M2发掘简报》,《江汉考古》2014年第4期,第3—51页。湖北省文物考古研究所、随州市博物馆:《湖北随州市文峰塔东周墓地》,《考古》2014年第7期,第18—33页。

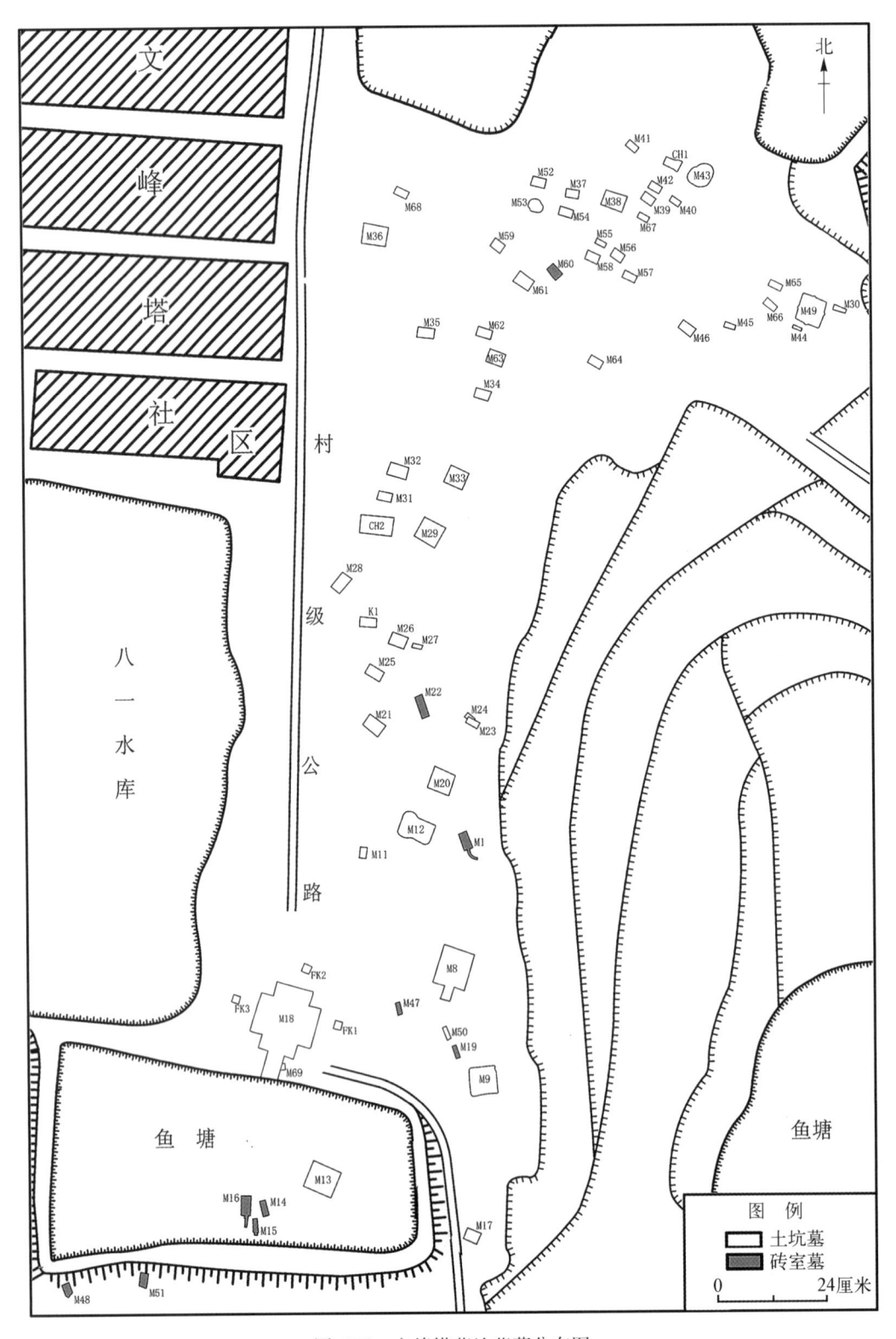

图三五　文峰塔墓地墓葬分布图

背面钲部铭：泽(圣)，亲塼(搏)武攻(功)。楚命是覣(静?)，返(复)敦(定)楚王。曾侯之霹=(灵脾—义)穆，曾侯；

背面左鼓部铭：感(庄)武，悁(畏)諐(忌)共(恭)螷(寅)斋祡(盟)，伐武之表，怀爕四旁(方)。余龖(申)圐(固)楚成，改返(复)曾疆。择悻(选?)吉金，自酢(作)宗彝，穌钟；

正面右鼓部铭：鸣虩(皇)，用考(孝)台(以)盲(享)于悻(辟?)皇昌(祖)，以慈(祈)辔(眉)耆(寿)大命之长，期(其)肫(纯)諰(德)降，舍(余)万殊(世)是悩(尚)。

M1:2 与 M1:1 铭文类似。

编钟 M1:3 铭文如下。

正面钲部铭：隹(惟)王十月，吉(?)日庚(?)午，曾侯；

正面左鼓部铭：賸曰：余稷之玄孙。穆善(?)戠(敦)敏(?)，悁(畏)；

背面右鼓部铭：天之命，敦(定)均(?)曾土，蕠(恭?)；

背面钲部铭：螷(寅)斋(盟)，憖(吾)台(以)旂(祈)辔(眉)耆(寿)。

编钟 M1:5 铭文如下。

正面钲部铭：临观元洋(?)，嘉楛(鼓)；

正面左鼓部铭：芋(竽)莆(镛)，憖(吾)，以及夫=(大夫)；

背面右鼓部铭：㝨(宴)乐，爰乡(飨)律(肆)士；

背面钲部铭：备御称金，余永；

背面左鼓部铭：用眈(允)长，难老、黄；

正面右鼓部铭：枸(耇)、珥(弭)冬(终)、无疆。

编钟 M1:6、M1:7、M1:8、M1:9、M1:10 等铭文较少。其中编钟 M1:6 铭文：正面钲部铭为"嘉楛(鼓)芋(竽)"；正面左鼓部铭为"莆(镛)，憖(吾)以"；正面右鼓部铭为"及夫=(大夫)"。

编钟 M1:7 铭文：正面钲部铭为"难老、黄枸(耇)"；正面左鼓部铭为："珥(弭)冬(终)"；正面右鼓部铭为"无疆"。

编钟 M1:8 铭文：正面钲部铭为"难老、黄"；正面左鼓部铭为"枸(耇)、珥(弭)"；正面右鼓部铭为"冬(终)、无疆"。

编钟 M1:10 铭文为"万民其有□(祀?)是□余自作(?)穌钟(?)"。

文峰塔墓地 2011 年还发现一座疑似曾侯级别的高等级墓葬，即 M4。M4 被破坏得极其严重，仅存墓坑底部。通过相关痕迹判断，M4 为近方形的竖穴土坑墓，东西残长 10 米，南北宽近 8 米。棺椁破坏严重，可能椁内分为多室结构。墓底有一随葬兽骨的腰坑。该墓清理出一些铜器、陶器、玉器、骨器、蚌贝器等小件器物。在出土的青铜戟上可见"曾侯"两字。尤为重要的是追回一件青铜编钟，可说明该墓的等级是比较高的。编钟为合瓦形甬钟，其上有铭文34字："徇乔（骄?）壮武，左右楚王，弗讨是许，穆=（穆穆）曾侯，畏忌溫龔，□□□□命，以忧此鰥寡，绥怀（?）彼无□，余"。这段曾侯自夸铭文史料与青铜戟上"曾侯"两字，都从侧面说明 M4 是一座曾侯级别的墓葬，本人考证其墓主人应为曾侯邮。①

文峰塔墓地 M18 为墓地最大的一座墓葬，位于发掘区的南部。平面呈"亚"字形，墓道为长方形阶梯形斜坡墓道，墓道阶梯共15阶，残长6.6米。墓室南北长16.6米，东西宽15.6米，深9米。墓坑四周设有三级台阶。墓葬的木质棺椁得以保存，为一椁三棺。椁室呈"中"字形，分为东、南、西、北、中五室。棺室居中（图三六）。椁底板下的中部偏北位置发现有圆形腰坑，坑内放置陶罐1件。墓室早年被盗，只在东室发现完整组合的器物群。东室内出土有鼎、簋、簠、鬲、鉴、方壶等青铜器70余件。M18 墓坑的东、北、西三面各有一方形的小附葬坑，其中东、北坑内发现有附葬器物，分别为一件陶器和两件铜方缶。在铜缶上有铭为"曾侯丙之赴缶/砱以为长事"，可见 M18 的墓主可能为"曾侯丙"。这样的证据和墓葬的规模等线索基本可以确定 M18 为一座新见的曾侯墓，其年代约为战国中期。

（三）汉东东路墓地

2016—2017 年，为配合随州市汉东东路及棚户区改造，湖北省文物考古研究所对汉东东路墓地进行勘探发掘。此次发掘春秋时期墓葬39座，马坑2座。② 墓葬皆为东西向。木质葬具多腐朽，从痕迹上看有重棺一椁、一棺一椁两种，其中大型墓葬均为重棺一椁墓。从已有的发现来看，墓地布局排列整齐有序，墓葬从南至北时代渐早。多数墓葬均随葬有青铜器，器物组合关系明显清晰，以鼎、簋和鼎、簠两种组合为主，配套有鬲、壶、盘、匜等青铜器。墓地清理出青铜器400余件，有铭铜器共100多件。铭文主要有"曾公"、"曾侯"、"曾"、"曾子"、"曾孙"、"曾叔孙"、"曾叔子"、"朱芈"等，其中部分铭文为曾国考古首次发现。

墓地中 M81 与 M110 邻近，M110 位于 M81 的北部。两墓均为长方形竖穴土坑重棺一椁墓。M81 的规模较 M110 大一些，M81 东西长5.9米，南北宽5米，而 M110 东西长5.1米，南北宽3.8米。两墓的人骨腐朽严重，葬式不清晰，但可见头向东。M81 与 M110 的随葬等级基本相似，均为五鼎四簋墓，只是配套随葬其他青铜器略有区别，

---

① 方勤：《文峰塔 M4 墓主人为曾侯邮小考》，湖北省文物考古研究所编：《曾国考古发现与研究》，科学出版社，2018年。
② 墓地资料多见于湖北省文物考古研究所内部资料，余见于湖北省文物考古研究所、随州市博物馆、随州市曾都区考古队：《随州汉东东路墓地 2017 年考古发掘收获》，《江汉考古》2018 年第1期，第34—39页。

图三六 文峰塔墓地M18

如M81配套有鬲4、壶2、簠2、钮钟9等青铜礼器，而M110配套有鬲4、壶2、簠2、瓿2等青铜礼器。根据青铜器出土铭文显示两墓墓主身份比较明确，M81在鼎、簠、鬲、壶、簋等青铜器上均有铭文"曾叔孙湛"，M110在簠、鬲、壶、簋等青铜器上均有铭文"湛作季嬴"。由此可以肯定M81的墓主为"曾叔孙湛"，而M110的墓主就很可能是M81"曾叔孙湛"的夫人，M81与M110为一组夫妇异穴合葬墓。

M129位于墓地的南部，为带斜坡墓道的竖穴土坑重棺一椁墓。墓葬平面呈"甲"字形，分为墓道和墓室两部分。斜坡墓道残长3.5米，南北宽3.4米。墓室东西长8.7米，南北宽7.8米。墓葬被盗，葬式基本不可见，清理时在椁室的南部、西部可见摆放的随葬器物。墓葬随葬有缶2、盘1、匜1等青铜礼器，另外还出土了一套乐器，包括编钟和编磬。编钟由4件镈钟和16件甬钟组成（图三七），编磬有2套。更为重要的是，在墓内出土一件有铭文为"曾侯得"的铜戈，可知该墓的墓主为"曾侯得"。完整的编钟与编磬和"曾侯得"戈可说明M129为一座曾侯级别的墓葬（图三八）。[①] 铭文中亦见"曾公得"，是曾侯得的另一称谓。

---

① 湖北省文物考古研究所、随州市博物馆、随州市曾都区考古队：《随州汉东东路墓地2017年考古发掘收获》，《江汉考古》2018年第1期。

图三七 汉东东路墓地 M129 出土曾公铭文编钟

图三八　汉东东路墓地 M129 出土曾侯得铭文戈

M118 位于 M81 的南侧。也为长方形竖穴土坑重棺一椁墓，东西长 4.9 米，南北宽 4 米。该墓发现有封土的痕迹，为曾国考古的首次发现，也是曾国墓葬在田野考古上的一个重大突破。M118 的椁室上部有青灰细泥夯筑的覆斗形封土台，土台可分为四层夯层，厚度不均，界面曲折。封土台上部长约 2.4 米，宽约 1.6 米，下部长约 4 米，宽约 3.2 米。墓葬人骨保存不佳，葬式不明，依稀可见头向朝东。墓葬随葬较多的器物，其中包含鼎 4、簋 4、鬲 5、壶 2、簠 2、盘 1、盉 1、缶 1、甗 1 等青铜礼器组合。可知 M118 墓主也是一位身份地位极高的曾国贵族。

二、擂鼓墩墓群

擂鼓墩墓群位于随州市擂鼓墩社区八组、九组。擂鼓墩墓群东面有㴔水自北向南流过，往南 2.5 公里处有涢水自西往东而来与㴔水汇合。墓群就位于㴔水河西岸的凸圆形山包之上，东距义地岗墓群约 4 公里，经调查与勘探，发现擂鼓墩墓群是由团坡墓地、吴家湾墓地、擂鼓墩墓地、庙凹坡墓地、吕家塝墓地、王家湾墓地、蔡家包墓地、王家包墓地等 8 个墓地组成的大规模墓葬群，总面积达 1.33 平方公里（图三九）。[①]墓群内存在多个土冢，这些墓葬规模和曾侯乙墓相差不大，由此看来，擂鼓墩墓群存

---

① 湖北省文物考古研究所、随州市文物局：《湖北随州市擂鼓墩墓群的勘查与试掘》，《考古》2003 年第 9 期，第 25—32 页。

在多位曾侯一级的墓葬,应该是布局比较完整的曾国国君陵园区,它同时说明战国时期的曾国都城就应该在今天的随州城区一带。擂鼓墩墓群经正式考古发掘且规模较大的有曾侯乙墓和擂鼓墩二号墓。

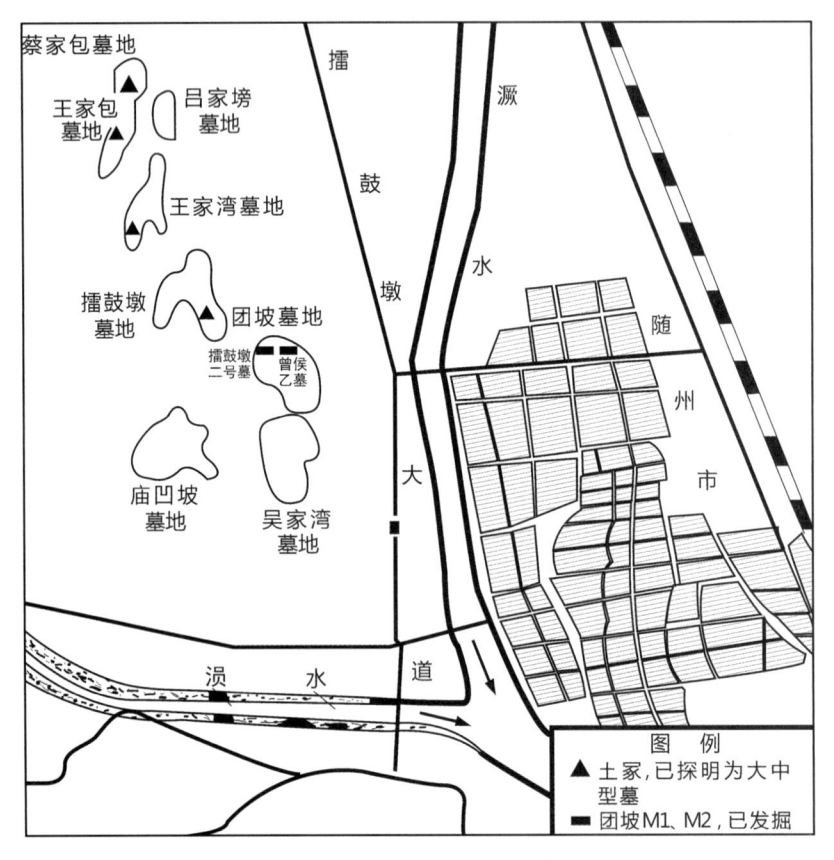

图三九　擂鼓墩墓群范围示意图

1978年,在擂鼓墩的圆形山包之上,清理了曾侯乙墓。① 1981年,在擂鼓墩曾侯乙墓的西侧,清理了擂鼓墩二号墓。② 1983年清理了擂鼓墩砖瓦厂和吴家湾墓地,出土了大批战国时期陶器。③ 1997年通过调查勘探,发现了擂鼓墩一带周围的八处岗地上均分布有东周墓葬,同年并发掘擂鼓墩砖瓦厂,又出土了一批战国期陶器。④ 1999

---

① 湖北省博物馆:《曾侯乙墓》,文物出版社,1989年。
② 湖北省博物馆、随州市博物馆:《湖北随州擂鼓墩二号墓发掘简报》,《文物》1985年第1期,第16—36页。随州市博物馆:《随州擂鼓墩二号墓》,文物出版社,2008年。
③ 随州市博物馆:《随州擂鼓墩砖瓦厂十三号墓发掘简报》,《江汉考古》1984年第3期,第37—41页。
④ 湖北省文物考古研究所、随州市文物局:《湖北随州市擂鼓墩墓群的勘查与试掘》,《考古》2003年第9期,第25—32页。

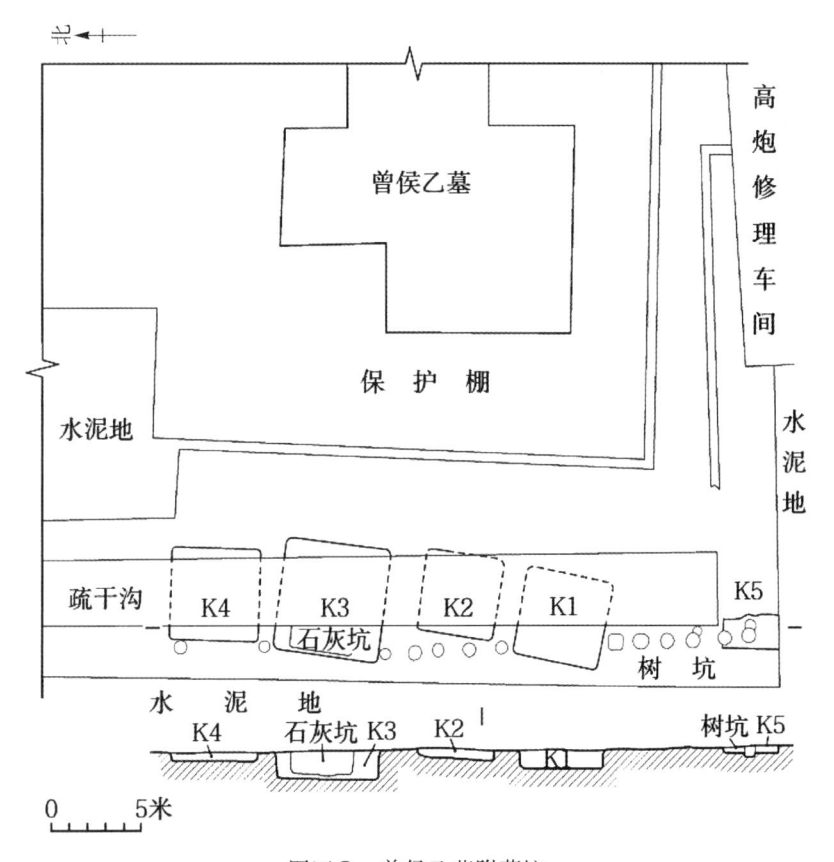

图四〇 曾侯乙墓附葬坑

年发掘了擂鼓墩曾侯乙陪葬坑 TPK1—TPK5（图四〇）。其中 K2—K4 出土物均为陶器，①器类有陶瓮、盘、钵、盆、罐等。这些器物多为两两相扣，上部为陶盘、陶钵或陶盆，下部为陶瓮，其中相扣器物的下部分均为器形较大的夹砂红陶罐，火候较高，部分里面发现有粮食的腐痕和兽骨，可能为日用陶存储器。其中最重要的 K1 出土了 400 余件青铜构件和铲、镦等工具。②

1. 曾侯乙墓

曾侯乙墓虽然遭到早期盗扰，但经发掘后所获资料仍非常重要。该墓为一座岩坑竖穴木椁墓，平面呈不规则多边形，方向正南，墓口东西最长 21 米，南北最宽 16.5 米，面积 220 平方米，加上附葬坑面积，曾侯乙墓总面积超过了 320 平方米。墓

---

① 郭长江：《曾国陶器研究》，武汉大学硕士学位论文，2017 年。
② 武汉大学历史学院、湖北省文物考古研究所、随州市博物馆等：《湖北随州市曾侯乙墓一号陪葬坑发掘简报》，《考古》2017 年第 11 期，第 31—44 页。

葬建造在一座小山岗上,营建过程比较精细。墓坑修整笔直,填土比较有序。椁室之上先填木炭,再依次填充青膏泥与黄褐色土,并对黄褐色土夯打,在墓坑中部铺石板,石板之上再填土。墓葬椁室由长条方木垒成,分东、北、中、西四室,每一个分室有门洞相通。主棺为重棺,外棺为铜木结构,内棺为木结构,位于东室中部。大部分陪葬棺与殉狗棺位于东室,还有个别的陪葬棺位于西室。墓主与陪葬者皆为仰身直肢葬,而陪葬者全为年轻女性。这样营建墓室势必是费工费时和消耗大量财富的,这也体现了当时曾侯是有相当高的地位的。

墓葬随葬器物十分丰富,主要置于椁室东室、中室、北室和墓主棺内,不同分室放置器物也有所区别。从器物大类与功用上区别,东室主要放置部分戈、弓、矢、盾等兵器,瑟、琴、笙、鼓等乐器,还有一些车马器、漆木器与各种材质的小件装饰品等;中室主要放置礼乐器;北室主要放置长杆的戟、殳、矛、车軎、弓、矢、盾、甲胄等车马兵器和其他一些器物。中室首先出土了最能反映墓主身份与级别的九鼎八簋以及五鼎四簋两套组合,这是科学田野考古发掘中极为罕见的。列鼎后配套有小鬲、鼎形器、盖鼎、提链鼎、盥缶、簠、甗、尊、盘、过滤器、鉴缶、联禁大壶等青铜礼器。中室还出土了完整的一套编钟和一架编磬(图四一)。编钟有65件,编磬有磬块32件,是周代考古发现钟磬数量最多的,另外还有鼓3、瑟7、笙4、排箫2、篪2。墓葬出土的文字资料包括竹简、铭文和器物刻文等几部分。青铜礼器上铭文中反复出现"曾侯乙作持用终",可知墓主为"曾侯乙"。

尤其是编钟中有一件镈钟上刻有反映战国时期曾、楚关系的铭文,"唯王五十又六祀,返自西阳,楚王熊章作曾侯乙宗彝,奠之于西阳,其永持用享"。许多学者将这段铭文作为曾侯乙准确下葬于楚惠王五十六年的依据,我们认为不妥,理由如下:本铭文的核心内容是楚惠王从西阳回来后,作了曾侯乙作宗彝,①"曾侯乙宗彝",应当是给曾侯乙宗庙的,而不是作给曾侯乙本人的。宋代安陆出土了2件曾侯乙镈钟并留存了同样铭文的拓片传世,②说明不止有曾侯乙墓中下葬的这一件镈钟,也佐证了楚惠王不是专门为曾侯乙下葬而作的。有趣的是,重庆中国三峡博物馆收藏有一件"曾侯乙甬钟"(图四二),从形制看,该钟应为宋代仿制,其铭文内容与楚王酓章钟铭文前段相同。该例也是宋代已经发现多件楚王作曾侯乙钟的证明。进一步推测,仿制的这件钟为甬钟,那么,很可能它就是宋人仿甬钟而制作的。因此,楚王当时送给曾侯乙

---

① 王人聪:《关于曾侯乙墓的年代》,《江汉考古》1985年第2期。
② 赵明诚:《金石录》"安州所献六器铭"条,齐鲁书社,2009年。薛尚功:《历代钟鼎彝器款识法帖》,中华书局,1986年。

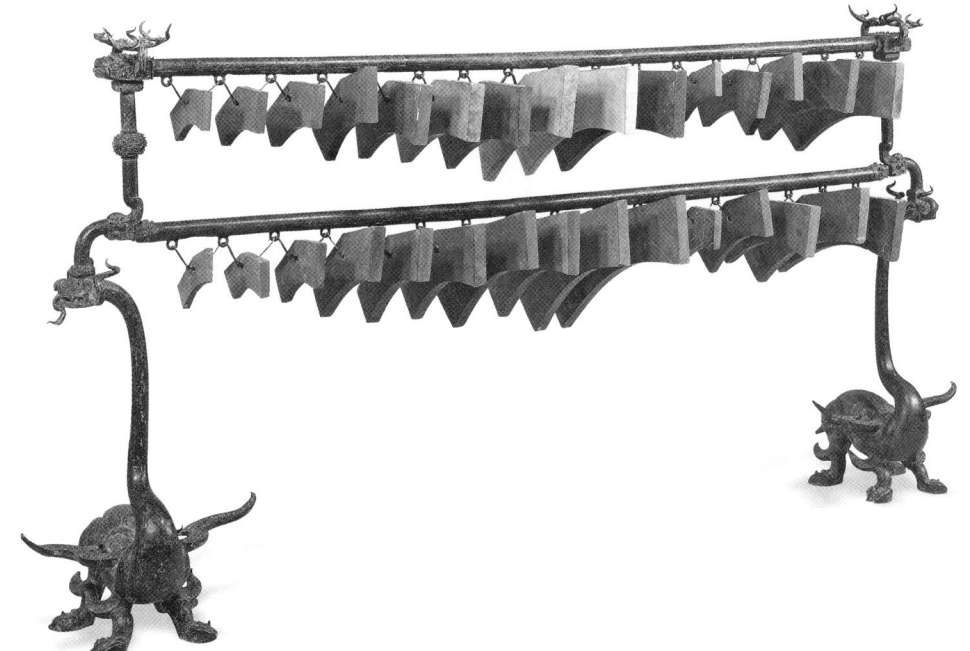

图四一　曾侯乙墓编钟与编磬复原图

的,可能就是镈钟、甬钟混排的整套编钟。汉东东路 M129 曾侯得墓出土编钟一套,是由镈钟 4、甬钟 16 组成的混排编钟。[①] 而江陵天星观二号墓出土的编钟,也是由二十

---

① 湖北省文物考古研究所、随州市博物馆、随州市曾都区考古队:《随州汉东东路墓地 2017 年考古发掘收获》,《江汉考古》2018 年第 1 期,第 39 页。

二件钮钟、十件镈钟混排的编钟(图四三)。① 和尚岭二号墓的䢵子受编钟,共十七件,包括上层钮钟九件,下层镈钟8件。和尚岭和天星观墓出土的成套编钟,正可说明楚国有镈钟、甬钟参与编钟的传统。

因此,不排除楚惠王制作了至少包括3件"曾侯乙宗彝"铭文镈钟在内的一套镈、

图四二　重庆中国三峡博物馆收藏的"曾侯乙甬钟"

图四三　江陵天星观二号墓出土编钟

---

① 湖北省荆州博物馆:《荆州天星观二号楚墓》,文物出版社,2003年,第66页。

甬混排的编钟,供于曾侯乙宗庙。曾侯乙编钟包括"大羽"钟在内,原有65件套编钟,在楚惠王送镈钟之前已经完成并投入使用。为了感谢楚惠王的恩德,曾侯乙把他送的镈钟中的一件挂入自己使用的65件编钟系列中,为了平衡协调,把镈钟挂在下层的正中位置(构成下层F调的宫,并有敲击痕迹,说明是编入原有编钟中使用的),而把自己原来的"大羽"钟取走,这也是我们现在看到钟架横梁改造过,其挂钩标识也与钟不对应的原因。如是,曾侯乙当薨于楚惠王五十六年(公元前433年)之后,而不一定恰巧是这一年,也可能是这一年之后。该墓不仅见有"曾侯乙"铭文,还见有"曾侯舆"与"曾侯邸"字样的铭文。张昌平考证,"曾侯舆"、"曾侯邸"、"曾侯乙"等三位曾侯,为祖孙三代,应当不误。[①]

2. 擂鼓墩二号墓

擂鼓墩二号墓位于曾侯乙墓以西100余米的地方,发现时已被破坏得十分严重,很多墓葬的信息已不可知晓。这是一座岩坑竖穴木椁墓,南北长7.3米、东西宽6.9米。墓葬的葬具与人骨保存不佳,因此不能辨别葬式。从葬具的残痕看,椁室内放有两棺,北部放有主棺,西南角放有小型陪葬棺。从痕迹看,主棺可能为重棺。墓葬出土了极为丰富的随葬品,摆放较有规律。椁室的中部、东部主要放置青铜礼器和生活器具。青铜礼器齐全,以升鼎9、簋8为核心,配套以簠4、方尊缶2、圆尊缶2、方壶2、圆壶2、盥缶1、鬲9、豆1、釜1、匜1、盘1等。礼器旁也有陶豆等生活日用器具。椁室西部和南部主要放置乐器和车軎、角镳、节约、马络饰等车马器。乐器包括编钟与编磬,编钟36件分开放置,其中椁室南部放置29件,西部放置7件,编磬12件分两排放置。因为墓葬只在一件铜簠中发现了铭文"盛君縈之御匜"(图四四),因此关于该墓墓主的推测一直是一个难题。关于M2的墓主与墓葬年代仍有几种争论,[②]但是关于墓主身份等级学术界主流观点基本认为该墓是诸侯级别墓葬或者与诸侯级别相当的墓葬。二号墓出土的鼎是楚文化的典型器物"楚式鼎",而盖鼎、镬鼎也明显具有楚文化的特征。

---

① 张昌平:《曾侯乙、曾侯舆和曾侯邸》,《江汉考古》2009年第1期,第92—99页。
② 二号墓年代,学术界主要观点有:(1)战国早期偏晚,见于朱凤瀚:《古代中国青铜器》,南开大学出版社,1995年,第1017页。(2)战国中期的前段,见于湖北省博物馆、随州市博物馆:《湖北随州擂鼓墩二号墓发掘简报》,《文物》1985年第1期,第16—36页。湖北省文物考古研究所:《曾国青铜器》,文物出版社,2007年。张昌平:《曾国青铜器研究》,文物出版社,2009年。(3)略晚于曾侯乙墓,见于郭德维:《曾侯乙墓并非楚墓》,《江汉论坛》1980年第1期,第76—79页。李学勤:《东周与秦代文明》(增订本),文物出版社,1991年,第126页。
　二号墓的墓主也有几种观点:(1)曾国国君墓,见于湖北省博物馆、随州市博物馆:《湖北随州擂鼓墩二号墓发掘简报》,《文物》1985年第1期,第16—36页。何浩:《盛君及擂鼓墩二号墓墓主的国别》,《楚文化研究论集》第1集,荆楚书社,1987年。刘彬徽:《随州擂鼓墩二号墓青铜器初论》,《文物》1985年第1期,第37—39页。张昌平:《关于擂鼓墩墓群》,《江汉考古》2007年第1期,第80—86页。(2)曾侯夫人墓,见于李学勤:《东周与秦代文明》(增订本),文物出版社,1991年,第126页。郭德维:《擂鼓墩2号墓的墓主身份与年代》,《楚系墓葬研究》,湖北教育出版社,1995年。(3)盛君墓,见于吴郁芳:《擂鼓墩二号墓簠铭"盛君縈"小考》,《文物》1986年第2期,第63—64页。饶宗颐:《谈盛君簠——随州擂鼓墩文物展侧记》,《江汉考古》1985年第1期,第57—59页。

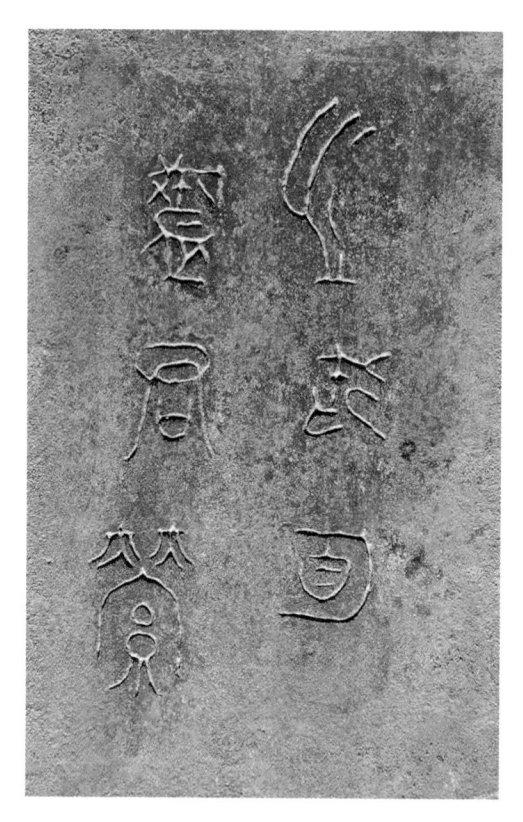

图四四 "盛君縈之御匜"铜簠铭文拓片

三、安 居 城 址

  随县安居城址隶属随县安居镇王家楼村八组,坐落在桐柏山与大洪山间随枣走廊的南部,位于㴲水东岸、涢水北岸的三角冲积平原上,北距羊子山鄂侯墓地约1公里。

  1984年武汉大学在该遗址进行了踏查,初步查明该遗址为一处重要的古代建筑遗址,遗址大约南起涢水北岸的河漫滩、北止安居中学所在的岗地,西不逾㴲水,东或止于詹家湾、钱家湾一线,遗址东西宽约300米,南北长约1000米。踏查中,采集的陶器以泥质灰陶、夹砂红陶为多,以绳纹为主,可辨器形有鬲、豆、盆、罐、瓦与瓦当等。此次踏查,踏查者在遗址中心的偏北部发现了一个正南北向规则长方形的台地,东西宽约130米,南北长约150米。从断面上看文化层厚度约2米多,发现了大量的红、灰陶板瓦、筒瓦和不同层位瓦片堆积,这有可能是大型建筑的台基基址。踏查者初步判断该遗址上限在两周之际并贯穿东周时期。[①]

[①] 武汉大学荆楚史地与考古研究室:《随州安居遗址初次调查简报》,《江汉考古》1984年第4期,第1—7页。

1997年，在遗址发现一座南北长190米、东西宽170米的保存较好的内城夯土城墙，根据中国社会科学院考古研究所提供的勘探信息，包括内城城墙在内的整个城址为长方形，面积约为60万平方米。① 安居古城虽然未进行过科学考古发掘，但从历年来的考古调查勘探来看，城内文化堆积厚达2.5米，应是东周时期的一处重要古城址。很多学者都推断可能为春秋时随国的都邑。② 结合北部羊子山鄂侯墓地分析，安居古城的年代可能要上溯至西周早期，最初可能为鄂国的都城遗址，随着鄂国被周王消灭，进入东周后又为曾国所据有。安居古城的确认，有着重大的学术价值，由于其地近临溠水，与《左传》中楚人伐随时"除道梁溠、营军临随"的记载可对应，对于探讨春秋乃至战国时期曾国都城位置，以及曾随之谜的问题具有重要的里程碑意义。

如果安居城址只能从一方面说明此地有可能是曾国都城的话，那么遗址附近出土的高等级贵族墓地就从另一方面加强了这个论点的说服力。1979年在遗址西北4公里处的桃花坡地带清理了两座竖穴土坑墓，发现了一批青铜器，器形有鼎、簋、壶、盘、匜、鬲等礼器和车害、马衔、马镳等车马器等，在其中的一件铜盘中发现有铭文"唯㠯右自作用其吉金宝盘，洒用万年，子子孙孙，永宝用享□用之"。③ 青铜礼器与铭文的发现足以证明该墓为春秋时期贵族墓地，与义地岗墓地的年代相当。

1988年，安居镇徐家咀村汪家湾发现一座春秋晚期的曾国墓葬。④ 墓葬为一棺一椁的竖穴土坑墓，长4米，宽2米。墓内还残留有彩绘棺椁的漆皮等有机物，墓葬共出土铜器有鼎1、簋2、壶2、曹2、镞1，另出陶罐1件，计9件。其中铜鼎上有铭文"曾孙定之脰鼎"，铜簋上有铭文"曾都尹定之行簋"。铭文"曾孙"、"曾都尹"都说明安居遗址附近存在与义地岗墓地同时的曾国高等级贵族墓葬，并且"曾都尹"可能意味着都城的管理者，间接地说明了春秋晚期附近存在曾国国都。那么安居城址就很有可能是与义地岗墓地同时期的曾国都城。

第五节　其他地区的曾国文化遗存

除去叶家山、郭家庙（包括曹门湾）、苏家垄、义地岗（包括汉东东路、文峰塔）、擂鼓墩墓群等几处经过考古大规模发掘的曾国遗址墓葬外，还在一些其他遗址内也出

---

① 张昌平：《安居周代城址的发现及其意义》，《中国文物报》1998年8月26日，第3版。
② 石泉：《古代曾国—随国地望初探》，《武汉大学学报》（哲学社会科学版）1979年第1期。
③ 随州市博物馆：《湖北随县安居出土青铜器》，《文物》1982年第12期，第51—57页。
④ 随州市博物馆：《湖北随州市安居镇发现春秋曾国墓》，《江汉考古》1990年第1期，第8—11页。

土有较多曾国文化遗存。

1972年枣阳熊集镇茶庵乡发现一座竖穴土坑一棺一椁墓,东西长3.3米,南北宽1.5米。① 此墓为三鼎四簋墓,出土铜器289件,其中还包含2件铜圆壶。青铜礼器、铜戈、铜车軎、铜铃等放置在椁室东部,马衔、马镳等青铜车马器与铜镞放置在椁室南侧,而铜矛放置在椁室北侧。墓葬内有两件器物见有铭文,一件铜鼎铭为"唯曾子仲谋,用其吉金自作鼒彝,子子孙孙其永用之"(图四五),一件铜戈铭文残损比较严重,仅"□□白(伯)之□执□"。出土同样为"曾子仲谋"铭文的青铜器还见于河南新野小西关墓葬出土的一件铜甗,其铭文为"唯曾子仲谋,用其吉金自作旅甗,子子孙孙其永用之"。②

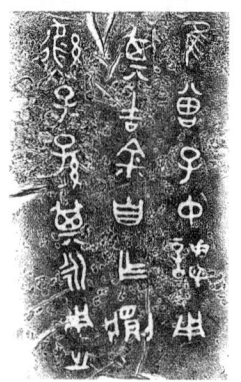

图四五 "曾子仲谋"铭文铜鼎

熊家老湾墓地位于随州均川镇,1970年和1972年两次发现有西周晚期的青铜器(图四六)。③ 该地点1970年出土的青铜器是叠压在一起的,计有簋4、罍1、方彝1,

---

① 湖北省博物馆:《湖北枣阳县发现曾国墓葬》,《考古》1975年第4期,第222—225页。
② 郑杰祥:《河南新野发现的曾国铜器》,《文物》1973年第5期,第14—20页。
③ 鄂兵:《湖北随县发现曾国铜器》,《文物》1973年第5期,第21—25页。

第一章 曾国考古新发现

黄季鼎

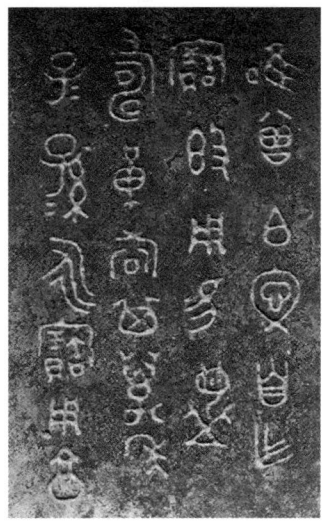

曾伯文簠

曾伯文罍

曾仲大父螽簋

图四六　熊家老湾出土带重要铭文的器物

其中4件簋和1件罍发现有铭文,簋为"唯曾伯文自作宝簋,用赐眉寿黄耇,其万年子子孙孙永保用享",罍为"唯曾伯文自作厥饮罍用征行"。1972年出土的铜器乃是按顺序放置,计有鼎3、甗1、簋2、壶1、盘1、匜1,其中两件簋与鼎有铭文,鼎铭分别为"黄季作季嬴宝鼎,其万年子孙永保用享"和"黄季作□□□,其万年永宝用",簋铭作"唯五月既生霸庚申,曾仲大父螽用吉攸(鋚)乃金,用自宝簋。螽其用追孝于其皇考,用赐眉寿黄耇罍终,其万年永宝用享"。

第二章　曾国历史分期与文化内涵分析

依据考古学的类型学方法,结合铜器铭文,参考相关文献,我们对考古揭示的曾国历史进行分期。根据目前掌握的考古资料,我们把曾国历史分成西周早期、西周晚期至春秋早期、春秋中晚期至战国中期三个大的阶段。本章从考古发现的墓葬、遗址以及传世的青铜器等文化遗存,来推断每个阶段曾国的疆域范围、政治中心所在,分析每一阶段的曾国文化内涵。

第一节　西周早期

一、文化遗存辨析

叶家山墓地大规模的墓葬布局和一些大型墓葬的存在足以显示出墓地规格之高,特别是几座大型墓葬出土的带有"曾侯"字样铭文的青铜器,说明叶家山墓地为西周早期几代曾侯的埋葬之地。目前,依据墓地规模和已经发表的考古材料,学界已基本认同叶家山墓地M65、M28、M111三座大型墓都是国君级的曾侯之墓。关于三代曾侯墓主的推定有极其重大的意义。由于M65与M28所出青铜器都带有"曾侯"、"曾侯谏"字样铭文,两者究竟哪座为曾侯谏墓目前还不能完全确定。除去两墓本身出土材料证据外,我们倾向认为M65是曾侯谏墓,M28则是与曾侯谏有紧密关系的另一位曾侯墓,其私名叫"白生"。①

M111是整个墓地中最大的一座墓葬,带墓道。随葬大量青铜器,很多铜器都带有"曾侯"、"侯"字铭文:如方鼎的"曾侯作父乙宝尊彝",簋铭"曾侯犺作宝尊彝",卣

---

① 冯时:《叶家山曾国墓地札记三题》,《江汉考古》2014年第2期。

与盘上有铭"曾侯用彝",斝铭"侯用彝",壶铭"曾侯作田壶",这些铭文明显指示出该墓墓主身份为曾侯。此外,M111出土一组迄今为止数量最多的西周早期的成套编钟,也显示出墓主身份的等级之高;结合铜器铭文推定,墓主为"曾侯犺"。叶家山M111出土的一件铜方座簋上带有铭文"犺作剌(烈)考南公宝彝",铭文显示这件簋应是曾侯犺为其父南公所做的祭器;铭文中的"南公"一词在文峰塔墓地M1出土的一件曾侯與残钟上也有出现,编钟部分铭文为"唯王正月吉日甲午,曾侯與曰:伯适上庸,左右文、武,达殷之命,抚定天下,王遣命南公,营宅汭土,君庇淮夷,临有江夏。周室之既卑……"。铭文记载了曾侯與追述曾人的先祖"南公",得到了周王的重用,进而辅佐文王和武王,参与周王朝的灭殷战争,因此获封到南方营建城址,建立曾国,肩负着替周王朝统治和警戒淮夷集团、监视江夏一带的任务。所以,"南公"其人有可能为曾国最早的一代封君,但其墓葬在叶家山墓地并未找到,可能是由于其本人未到受封之地,与鲁国一样,周公未到封地,由其子伯禽就封。

关于几位曾侯的世系关系,学术界在叶家山已公布资料的基础上作了初步研究,一般认为三座侯墓的早晚关系是M65—M28—M111,三位曾侯可能是父死子继或兄终弟及的关系。但是随着叶家山墓地出土资料的后续整理,新的材料不断出现,对几位曾侯墓的早晚关系及墓主身份等问题都将会有新的认识。

前文已经详细叙述了叶家山墓地存在诸侯及夫人的夫妻异穴合葬墓的形式,并讨论了三组异穴合葬墓:即M65曾侯谏及其夫人M2,M28"白生"及其夫人M27,M111"曾侯犺"及其夫人M50或M46。

关于叶家山曾国墓地的年代,墓地发掘者湖北省文物考古研究所等单位在发表的一系列墓地简报[①]中指出叶家山墓地是一处西周早期的曾侯家族墓地,其中M1最早,约在成王、康王之际,M2与M65的年代约在康王、昭王时期,M28年代大致在昭王前期,M27在昭王晚期或昭、穆之际。这些年代的判定得到了诸多学界专家学者的认同。叶家山墓地第一次发掘后,《文物》杂志就组织了有关专家学者对墓葬年代、墓地性质与文化属性、出土器物及相关问题进行讨论研究;[②]在第二次发掘期间,发掘单位湖北省文物考古研究所于2013年7月组织了一场关于叶家山墓地的学术讨论,进一

---

① 湖北省文物考古研究所、随州市博物馆:《湖北叶家山M65发掘简报》,《江汉考古》2011年第3期,第3—40页。湖北省文物考古研究所、随州市博物馆:《湖北随州叶家山西周墓地发掘简报》,《文物》2011年第11期,第4—60页。湖北省文物考古研究所、随州市博物馆:《湖北随州叶家山M28发掘报告》,《江汉考古》2013年第4期,第3—57页。

② 李学勤等:《湖北随州叶家山西周墓地笔谈》,《文物》2011年第11期,第64—77页。

步讨论和明确了墓地年代和性质,并以笔谈纪要的形式刊发在《江汉考古》杂志上。[①]此后,发掘单位于2013年12月30日在武汉又组织了一场关于叶家山墓地的国际学术会议,来自美国、日本、新加坡、台湾地区等地的近百名学者参加,与会学者就叶家山墓地的相关问题进行了深入交流和讨论。就墓地的年代问题,大家都给出了自己的判定。其中,李学勤将叶家山M1、M2的出土器物与北京房山琉璃河M251和M253进行比对,认为两者年代相当,M1、M2的时代应为成王至康王早年,而M27墓葬的年代稍晚,恐不会早于昭穆之世。李伯谦认为墓地时代是比较清楚的,当在成王、康王、昭王三代。刘绪认为第一次发掘的墓葬约在西周早期。张昌平也认为叶家山墓地属于西周早期周文化的性质和年代特征是比较明确的。王巍认为叶家山墓地看不到晚于昭王时期的青铜器。此外,还有朱凤瀚、徐少华、张懋镕等虽就墓地每个墓葬的具体年代有些争议,但均肯定了墓地的大致年代在西周早期成、康、昭王时期。

庙台子遗址的环壕聚落和大型柱洞建筑都预示着该地存在过高等级建筑,很可能是西周早期的曾国都城。从出土的器物看,这一带突然出现了典型周文化因素的瘪裆鬲。虽然红陶居多,且个别分裆鬲为本土晚商文化因素残留,但并不能改变庙台子遗址周文化因素占绝对主体的状况。庙台子遗址的周围又调查发现了同时期的西花园、大蒋湾、小蒋湾、大宋湾、小宋湾等遗址,共同构成一个以庙台子遗址为中心的、面积达30万平方米的聚落群,进而在这里形成一个西周早期的政治中心。

二、疆域范围

关于曾的来源问题,学界已有诸多讨论。众多资料表明,曾国至迟在商代已经存在,其地处殷都之南,是商王朝分封在南土的一个方国,大体方位上与西周早期的曾国方位一致。西周早期随州叶家山墓地的姬姓族属问题已得到许多考古材料论证,说明西周早期叶家山一带的曾国就是周王朝分封在南土的一个姬姓诸侯国,只是可能沿用了商时期封国"曾"的名。

目前发现可确认西周早期的曾国遗存仅限于随州叶家山墓地,在墓地西南不到1公里的地方有庙台子遗址(图四七)。1983年武汉大学曾对该遗址试掘,发现存在与墓地同一时期的西周早期遗存。近年来,湖北省文物考古研究所在发掘叶家山墓地期间,对庙台子遗址进行了系统的考古调查,发现有城壕和城内的大型建筑基址。

---

① 李伯谦等:《随州叶家山西周墓地第二次发掘笔谈》,《江汉考古》2013年第4期,第58—63页。

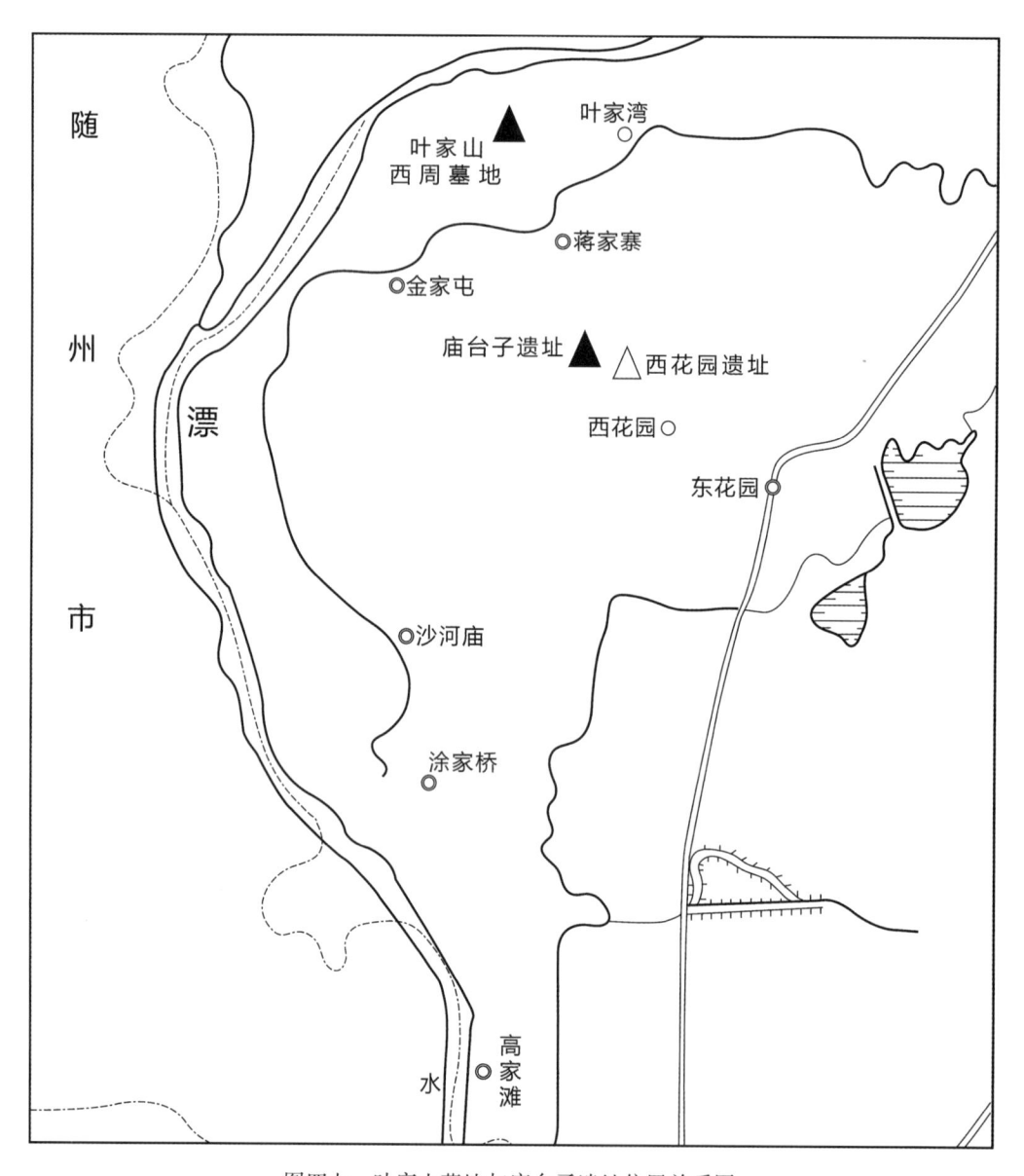

图四七　叶家山墓地与庙台子遗址位置关系图

目前,经考古发现的先秦时期的中央王朝和方国的陵墓,位置几乎都在其都邑附近,两周时期这种情况更是常见。如西周早期的燕国琉璃河墓地在其都邑东南仅几百米处,春秋时期的秦都雍城之南不足千米处有秦公陵园;甚至有的诸侯墓直接葬在城内,如河南新郑李家楼郑公大墓葬于郑城之内;战国时期因诸侯实力的增强,出现了诸侯陵墓远离都邑的现象,但总体来看距离不会太远。总之,整个周代的各诸侯陵墓大都在各自都邑附近,曾国作为周王朝封于南土的一个姬姓诸侯国也应遵循这一规律。所以,西周早期的曾国都邑应在其曾侯公族墓地——叶家山墓地的附近,而庙台子遗址(其实是包括9处遗址的聚落群,面积达30万平方米)就位于墓地西南不足1公里的地方,且发现有与墓地同时期的城墙、城壕和大型建筑基址。据此,我们可以推定庙台子遗址群极有可能就是西周早期曾国的一个都城,此时曾国的政治中心就在今溠水下游南岸的庙台子遗址。

西周早期的曾国疆域以庙台子遗址为中心,其疆域面积应当不大。一是就周王朝分封的诸侯国状况来说,数量多,面积都不大,如晋国是势力强大的嫡系诸侯国,在其当时不大范围内,存在有倗、霸等诸侯国,虽然这些诸侯国势力、范围肯定较小,但也间接"蚕食"了部分晋国疆域。而西周初年的汉东之地是周王朝经营南方的一个重要战略要地,周王朝为了加强对荆楚地区的控制,"以蕃屏周",在今天随枣走廊的汉东之地分封有众多的邦国,即所谓"汉阳诸姬",[1]曾国作为其中之一,其疆域范围应该不会太大。二是从考古发现来看,在其西边不到30公里远的地方,即有西周早期的安居羊子山鄂国公族墓地,诸侯国的公墓地当离其都城不远,至少曾国当时的西边界不会到安居。其东边,目前尚未发现确切的西周早期曾国遗址和墓地。三是《史记·齐太公世家》载"遂至盟津。诸侯不期而会者八百诸侯",楚国在追述其建国历史时说"土不过同";再结合晋国与倗国、霸国几乎比邻而居的状况,西周早期的曾国的疆域定不会过大(图四八)。考虑到叶家山墓地之东的安陆在宋代曾出过"安州六器",西周早期曾国的疆域,东可达今湖北安陆市一带。

三、文化内涵分析——保留殷商遗风的姬周文化

西周早期的曾国作为周王朝分封在汉东地区的一个姬姓诸侯国,其文化内涵整体属于周文化体系。此外,这时的曾国当是因分器得到了商的器物,因此其考古学文化内涵或多或少带有商文化色彩。当然,西周诸侯国在接受学习周王朝的文化体系外,也慢慢形成了自己的地方文化特色,曾国也不例外,这点在考古学文化内涵上也有体现。

(一)周文化特点

叶家山西周早期曾国墓地整体来说属于周文化系统,墓地的布局、随葬器物组合

---

[1] 《左传·僖公二十八年》。

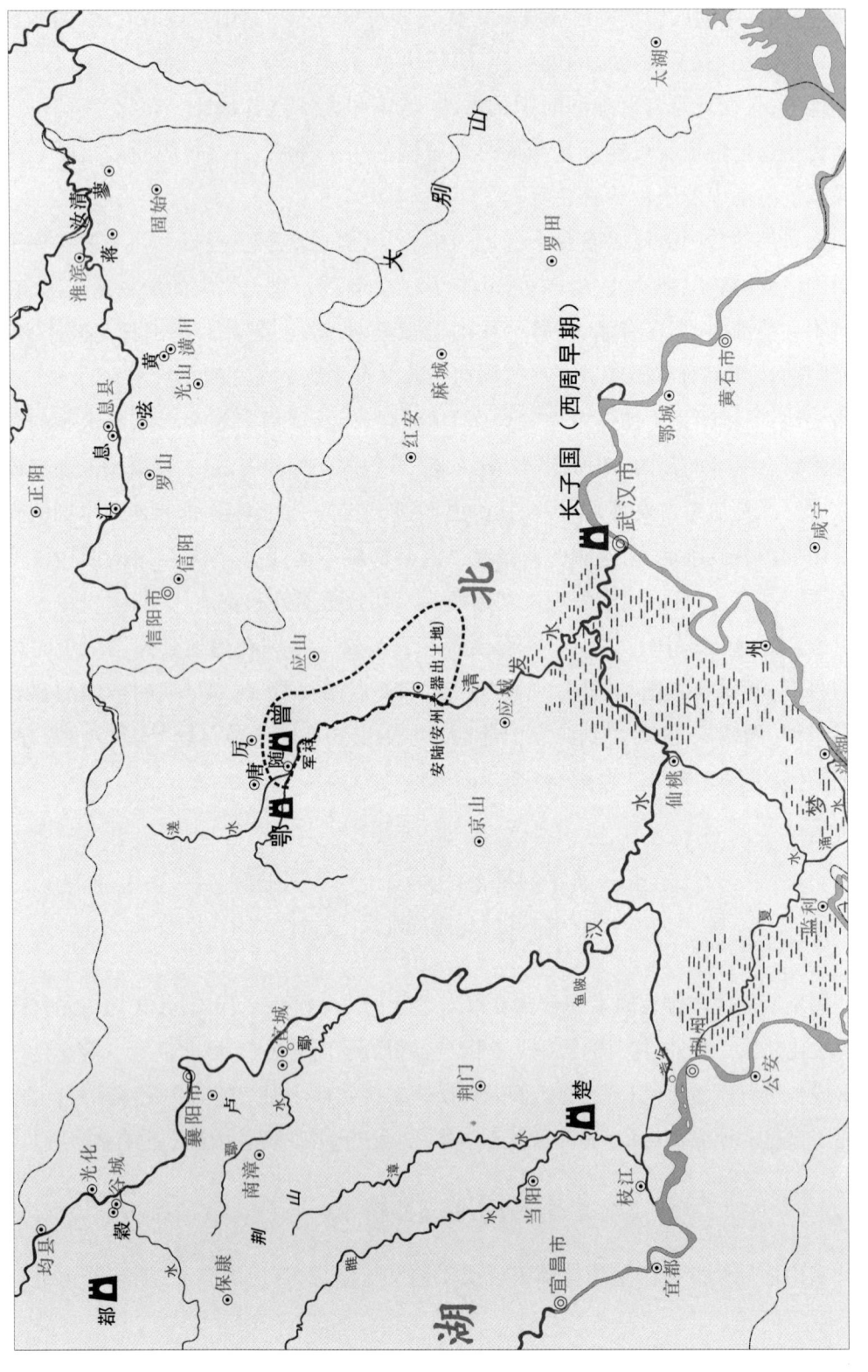

图四八　西周早期曾国疆域及周边各国位置示意图

和形制特征很多都具有典型周文化特点。叶家山墓地与周王朝中心区及很多诸侯国的"公族墓"性质的墓地布局相同。

随葬器物以食、酒、水器为组合。其中,食器中以鼎、簋为主,间有鬲;酒器多有尊、卣、觯,或有爵、觚等;水器则有盘、盉等。这套器用组合亦见于周原和丰镐地区同时期的墓葬中,而从器形、纹饰等方面综合考察,整体风格也与周王朝传统并无二致。如这里出土的鼎、簋、鬲、盘、卣、尊、爵、觚、觯等青铜器与已发掘的陕西宝鸡茹家庄西周墓、①宝鸡竹园沟西周墓、②陕西高家堡戈国墓地、③洛阳北窑西周墓、④北京琉璃河西周燕国墓地⑤等出土的西周早期同类器相同或相似。从具体器形来看,叶家山墓地M28、M65出土的曾侯谏圆鼎与宝鸡竹园沟M4出土的圆鼎完全相同且大小尺寸也相当,M28出土曾侯谏盘与竹园沟M4的季作盘相同,M65出土曾侯作田壶也与竹园沟M4出土的父乙壶近似;从纹饰看,叶家山墓地常见的兽面纹、夔龙纹、鸟纹等也是周原地区西周早期成康之世的典型纹饰风格。

即便从已发表的叶家山墓地的陶器材料看,陶鬲、簋、壶与西周早期丰镐和周原地区的形制也基本相同,例如张昌平指出叶家山M2和长安张家坡H301两个陶器群形制十分近似(图四九、图五〇)。⑥

以上例证都体现了叶家山墓地周文化的特征颇为典型,可见西周早期的曾国受周文化影响深远,是典型周文化系统下的方国文化。一个值得关注的现象是,叶家山M65、M28、M111三座曾侯墓,都在随葬了大量珍贵的青铜、玉、原始瓷等器物的同时,还不忘随葬一个不起眼的陶鬲,陶鬲应当是周人的一个文化传统记忆象征。而无独有偶,山西天马—曲村的晋侯墓地,每座诸侯级别墓也随葬了一个陶鬲,如天马—曲村M114(唐叔虞或燮父墓)、M9(武侯宁族墓)、M6(成侯服人墓)、M91(晋侯喜父墓)、M8(晋侯苏墓)、M64(晋侯邦父墓)等都有这一现象。⑦ 这一方面佐证了同为姬姓周人的晋国也有这个传统作法,另一方面也进一步证明了曾国与晋国一样,是周文化系统下的方国。

---

① 宝鸡茹家庄西周墓发掘队:《陕西省宝鸡市茹家庄西周墓发掘简报》,《文物》1976年第4期,第34—56页。
② 卢连成、胡智生:《宝鸡𢓜国墓地》,文物出版社,1988年。
③ 陕西省考古研究所:《高家堡戈国墓》,三秦出版社,1995年。
④ 洛阳市文物工作队:《洛阳北窑西周墓》,文物出版社,1999年。
⑤ 北京市文物研究所:《琉璃河西周燕国墓地》,文物出版社,1995年。
⑥ 张昌平:《叶家山墓地相关问题研究》,湖北省博物馆、湖北省文物考古研究所、随州市博物馆:《随州叶家山——西周早期曾国墓地》,文物出版社,2013年,第275页。
⑦ 这些陶鬲在北京大学考古文博学院2018年4月举办的"寻真——北京大学考古教学与科研成果展"中展出。本文所提及的晋侯墓葬序列主要参考以下文献:北京大学考古系商周组、山西省考古研究所:《天马—曲村(1980—1989)》,科学出版社,2000年。中国社会科学院考古研究所:《中国考古学·两周卷》,中国社会科学出版社,2004年,第96—97页。

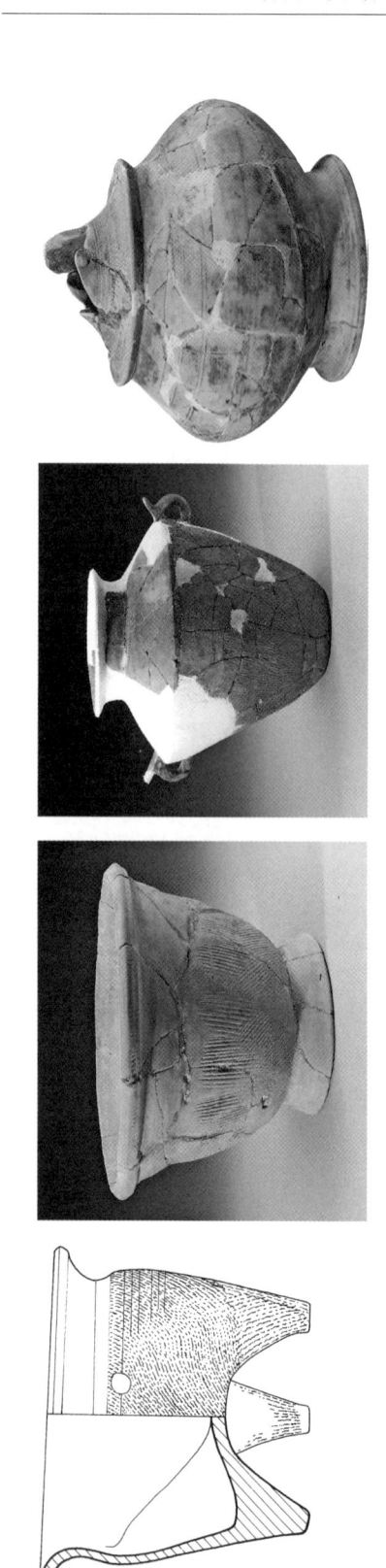

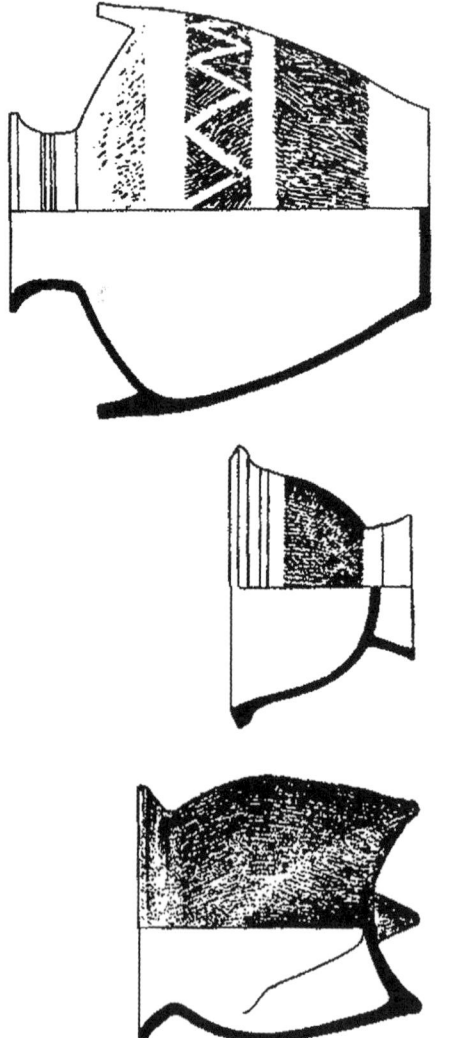

图四九 叶家山 M2（上）和长安张家坡 H301（下）陶器群

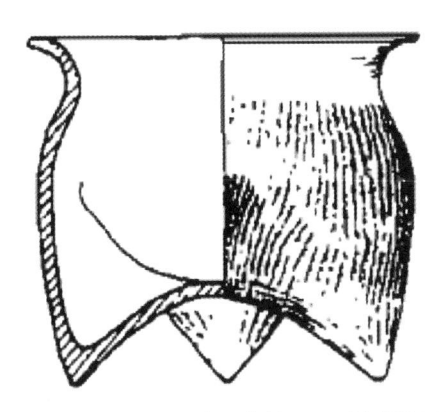

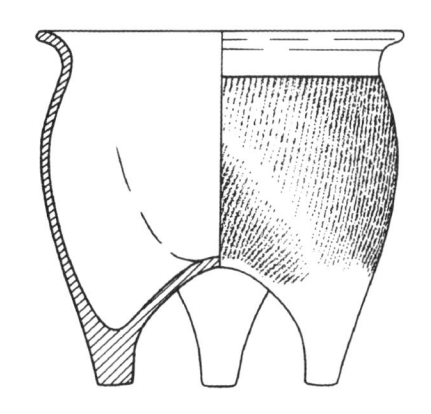

图五〇　天马—曲村 M114 随葬陶鬲(左)与叶家山 M65 随葬陶鬲(右)①

特别需要提到的是,战国早期的曾侯乙墓中仍然随葬一个鬲,不过是铜鬲而非陶质,形式还保留瘪裆的风格,也当是保留周人的文化记忆。而到战国中期的曾侯丙墓,继续随葬一个铜鬲,只是不再为瘪裆鬲,而变成柱足鬲,形式几乎与楚式鬲无异,当是与楚文化深度融合所致。即便如此,曾侯丙墓仍以随葬一个铜鬲的方式,顽强地保持着自身的文化记忆(图五一)。

(二) 殷商文化特点

以叶家山墓地为代表的西周早期的曾国文化还保留部分殷商文化特点,最明显的是随葬有数量较多的带有商文化特征的器物。如父乙觚、父癸圆簋、父乙圆鼎、庚父乙觯等铜器均有商人氏名、日名;玉器方面见有商代晚期的典型器物高领玉璧;部分墓葬带有殷商文化标志的腰坑,且坑内葬犬;另外器物上还发现了多达 20 种不同的族徽,这些族徽绝大多数是从商代流传下来的。这些殷商文化因素说明西周早期的曾国和当时的周王朝其他诸侯国一样,除周初分器、授民外,都或多或少地受到晚商文化的影响,显然,周王朝自身文化体系的形成过程有殷商先民文化的影响因素。

(三) 地方文化特色

曾国被周王朝分封在汉东以后,也逐渐形成了自己的地方文化特色,叶家山墓地部分文化因素也表现出了这点。叶家山墓地的墓葬大都为东西向,这是叶家山墓地

---

① 北京大学考古文博院、山西省考古研究所:《天马—曲村遗址北赵晋侯墓地第六次发掘》,《文物》2001 年第 8 期。湖北省文物考古研究所、随州市博物馆:《随州叶家山 M65 发掘简报》,《江汉考古》2011 年第 3 期。

图五一　郭家庙出土陶鬲(上)、曾侯乙墓出土铜鬲(中)与曾侯丙墓出土铜鬲(下)

有意识的规划布局,但不同于周文化墓葬南北向布局的主流习俗。此外,随葬的部分器物也表现出地方特色,如出土的与湖南高砂脊遗址①几乎无二致的尖锥足陶鼎(图五二)、小型带盖簋(西周早期常见的簋一般无盖)、橄榄形青铜壶,以及青铜器上的彩绘纹饰等。此外,从出土器物的形制和青铜铭文来看,西周早期的曾国与其他国家存在交往和通婚。叶家山M2与M28都出土有曾侯谏作媿器,M2的墓主人为曾侯谏的媿姓妻子;据《左传》、《国语》等史书记载赤狄媿姓,则其夫人可能是媿姓狄女;另据《史记》和出土青铜器铭文还有一个胡国媿姓,不管媿姓是赤狄还是胡国,都说明曾国存在与外族的通婚。墓地所表现的殷商文化特点,或许也说明此时的曾国与当地的殷商遗民存在交往。

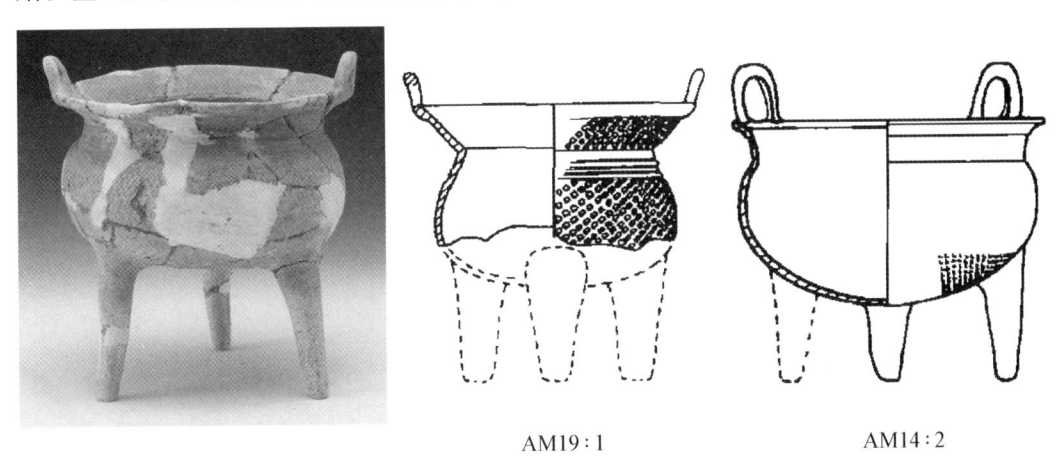

图五二　叶家山M50出土陶鼎(左)与湖南高砂脊遗址出土陶鼎(中、右)

第二节　西周晚期至春秋早期

一、文化遗存辨析

目前考古并未发现明确的西周中期的曾国文化遗存,致使曾国的历史编年在西周中期时段出现缺环,因此在曾国历史分期工作中不得不跳跃这一阶段直接进入西周晚期。目前考古发现较明确属于西周晚期至春秋早期的曾国遗存,中心区域在西周晚期以郭家庙墓地为代表,包括同期的忠义寨遗址、周台遗址,到了春秋早期迁至

---

① 湖南省文物考古研究所、长沙市博物馆、长沙市考古研究所等:《湖南望城县高砂脊商周遗址的发掘》,《考古》2001年第4期,第27—44页。

京山苏家垄遗址(包括墓地)。此外,属于这一阶段的曾国文化遗存还有滚水流域的枣阳熊集段营,溳水中游随州一带的均川熊家老湾、均川张家寨遗址、安居桃花坡、何店何家台、万店周家岗等地点。这里我们重点介绍枣阳郭家庙及其邻近的周台、忠义寨组成的遗址群和京山苏家垄遗址两处曾国都邑遗址。

需要补充说明的是,笔者在主持郭家庙墓地发掘期间,专程考察过郭家庙西边约30公里、紧邻汉水、位于汉水之东的襄阳楚王城遗址。王先福曾对该遗址做过调查,认为是楚国城邑。① 笔者在现场看到,该城址为一台地,四周有环壕,建筑风格类似忠义寨城址。遗址上采集了不少陶片,时代可到西周中期。该城极有可能是曾国西周中期的都城。昭王、穆王时期,周王室曾大举用兵伐楚,迷盘铭文中记载"用会昭王穆王,盗政四方,扑伐楚荆"。曾国应当是作为姬姓周王朝的嫡系力量,配合昭王、穆王伐楚,②从叶家山迁至此。需要说明的是,铭文将昭王、穆王讨伐楚作为功绩来记述。笔者认为,昭王即使遭不测,以周王朝当时的实力,继任的穆王伐讨楚有功,当是不误。曾国有"临有江夏"之责,配合周王朝征讨,西迁至汉水边,也是合理的。西周晚期、春秋早期,迫于楚的攻伐,才向东迁至郭家庙一带。③ 这有待于今后的考古工作证实。

(一)郭家庙墓地

枣阳郭家庙墓地目前可确认的曾侯一级的墓葬至少有三座,包括曹门湾墓区M1、郭家庙墓区M21和M60。曹门湾墓区M1位于墓地地势较高位置,带有近10米长的斜坡墓道;其西面分布曾国迄今所见最大的车坑和马坑,车坑的周沿发现有柱洞,推断可能存在车棚的建筑,与"诸侯五日而殡,五月而葬"的礼制有关,这显示其墓主可能为国君一级的诸侯。此外,M1还出土了大量的音乐文物,如大型编钟(仅存簨簴)、编磬、建鼓、瑟等,尤其是编钟、编磬的组合关系反映了周代"轩悬"的乐悬制,与诸侯地位相称。关于墓主身份,早在1982年在M1的西南不远处曾采集到一件带铭文"曾侯绖白秉戈"的青铜戈,与M1出土的戈形制一致,推测M1的主人极可能是曾侯绖白。郭家庙墓区M21位于整个墓区台地最高处,也是墓区最显要、最核心的位置,其结构为带斜坡式墓道重棺一椁的岩坑墓。该墓遭到盗扰,青铜礼器组合关系不甚明确,但墓葬出土一件证明等级身份的青铜钺,其上刻有铭文18字"曾伯陭铸戚钺,用为民刑,非历殹刑,用为民政",铭文口吻颇有国君气势,这可能是该墓为曾侯

---

① 襄阳市博物馆:《湖北襄阳楚王城西周城址调查简报》,《江汉考古》2012年第1期,第23—30页。
② 迷盘铭文记周昭王、穆王先后都伐楚,是作为这两个王的功绩。结合文献,推测是昭王伐楚遇偶然事故遭不测,穆王继续伐楚。周王朝实力强大,楚终为周王朝臣服。迷盘作为功绩记载下来。
③ 《左传》记载楚武王三次伐随。

墓,或墓主人曾伯陭执掌过曾国最直接的文字证据了。郭家庙 M60 的规模与曹门湾墓区 M1 相当,其北面也分布有一车坑,其中一车衬葬 4 马,符合"诸侯驾四"的规格,当为诸侯级别。郭家庙墓地的曹门湾 M1、郭家庙 M21 与 M60 三座大墓,除规模相当外,均开凿在岩坑上,这也是曾侯墓的一个营建特征,文峰塔 M1 曾侯與墓以及曾侯乙墓都是沿用这种方式。①

郭家庙墓地的两个墓区除了上述三座可确认为曾侯级别的国君墓外,还有数量较多的贵族墓,根据现已发表的材料,曹门湾墓区 M2、郭家庙墓区 M50 与 M52 三座墓疑似曾侯夫人墓。曹门湾墓区 M2 位于 M1 的东部,规模较 M1 稍小,从墓地的布局和地势上看,M1、M2 位于整个墓区的较高位置,且两座墓的形制和墓向基本一致,墓道也均朝东,周围分布有大型车坑、马坑。根据墓葬位置关系及出土器物分析,M2 当是 M1 的夫人墓。郭家庙墓区 M50 紧邻 M60 的南部,根据两墓的位置关系和 M50 墓中的出土器物推断,M50 为女性墓,可能为 M60 曾侯的夫人墓。郭家庙墓区 M52 紧邻 M21 的北部,墓葬规模与 M50 相当,规格与曾侯夫人相符,当是 M21 曾伯陭的夫人墓。此外,郭家庙墓地 M17 也是一座带墓道的大型墓,是 2002 年发掘的墓葬中仅次于 M21 的一座,根据墓葬规模和棺椁结构,显示墓主人的身份应该是次于国君曾伯陭的曾国高级贵族。据墓葬出土青铜器所见铭文"曾亘嫚非录为尔(妳)行器,尔(妳)永祐福"及大量玉器饰品推断,墓主人为女性,原报告推测有可能是一代曾侯夫人墓,②只是当时因考古材料限制,有观点认为是 M21 的夫人;现在看来,M17 与 M21 相距远,且 M21 墓的夫人已经找到,M17 当是另一座诸侯级别墓的夫人墓可能性极大,只是这个诸侯墓在此前的工程建设中被彻底破坏了。2015 年笔者在郭家庙主持发掘现场得知有盗墓分子被抓获,追缴文物中有"曾侯宝"铭文鼎(图五三);当地公安转给随州公安处理。最近,随州枣树林墓地发掘出土了曾侯宝墓,从器物组合来看,时代当为春秋中期(原来多位专家推断为春秋早期是偏早了)。曾侯宝墓的北边为其夫人"随仲芈加"墓,"楚王媵随仲芈加"鼎(图版一三)也是楚王将其嫁往随国时为她所作。楚王嫁给随国的芈加,就是曾国国君曾侯宝的夫人,这又为曾国就是随国增添了一处佐证。曾侯與编钟的同一篇铭文提及楚国,分别用了"楚"、"荆"两个称谓,可见当时一国称两名不是孤例。

---

① 湖北省文物考古研究所等:《随州文峰塔 M1(曾侯與墓)、M2 发掘简报》,《江汉考古》2014 年第 4 期,第 3—51 页。湖北省博物馆:《曾侯乙墓》,文物出版社,1989 年。
② 襄樊市考古队、湖北省文物考古研究所、湖北孝襄高速公路考古队:《枣阳郭家庙曾国墓地》,科学出版社,2005 年。

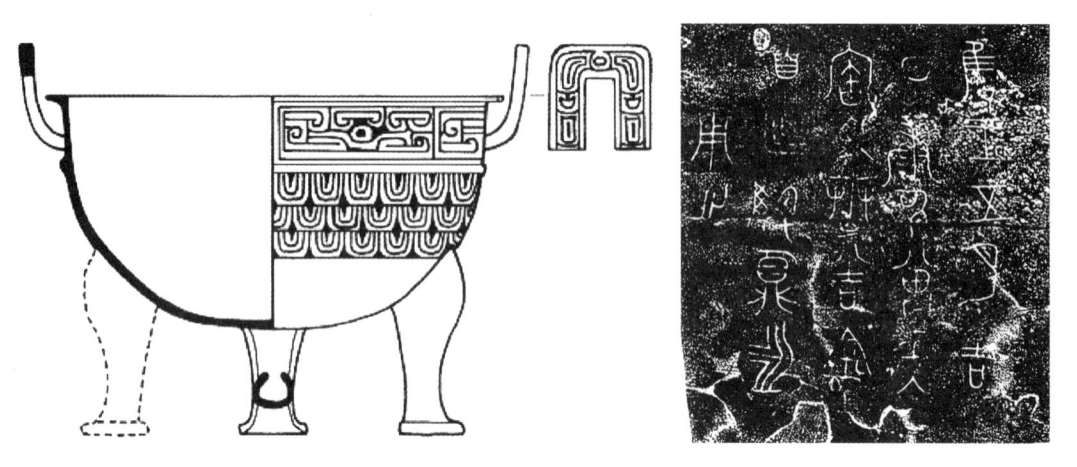

图五三　曾侯宝鼎及铭文拓片

（二）周台、忠义寨遗址

周台、忠义寨两处遗址位于郭家庙墓地以东约 1.5 公里处，都发现有与郭家庙墓地同期的遗存。周台遗址地处滚河的北岸，其南部紧连忠义寨遗址。周台遗址 2002 年曾进行过试掘，发现了疑似大型宫殿式建筑台基的基地；2014 年在发掘郭家庙墓地期间，发掘单位曾对忠义寨城址进行过系统调查，发现城址主体遗存的时代与郭家庙墓地同期，发掘者据此认为是郭家庙墓地同期的曾国都城应当不误。2016 年湖北省文物考古研究所对周台遗址进行了发掘，发现了有城壕环绕的台地，与庙台子类似，证实了当初发掘者的判断。[1]

（三）苏家垄遗址

苏家垄墓地总体年代在西周晚期至春秋晚期之间，所出器物形制大部分如出一辙。如铜鼎，多浅腹圜底，颈部饰重环纹、窃曲纹，腹部见有垂鳞纹等；簋多为敛口、兽形双耳、带盖和三小足形制，纹饰也多为瓦纹、重环纹、窃曲纹等。这些都是两周之际周文化铜器的典型特征。墓地年代稍晚时候出现了升鼎的原型和较多带捉手盖的铜鼎等，如 M79 与 M85 出土的铜鼎，表明春秋早中期苏家垄墓地与楚文化关系密切。

本次苏家垄墓地的发掘为我们解答了一些学术困惑，同样也提出了新的学术课题。首先苏家垄墓地与郭家庙墓地的关系得到了进一步的验证。从器物类型学上看，本文认为苏家垄墓地年代上略晚于郭家庙墓地。M1 出土的莲瓣铜壶与郭家庙墓地 M21 曾

---

[1] 湖北省文物考古研究所资料。

伯陭的莲瓣铜壶相比,已具有春秋早期莲瓣铜壶垂腹的趋势,及至 M79 的莲瓣铜壶已完全具有了春秋早期的风格特征。从墓地等级上看,郭家庙见有带墓道的大型墓葬,诸侯级墓葬较确定的有两座,疑似诸侯墓一座,等级显然要比苏家垄墓地高;而苏家垄墓地发现的大型墓葬均不带墓道,墓主是否为曾侯一直未有较为确切的证据。那么苏家垄墓地于 1966 年发现的墓葬,其墓主是不是曾侯呢? 这是我们接下来要重点讨论的问题。

我们认为苏家垄墓地的布局与等级都显示出这里可能是两周之际春秋早期曾国的政治中心(图五四)。1966 年发现的见有"曾侯仲子斿父"铭文的 M1 应该是诸侯级墓葬。近年在墓地北端邻近水渠清理了埋葬七车的车坑,墓地现有周边不见与之相对应的墓葬。结合整个墓地布局,推测其应当是 1966 年发现的 M1 祔葬车马坑。《礼记·檀弓》记载"国君七个,遣车七乘;大夫五个,遣车五乘",因此车坑中的七辆车正好与 M1 曾侯仲斿父的国君等级相符合;虽然目前考古发掘所见车马葬规格并不与"七乘"完全对应,但这也是一个思考角度。这进一步佐证了 1966 年发现的 M1 应该是一座大型的诸侯国君级墓葬,墓主是私名为"斿父"的曾侯,"仲"为其排行。① M1 出土的"曾侯仲子斿父"铭文铜鼎、大型车马坑,以及规模宏大的聚落等,暗示这里存在作为曾国都城的可能性。

M79 与 M88 的发现也为我们提出了"曾伯桼"是否为诸侯,"陔"的含义是什么等诸多新问题。以下种种证据皆表明,"曾伯桼"是当时行使国君权力的人,只是是否达到诸侯级别尚需辨析。(1) M79 墓葬本身的规模、随葬品的礼制等级都比较高,符合其作为国君的身份地位。(2) 从"曾伯桼"壶"为民父母"铭文,也显示了"曾伯桼"可能为当时当地的最高统治者。(3) 其妻子 M88 墓主"陔夫人芈克",说明了曾伯桼娶了一个楚国女子为夫人。从铸有"夫人"铭文的器物所体现的级别上看,只有国君的妻子可以被称为"夫人",因此这也预示着"曾伯桼"为曾国国君级别的人。也只有诸侯级别的墓主人,其夫人可享受与诸侯接近的墓葬规格,M88 与 M79 规格相匹配,也反衬了 M88 的国君身份。② (4) 其时正逢楚武王或成王时期,楚国国力强盛,曾国正遭受到楚国的冲击,文献中多有当时楚伐随(即曾)的记载。这一历史战争的大背景下,曾国内部动荡,与楚国保持密切关系的人,行使国君权力的可能性是较大的。(5) 从 M79 墓主牙齿磨耗鉴定看,墓主死亡时间约为中年三、四十岁。去世时间比其夫人 M88 墓主早,这符合考古器物群的发现,也比较符合当时的历史大背景。(6) M1(曾侯仲子斿父墓)周边的 M3 出土有"曾太祝"铭文簋(图五五),M8 出土了"曾太保𧊒伯夫吴"鼎(图五六),1973 年在京

---

① 朱凤瀚:《关于春秋金文中冠以国名或氏名的"子"的身份》,《古文字与古代史》第 5 辑,"中研院"史语所,2017 年。
② 方勤、翟扶文:《九连墩墓墓主人的身份等级浅析(提要)》,《有风来仪——湖北出土曾、楚玉器》,香港中文大学文物馆,2018 年。

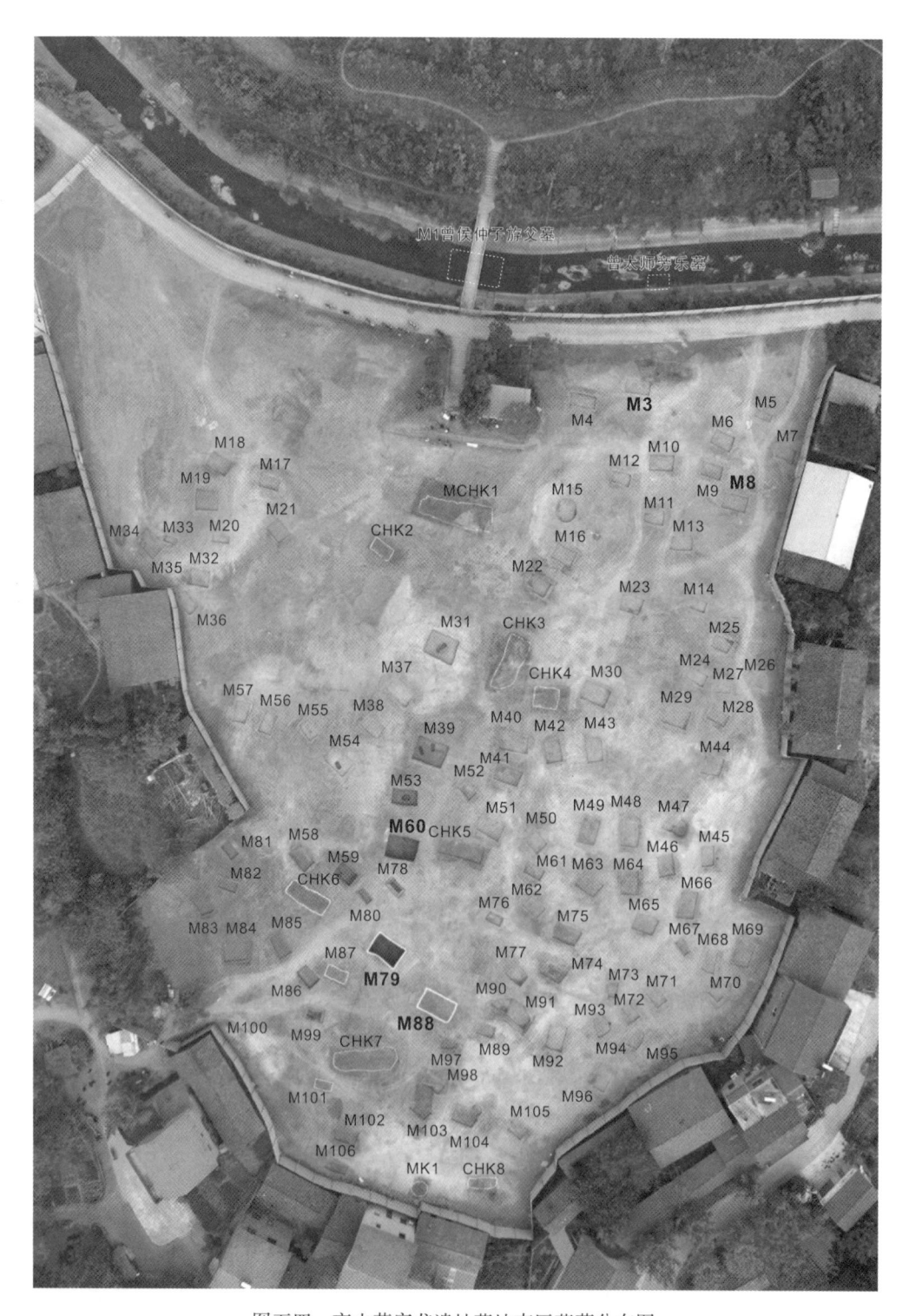

图五四　京山苏家垄遗址墓地南区墓葬分布图

图五五 "曾太祝"铭文簋

图五六　曾太保鼎及铭文

山坪坝镇采集了一件"曾太师旁乐"鼎(图五七)。① 采集所得太师鼎,推测也出于苏家垄墓地。出土"曾太祝"铭文簋的M3,其墓主是曾太祝,虽然有观点认为铭文记述的是器主受太祝赏赐,但铭文中"太祝"之后的"商中克"为太祝私名的可能性也是存在的,出土太保鼎的M8随葬三鼎四簋,表明墓主可能就是曾太保。太祝见于《周礼·春官·大宗伯》,其"掌六祝之辞,以事鬼神示,祈福祥,求永贞"。西周早期的禽簋、太祝禽方鼎、穆王时期的长由盉都提到太祝官职,其与周王关系密切。太师为西周时期地位显赫的武官。太保在西周时期则指召公及其后人。从这些鼎铭看,曾国在西周时期可能采用了周王朝三公的职官设置,如此多的高等级贵族都埋葬于此,结合遗址规模和M1、M79墓主的国君等级,苏家垄为当时曾国政治中心,当无疑义。

图五七 "曾太师旁乐"鼎及铭文拓片

因此,我们可以比较确定地说,苏家垄存在两位曾国国君即"曾侯仲子斿父""曾伯桼"。那么"曾伯桼"夫人墓中出土的铭文"陙夫人芈克"中"陙"的含义到底是什么呢? 从已经发现的曾国金文辞例看,"陙"字可能代表更多的是地名的含义。至于"陙"的含义是不是代表苏家垄遗址一带当时的地名甚或是曾国都城的名字,则需要进一步的考古证据和遗址的发掘材料去阐释。

---

① 湖北省文物考古研究所:《曾国青铜器》,文物出版社,2007年。黄锡全:《湖北出土商周古文字辑证》,武汉大学出版社,1992年。

二、疆域范围

（一）汉东之国随为大

目前考古发现最早的曾国遗存是西周早期的叶家山墓地及其邻近的庙台子遗址，明确为西周中期的曾国遗存还未发现与确认，因此曾国历史编年尚有缺环。从考古发现来看，虽然叶家山墓地所见的多位国君级别的曾侯墓显示出曾国始封之时实力雄厚，但西周早期的曾国疆域面积并不大，仅局限于今随州㵐水以东至今湖北安陆一带的区域；进入西周晚期后，曾国的疆域得到了迅速的拓展，在枣阳吴店郭家庙和熊集段营、京山苏家垄、随州均川熊家老湾和何店何家台、安居桃花坡、万店周家岗等地点都发现有西周晚期至春秋早期这一时期的曾国遗存，从这些遗存来看两周之际的曾国占有汉东、汉北直至南阳盆地一带的广袤区域，成为名副其实的"汉东第一大国"（图五八）。《左传·桓公六年》记载"汉东之国随为大"，意思是说在汉水东边诸侯国中，随国最大。目前关于考古发现的曾国即是文献中记载的随国已基本成为学界共识，所以"汉东之国随为大"也就是说汉水以东的诸侯国中曾国最大。

那么，曾国疆域是如何从西周早期的区域扩展到两周之际的"汉东第一大国"的呢。这中间发生了哪些事情使得曾国疆域逐步扩大，在此，我们试着作一分析。

史料记载昭王之时，昭王欲继承成康事业，继续扩大周的疆域，于是从昭王十六年开始亲率大军南征荆楚。据《史记·周本纪》载"昭王之时，王道微缺，昭王南巡狩不返，卒于江上。其卒不赴告，讳之也"。古本《竹书纪年》载"周昭王十六年，伐楚荆，涉汉，遇大兕"，"周昭王十九年，天大曀，雉兔皆震，丧六师于汉"，"周昭王末年，夜有五色光贯紫微，其年，王南巡不返"。由此可看出周昭王伐楚均在汉水流域。逨盘铭文中也有关于穆王南征伐楚的记载，可能是对昭王南征不还的报复。昭王、穆王亲自南征荆楚，作为周王朝分封在汉东地区的诸侯国如曾（随）、唐、蔡、应、息等国自然要配合中央王朝完成伐楚大业。据昭王时期的中甗铭文记载周昭王命"中"巡视南国，先后至曾抵鄂，巡视方、邓、湔等大小邦国，并遣人戍守汉水中州之地；静方鼎铭文也记载了周王派"中"和"静""省南国"到了曾和鄂一事。叶家山墓地的发掘说明曾国早在西周早期就已在随州一带封侯立国，而安居羊子山鄂侯墓地[①]的发现又证明西周

[①] 随州市博物馆：《随州出土文物精粹》，文物出版社，2009年。

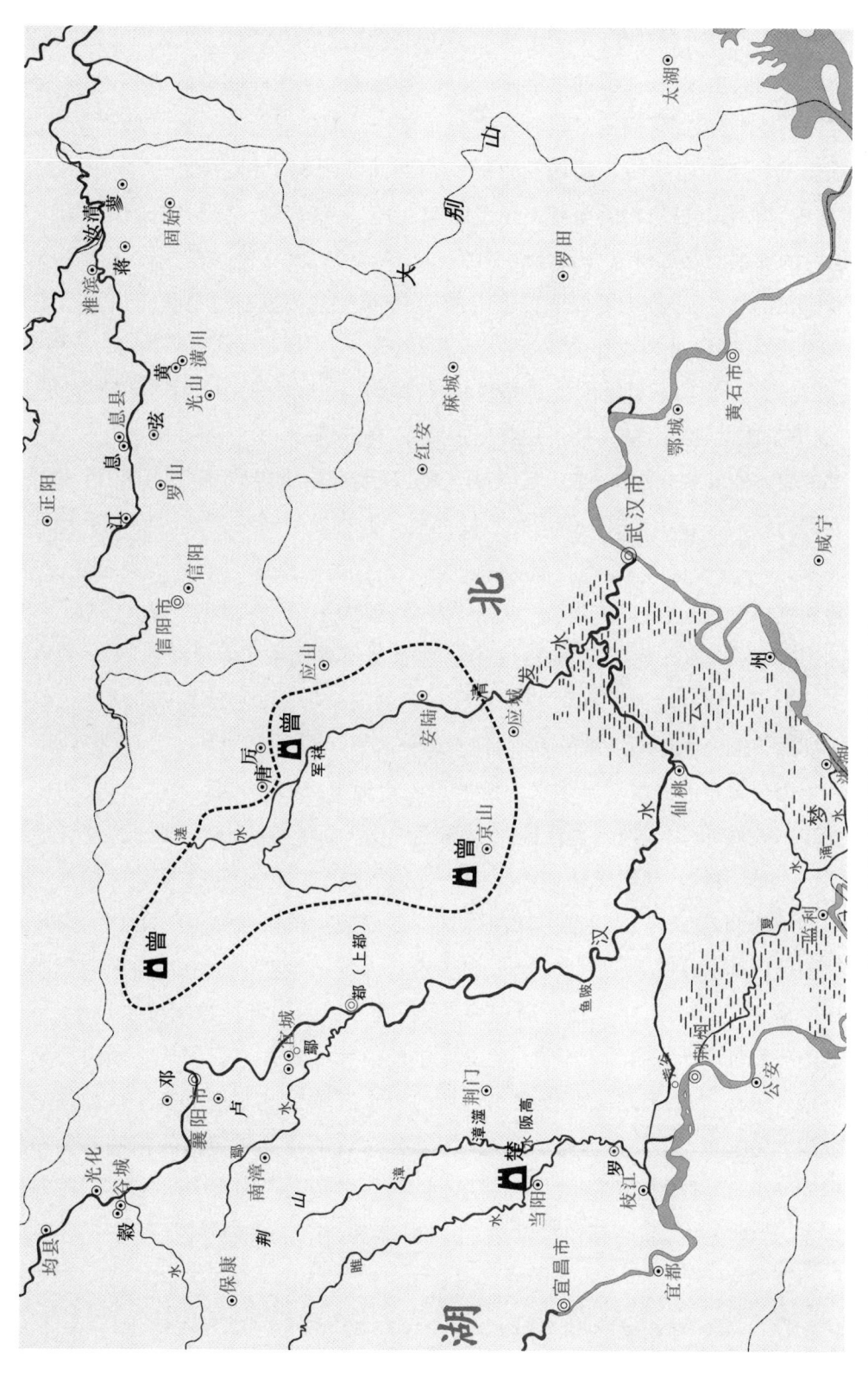

第二章　曾国历史分期与文化内涵分析

图五八　西周晚期到春秋早期曾国疆域及周边诸国位置示意图

早期鄂国在当地也已经存在,羊子山墓地东距叶家山墓地约25公里,这样在西周早期的随州境内同时出现了曾、鄂两个诸侯国。曾国是周王朝在此的姬姓诸侯国,鄂侯是商纣三公重臣,因参加了周武王伐纣灭商的军事行动因功受封于此地。西周早期,曾国与鄂国共同镇守西周南土疆域,防御荆蛮,两国隔水相望,关系密切,周王南巡征伐,常在曾、鄂两国驻跸,检阅王师。厉王时期,由于王室衰微,诸侯并起,作为周王朝南方屏障的鄂国国君鄂侯驭方联合淮夷、东夷公然反叛,大举进攻西周。据西周晚期的禹鼎铭文记载"……亦唯鄂侯驭方率南淮夷、东夷广伐南国、东国,至于历寒。王乃命西六师、殷八师曰:'裂伐鄂侯驭方,无遗寿幼。'……雩禹以武公徒御至鄂,敦伐鄂,休,获厥君驭方……",[①]可见周王对鄂国的此次叛乱异常愤怒,下达了"无遗寿幼"的命令,周厉王在大臣武公的协助下最终击退联军,俘获鄂侯。

  鄂侯驭方能够联合淮夷、东夷反叛周王朝,说明此时夹在鄂国与淮夷、东夷之间的早期曾国政治中心叶家山一带已经不复存在。上边提到的昭王南征伐楚主要是在汉水流域,高崇文根据曾、鄂考古新发现考证昭王伐楚的路线应是从成周出发,经南阳盆地而抵达汉东的曾、鄂之地,亲率驻守在曾、鄂的王师,由"汉东"向"汉西"进发"涉汉伐楚"。[②] 曾国作为周王朝分封在汉东的姬姓诸侯国中实力最强的一个,其有可能为了配合周王朝伐楚而主动西迁至靠近荆楚的汉水一带,成为周王朝伐楚的前沿屏障。那么曾国到底迁至汉水的哪一带呢?

  在襄阳市襄州区汉水支流滚水上游西岸的台地上,1957年第一次全国文物普查时曾发现一处城址,因当地一直传说此处有"楚王城"而得名。2005年12月对该遗址进行了一次系统调查,基本确认该遗址为一处西周城址。2011年3月又对城址进行了较为详细的调查,进一步确定了其西周城址的面貌。根据在城址采集到的陶片及其以北地区西周遗存关系的综合分析,调查者认为楚王城城址是当时周王朝在此分封的一个诸侯国的城邑,年代在西周中晚期。[③] 楚王城西周城址位于汉水以东,属汉阳诸姬的势力范围。综合以上分析,楚王城城址极有可能就是曾国从叶家山迁移至此的驻地。另外,在距离楚王城以东不远处的滚水流域又发现晚于其年代的两周之际的曾国大型遗存——枣阳郭家庙墓地(图五九),说明在此时曾国政治中心又东移至郭家庙一带。楚国的日益强大,其欲渡汉水东进的"野心",使得周王朝不得不对其加以戒备,楚王城和郭家庙都距汉水很近,与楚毗邻,这样曾国就成了周王朝在汉东

---

① 徐中舒:《禹鼎的年代及相关问题》,《考古学报》1959年第3期,第53—66页。
② 高崇文:《从曾、鄂考古新发现谈周昭王伐楚路线》,《江汉考古》2017年第4期,第54—63页。
③ 襄阳市博物馆:《湖北襄阳楚王城西周城址调查简报》,《江汉考古》2012年第1期,第23—30页。

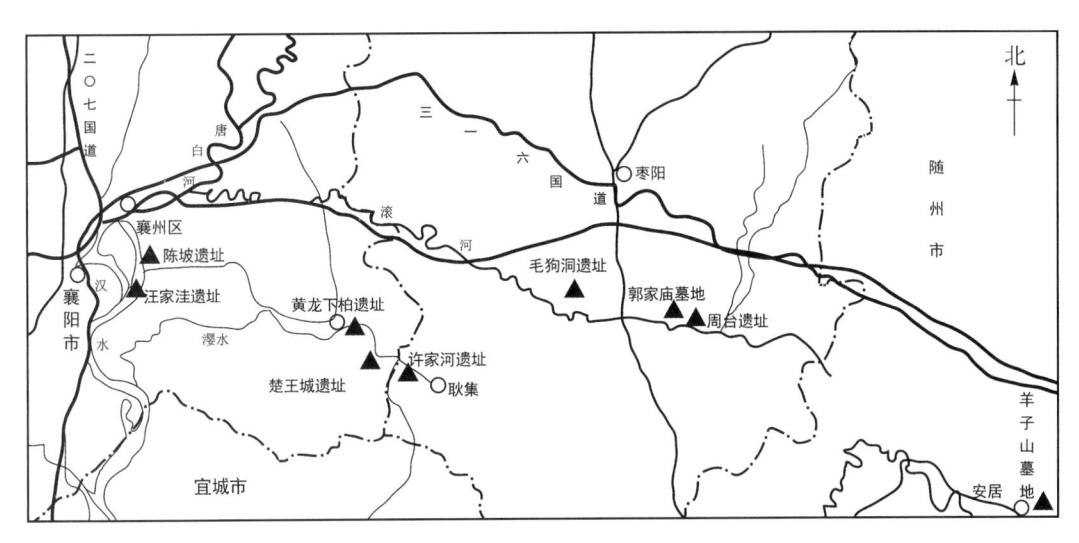

图五九　襄阳楚王城遗址与郭家庙墓的位置关系图

地区监视楚国、防范楚国东进的第一道屏障。

过去一般认为鄂国在此次反叛行动中被周王朝灭亡,但2012年南阳夏响铺鄂侯夫妇墓地①的发现又否定了这一看法,通过发掘目前共发现约有4组鄂侯夫妇墓,根据随葬器物特征判定其年代属于西周晚期到春秋早期。由此看来鄂国并没有被灭,而是在降服之后,周王朝将其迁移到南阳盆地。这样鄂国在厉王时期就退出了随枣走廊,姬姓曾国接管了鄂的部分封邑,疆域得以扩大。枣阳郭家庙的发现说明至迟在西周晚期,曾国已经控制了随州至枣阳的广大地区,而京山苏家垄遗址的发现又说明春秋初年曾国势力也已拓展到大洪山以南地区。这样,西周晚期至春秋早期的曾国疆域范围为西起南阳盆地南部,东到随枣走廊,包括走廊东南端的漳河谷地,于是就有了"汉东之国随为大"。

需要说明的是,传世文献中"汉阳诸姬"之一的唐国与随国有密切关系。安州六器中的中尊有"王省公族于庚"铭文,李学勤释"庚"为唐。1977年枣阳资山曾出土8件西周晚期青铜器,其中簋盖、铜匜上有"阳食生"铭文,黄锡全认为"阳"即为"唐"。②2001年于郧县肖家河乔家院M1曾出土"𨧜子中濒"铜盘、铜匜、铜鈚,铜器年代为春秋中期,黄凤春等认为"𨧜"亦应读为"唐"。③虽然唐国铜器出土于枣阳、郧县,但枣阳在春秋早期为曾国的核心区域,郧县出土的唐国铜器应该是交流的结果,不能据此

---

① 崔本信、王伟:《河南南阳夏响铺鄂国贵族墓地》,《中国文物报》2013年2月27日。
② 黄锡全:《湖北出土商周古文字辑证》,武汉大学出版社,1992年,第116页。
③ 黄旭初、黄凤春:《湖北郧县新出唐国铜器铭文考释》,《江汉考古》2003年第1期。

说明唐国疆域范围。根据唐《括地志》记载,唐国位于随州唐县镇,①这为今后进一步探索唐国地望提供了重要线索。据悉,随州一带出土了"唐侯"铭文铜器,这也是研究唐国的重要线索。

(二)都邑的变迁

两周之际的曾国疆域扩大,其考古遗存在湖北的枣阳、京山、随州等地都有发现,尤其郭家庙墓地与苏家垄墓地都出土带有"曾侯"铭文的器物,但这三个地点不能连成一片,因此,关于两周之际的曾国政治中心的位置在哪里就成为学者们讨论最多的问题。就遗存的分布范围和墓葬布局规模及其出土器物而言,三个地点中,最有可能成为当时曾国政治中心的只有枣阳郭家庙和京山苏家垄两地。

郭家庙墓地及其邻近的忠义寨、庙台子遗址组成了一个面积大约6平方千米的大型遗址群。郭家庙墓地是一处埋葬包括至少三位曾侯(算上曾侯宝共四位)的大型曾国公族墓地;忠义寨遗址位于郭家庙墓地的东南约2公里处,有丰富的与郭家庙墓地同期的遗存;其东约1公里为周台遗址,包含西周晚期至春秋早期的遗存,特别是发现了疑似大型宫殿式建筑的台基遗迹,推断为当时曾国的生活居址所在。这样,郭家庙墓地、周台遗址、忠义寨遗址三者构成了两周之际的曾国墓葬与居址的完整布局(图六〇),而且三者的位置关系——居址在水之北、墓葬在居址西北的特点与同期的卫国等诸侯国都城的布局特征相似。因此可以推定,滚河流域的枣阳郭家庙一带是两周之际曾国的政治中心都邑。②

京山苏家垄遗址虽然早期出土过象征国君身份的"九鼎七簋"(荆州博物馆收藏一件弦纹簋,其出土地标作"京山平坝遗址",即苏家垄遗址七簋之一[图六一]。九鼎七簋与熟知的"奇鼎偶簋"的制度略有不合,但该墓系水利施工时发掘,发掘之前有扰乱,因此,不排除苏家垄M1随葬鼎簋,可能就是"九鼎八簋"),以及带有"曾侯"铭文的青铜器,但对于其墓主身份是否是曾侯一级历来存在争议;经过2015—2017年度的考古发掘,厘清了墓地的性质与布局,出土了大批有铭重要青铜礼器,发现了与墓地同时期大型曾国居址,并首次发现了同期大规模曾国冶铜遗存,这些都显示出苏家垄遗址的等级之高、规模之大,是两周之际曾国的又一重要都邑遗址。③

---

① 转引自徐少华:《周代南土历史地理与文化》,武汉大学出版社,1994年,第59页。山西博物院编:《争锋——晋楚文明》,山西人民出版社,2018年,第175页。
② 方勤:《郭家庙曾国墓地的性质与年代》,《江汉考古》2015年第5期。
③ 方勤、胡长春等:《湖北京山苏家垄遗址考古收获》,《江汉考古》2017年第6期。

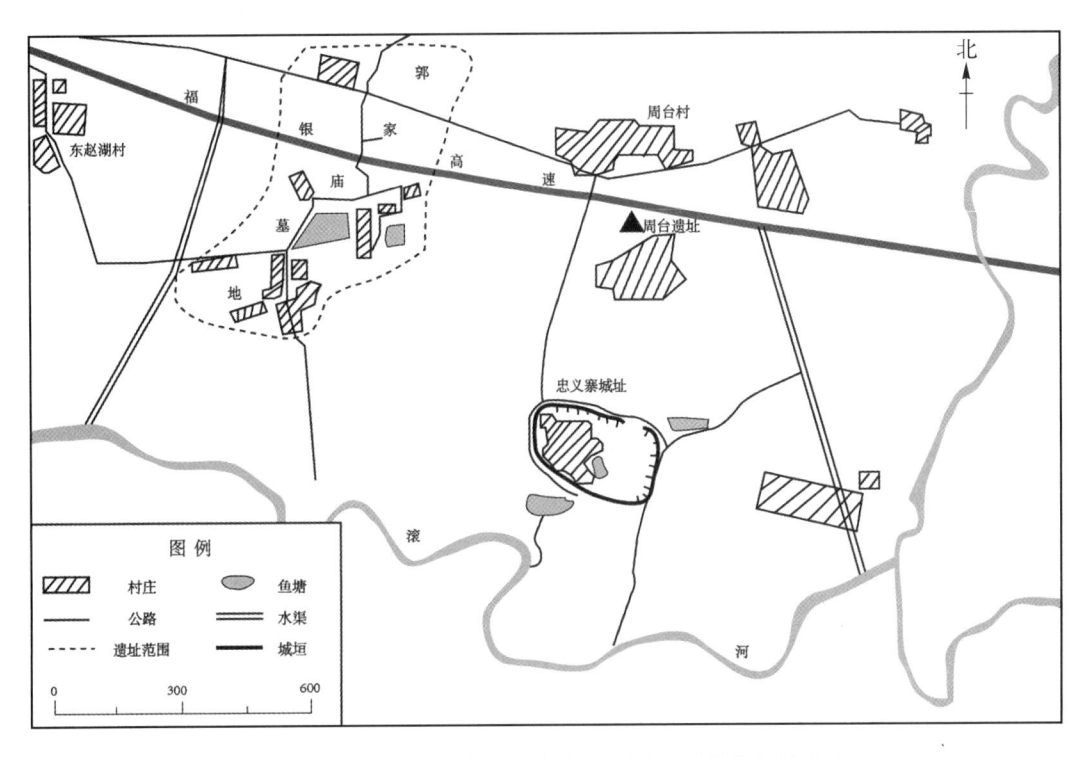

图六〇　郭家庙墓地与忠义寨遗址、周台遗址的位置关系图

郭家庙墓地与苏家垄遗址的时代虽然都处在两周之际这一大的阶段,但从考古遗存来看,郭家庙明显早于苏家垄,郭家庙几座曾侯大墓的时代约在西周晚期,而苏家垄墓地的M1、M79、M88等大墓的具体年代约在春秋早期。因此,两周之际的曾国政治中心就有一个从西周晚期的郭家庙一带向春秋早期的苏家垄遗址的迁移过程。那么,曾国在两周之际的政治中心何以从郭家庙迁至苏家垄,我们认为这可能跟楚国东进多次伐随(曾)有关。

西周末年,平王东迁,王室衰微,各诸侯间为了拓展版图征伐不断。处在荆楚大地的"蛮夷"楚国意图东进,但以随国为代表的"汉阳诸姬"成了楚国东进的主要障碍。于是,楚国遂进行了多次伐随战争。据《史记·楚世家》所载,公元前706年,楚武王亲自带兵发动了对随国的第一次征伐。此时的随国疆域辽阔、实力雄厚,又有"汉阳诸姬"作后盾,不惧怕楚国,面对楚国的来犯,随国始而修政备战,继而拒不参加楚人主持的沈鹿之会,楚武王第一次伐随之战无功而返。值得注意的是,郭家庙、苏家垄都出土了"黄"国的铭文铜器,曹门湾M1曾侯绛白的夫人可能是黄国人。考古表明,曾黄两国关系亲密。《左传》记载,恰是随、黄都不参加楚国的沈鹿之会,楚即派人责问黄国,并攻打随国。这样,考古和文献材料恰可相互印证。两年以后即楚武三十七

图六一　荆州博物馆所藏弦纹簋

年(公元前704年),楚武王再度伐随,由于随(曾)国少师不听季梁意见而一意孤行,加之楚国实力强大,导致兵败被俘,随侯逃走,最终被迫与楚国议和。楚武王五十一年(公元前690年),武王因随侯对其疏远认为随国背叛自己,遂第三次兵伐随国,虽然武王病死途中,但楚军秘不发丧,最终迫使随国与其议和才退兵。此后,楚成王三十二年(公元前640年),楚国又进行了第四次伐随,据《左传·僖公二十年》记载"随以汉东诸侯叛楚。冬,楚斗谷于菟帅师伐随,取成而还"。从此随国国土日削,国势衰落。楚武王、楚成王伐随,向东扩张,致使随国的势力逐渐退出滚河一带,向大洪山东南麓的漳水一带的苏家垄迁移,苏家垄也随之成为曾国的政治中心。另外,根据文物普查的资料,[①]春秋早期之后的滚河及周边地区的文化面貌表现出楚文化的特征,周台遗址到春秋中期就是楚文化特色,[②]说明此时的郭家庙一带已经被楚占领,这就与历史文献记载的当时楚人东进、曾国退居的历史背景相吻合。

---

① 叶植:《襄樊市文物史迹普查实录》,今日中国出版社,1995年。
② 襄樊市文物考古研究所:《枣阳周台遗址发掘报告》,《襄樊考古文集》第1辑,科学出版社,2007年,第34—101页。

三、文化内涵分析——周文化系统的封国文化

(一) 主体文化的姬周特色

西周晚期至春秋早期的曾国文化内涵仍是以中原周文化为主体。郭家庙墓地与苏家垄墓地以国君诸侯及其夫人墓葬为中心并处在地势最高处,陪葬大型车坑、马坑,周围葬有众多中小型墓,这样的墓地布局也与中原及众多诸侯国墓地的纵向排列布局相同(如应国)。从出土的文物造型看,见有大量龙凤造型风格的漆器、青铜器。墓地出土的铜器主要组合形式以鼎、簋、壶、盘、匜等,这与中原周文化体系的器物组合形式相同;典型周式青铜器如立耳蹄足鼎、直条形扉棱簋、瓦纹簋、深腹盘在这一阶段的曾国十分盛行;流行的纹饰也主要是丰镐青铜器常见的重环纹、瓦纹、窃曲纹、环带纹等。在陶器方面,主要器类仍是丰镐地区常见的豆、罐、鬲等,特别是郭家庙、苏家垄出土的陶鬲为瘪裆鬲,这是与楚文化特色的遗址所出风格完全不同的;而出土有"楚季"铭文编钟的万福垴遗址,[1]其鬲则完全属楚式鬲。因此,这些与周风格一致而与楚差距大,说明西周晚期至春秋早期的曾国仍属于周文化的体系。

(二) 封国地方文化内涵

这一阶段的曾国文化内涵也表现出了不同于丰镐的地方特点。在铜器方面,随葬数量较多的宽体附耳鼎与周式鼎常见立耳不同,重环纹折肩鬲独成系列,还有一些周式器类之外的器物如熊家老湾的方卣、曾伯陭钺等;陶器上,郭家庙墓地较早使用陶附耳鼎参与器物组合且自成体系。两周之际的曾国文化内涵特色除了表现出与周文化的不同外,也表现出与早期叶家山墓地的不同,具体体现在带墓道的大型墓葬及其随葬车坑、马坑的情况方面,这也是我们分期的一个依据。

西周早期叶家山墓地带有墓道的大型墓葬只有M28和M111两座曾侯墓,从墓地墓葬分布图观察,两墓墓向是东西向,墓道朝西,这一阶段的曾侯夫人墓M2、M27、M50(或M46)等还没有带墓道。到了西周晚期,根据目前已经发表的材料,郭家庙墓地的郭家庙墓区有带墓道的墓葬三座,即M21、M60、M17(与其对应的"曾侯宝墓"也

---

[1] 湖北省文物考古研究所、武汉大学考古系、宜昌博物馆:《湖北宜昌万福垴遗址调查勘探报告》,《江汉考古》2015年第5期,第3—14页。湖北省文物考古研究所:《湖北宜昌万福垴遗址发掘简报》,《江汉考古》2016年第4期,第11—35页。

应是带有墓道,朝向东,只是墓被破坏),曹门湾墓区也有两座带墓道的,即 M1、M2。从墓地分布图看,郭家庙墓地两个墓区带墓道的 4 座大墓的墓道朝向都向东,与叶家山墓地墓道向西正好相反;此外,曹门湾墓区的 M2、郭家庙墓区的 M17 都是曾侯夫人墓,说明此时的夫人墓的墓葬结构也开始使用墓道,墓道朝向与诸侯墓一致。结合叶家山、郭家庙两处墓地的国君级墓的布局(图六二),可以分析出曾国国君墓在西周早期至春秋早期的变化特点:叶家山 M28、M111 的墓道朝西,夫人墓没有墓道;郭家庙 M60 墓道朝西,夫人墓没有墓道,M21 墓道朝东、夫人没有墓道,曾侯宝的夫人墓有墓道且朝东,曹门湾 M1 墓道朝东、夫人墓有墓道且朝东。可以看出曾侯级别墓葬的变化规律,从春秋早期的曾侯宝(与郭家庙 M17 配对)、曹门湾 M1 开始,墓道朝东,曾侯夫人开始有墓道;而此前,曾侯墓道朝西,且夫人没有墓道;而 M21 作为过渡,墓道朝向东,但夫人没有墓道。这规律也佐证了对郭家庙墓地布局的判断,即时代早晚顺序

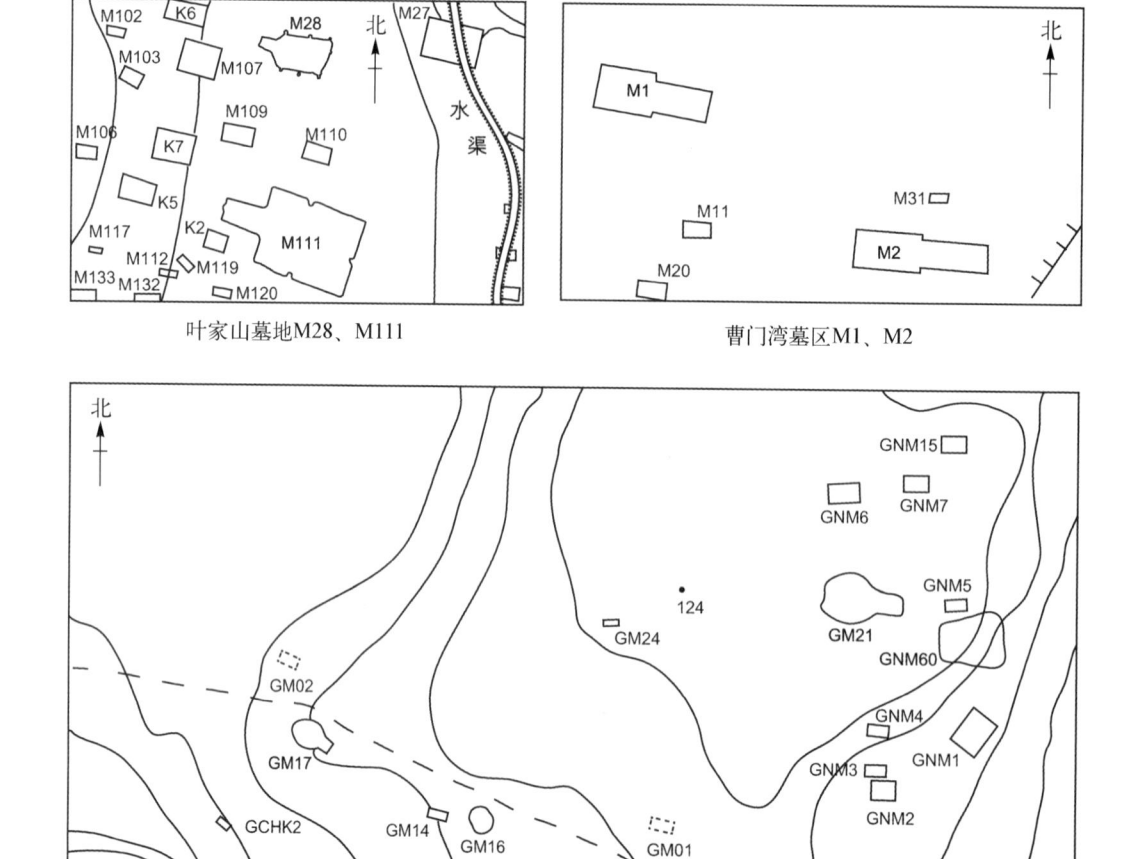

叶家山墓地M28、M111

曹门湾墓区M1、M2

郭家庙墓区M21、M17、M60

图六二 叶家山墓地和郭家庙墓地各位曾侯及其夫人墓有无墓道及墓道朝向情况

是郭家庙 M60—郭家庙 M21—郭家庙 M17 的配对墓(曾侯宝)—曹门湾 M1。

曾国墓地随葬车坑、马坑的情况,从西周早期的叶家山墓地到两周之际的郭家庙墓地、苏家垄墓地也发生了变化。叶家山墓地只随葬有马坑,未发现车马坑以及车坑,说明此时车体还不参与墓地的祔葬;且所发现的 7 座马坑规模较小,也无法与三座侯墓一一对应,可能是一座侯墓设多个马坑的现象。两周之际的郭家庙墓地、苏家垄墓地已经随葬大型车坑,车坑附近往往有规模较大的马坑,还有车、马同葬的车马坑,说明此时车坑、马坑已经组合参与墓地祔葬且与主墓分开埋葬。

西周早期的曾国与外族的交往通婚并不频繁,只能从青铜器铭文看出与一个媿姓外族存在通婚。到了两周之际,曾国与外族交往通婚有了很大转变,从出土器物形制和青铜铭文来看,已与当时的黄国、邓国、番国、宋国、楚国等有通婚交流。黄国嬴姓,与曾国相邻,青铜器铭文中常见两国婚嫁交流,如随州均川熊家老湾出土铭文"黄季作季嬴宝鼎,其万年子孙永宝用"黄季鼎,京山苏家垄出土铭文"隹黄朱柁用吉金作鬲"黄朱柁鬲,枣阳郭家庙出土铭文"曾孟嬴剈自作行簠,则永祜福"青铜簠,这些都是黄国之女嫁入曾国的例证。曹门湾 M2 出土了带流盉等淮河流域特征器物,周边墓出土"黄"字铭文铜盆,是曹门湾 M1 曾侯的夫人来自黄国的见证。① 枣阳郭家庙出土铭文"曾亘嫚非录为尔(妳)行器,尔(妳)永祜福",该器为嫚姓女子所作,嫚姓为邓国之姓,可见曾国与邓国有通婚往来。郭家庙墓地曾出土一件残鼎,鼎内残存部分铭文"曾侯作季……汤妳(芈)媵……其永用……",从铭文可知是曾侯为某位嫁到曾国的芈姓楚国女子作的鼎,说明曾国与楚国也有通婚关系。苏家垄遗址墓地出土的大量有铭青铜器,其中多件器物上发现"番"、"黄"、"宋"等,见证了曾国与周边诸侯国的交往,尤其是 M88 墓的 4 件铭文簠、3 件铭文铜鼎均有"陕夫人芈克",是现今可见较早地反映曾国与早期楚国交往的证明。② M79 墓主人是曾伯桼,M88 墓主人芈克是其夫人,说明其夫人来自楚国。

第三节　春秋晚期至战国中期

一、文化遗存辨析

曾国文化遗存春秋中期的较少且又缺明确的侯一级墓葬的考古资料,因此春秋

---

① 湖北省文物考古研究所:《三苗与南土》,《江汉考古》2016 年增刊。
② 方勤、胡长春等:《湖北京山苏家垄遗址考古收获》,《江汉考古》2017 年第 6 期,第 3—9 页。

中期的曾国历史文化面貌还不是很清晰，在历史分期中暂时不将这一阶段纳入整个曾国的历史编年的独立序列中。鉴于春秋时期楚文化面貌明晰，加之楚国、曾国文化在春秋中期、晚期文化面貌均相承性强、文化面貌没有巨变，因此，将春秋中期一并列入春秋中晚期考察。为表述本文分析以春秋晚期为主，偶尔会涉及少量春秋中期遗存，故以春期晚期（含中期）的方式表述。春秋晚期（含中期）至战国中期的文化遗存较丰富，以㵐水两岸的义地岗墓群（含文峰塔墓地）、擂鼓墩墓群（图六三），以及相关的当为都城的安居遗址为代表，地理范围上主要集中在现今随州中部的市郊一带。

（一）义地岗墓群

义地岗墓群众多带有"曾侯"铭文的器物对于了解曾国国君的世系和曾国历史编年的重建有重要意义。根据目前所公布的考古资料（包括非正式考古发掘出土和采集的文物），义地岗墓群埋葬的主要有"曾侯與"、"曾侯邸"、"曾侯丙"、"曾侯得"等几位曾侯（图六四）。文峰塔墓地 M1 随葬的编钟与铜鬲上有"曾侯與"铭文字样，说明器主为曾侯與；[①] 东风油库 M3 出土有曾侯邸铜鼎；[②] 文峰塔墓地 M18[③] 北坑随葬的两件铜方缶有"曾侯丙之赴缶硤以为长事"铭文，根据墓葬规模和随葬器物推测墓主人为一代曾侯"曾侯丙"；汉东东路墓地 M129 墓内出土一件青铜戈上有铭"曾侯得"，另有一套包括编钟和编磬的完整乐器组合，从墓葬规模和随葬乐器可以看出此墓为曾侯一级的墓葬，墓主人可能为"曾侯得"。[④] 文峰塔 M4 虽然遭到严重破坏，但从残存的墓坑以及出土的青铜编钟和青铜戟上的铭文推测 M4 墓主也应为曾国的某位曾侯，出土编钟有"左右楚王"铭文，材料十分重要，[⑤] 只是墓葬出土能见的铭文中不见其私名。笔者认为其应当为曾侯邸。[⑥] 理由如下：M4 墓葬规格与曾侯與、曾侯得的规模相当，曾侯得、曾侯與、M4 由北至南，按时间早晚，从北至南有规律地分布在岗地上，按墓地布局和曾侯下葬先后顺序，推定 M4 为曾侯邸较为合理；M4 位于东风油库的南

---

① 湖北省文物考古研究所等：《随州文峰塔 M1（曾侯與墓）、M2 发掘简报》，《江汉考古》2014 年第 4 期，第 3—51 页。
② 湖北省文物考古研究所、随州市曾都区考古队、随州市博物馆：《湖北随州义地岗墓地曾国墓 1994 年发掘简报》，《文物》2008 年第 2 期，第 4—18 页。
③ 湖北省文物考古研究所、随州市博物馆：《湖北随州市文峰塔东周墓地》，《考古》2014 年第 7 期，第 18—33 页。
④ 湖北省文物考古研究所、随州市博物馆、随州市曾都区考古队：《随州汉东东路墓地 2017 年考古发掘收获》，《江汉考古》2018 年第 1 期，第 34—39 页。
⑤ 湖北省文物考古研究所、随州市博物馆：《湖北随州文峰塔墓地 M4 发掘简报》，《江汉考古》2015 年第 1 期，第 3—15 页。
⑥ 方勤：《文峰塔 M4 墓主人为曾侯邸小考》，湖北省文物考古研究所：《曾国考古发现与研究》，科学出版社，2018 年。

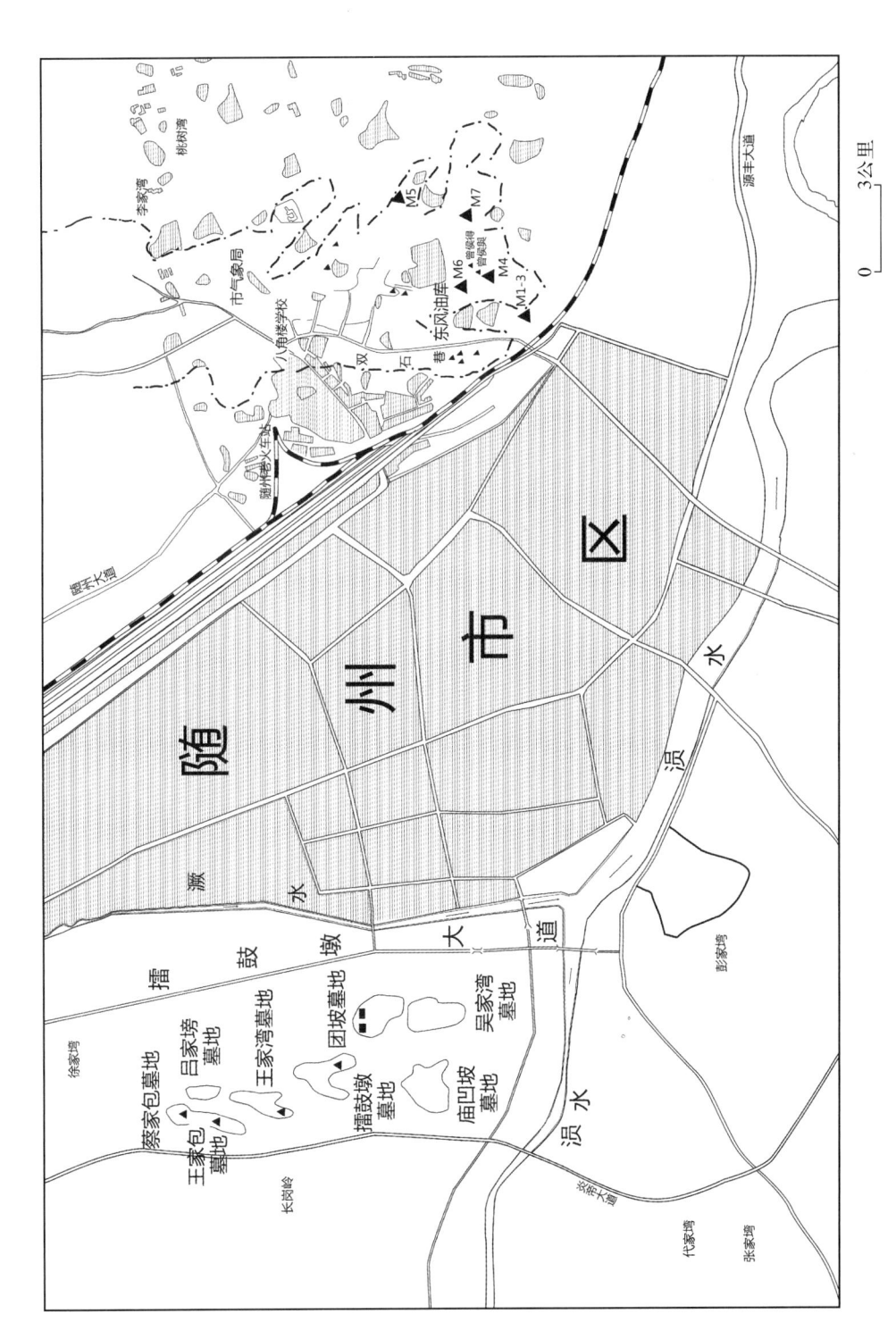

第二章　曾国历史分期与文化内涵分析

图六三　擂鼓墩墓群和义地岗墓群平面图

图六四　义地岗墓群分布的曾侯墓

边,紧邻的东风油库 M3 出有曾侯郕鼎、曾仲姬壶,墓葬中没有兵器,明显为女性墓,墓主人为曾仲姬,曾侯郕鼎当是曾侯郕赠送给曾仲姬的,曾仲姬墓应当是围绕主墓曾侯郕墓布局的墓群中的一个组成部分,反过来佐证 M4 的主人是曾侯郕;M4 墓中出土的残戈胡上残存竖行阴刻铭文"曾侯",其中"侯"字尚不全,仔细对照曾侯乙墓出土的曾侯郕戟、戈,形式类似,残存的"曾侯"字体,也与曾侯乙墓出土的"曾侯郕"戈、戟以及曾仲姬墓中的曾侯郕鼎前两个字,"曾"上半部的"八"字写法、"侯"字的横与撇几乎成直角,风格基本一致,进一步证明 M4 为曾侯郕(图六五)。鉴于义地岗墓群调查发现有大规模的墓葬,很可能还存在着其他几位未被发现的曾侯墓葬。

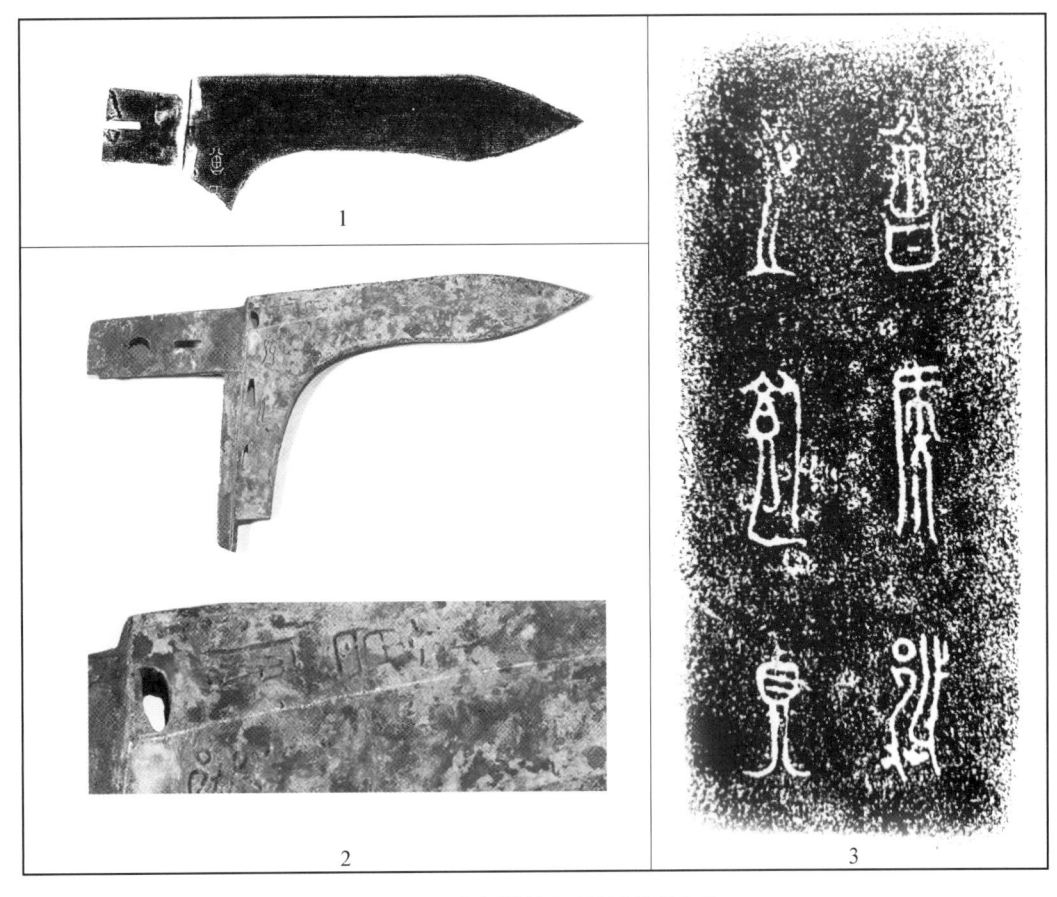

图六五 青铜器铭文所见"曾侯郕"

义地岗墓群除了上述几座国君级别的"曾侯"墓,还发现有曾国高等级贵族墓。东风油库 M1[①] 出土的 6 件青铜容器均带铭文"曾少宰黄仲酉",可知墓主人为黄仲

---

① 湖北省文物考古研究所、随州市曾都区考古队、随州市博物馆:《湖北随州义地岗墓地曾国墓 1994 年发掘简报》,《文物》2008 年第 2 期,第 4—18 页。

酉,是曾国的一位少宰(官职)。季氏梁发现的一座春秋贵族墓①中出土了两件青铜戈,其中一件铭文为"周王孙季怠孔臧元武元用戈",另一件铭文为"穆侯之子西宫之孙曾大工尹季怠之用","季怠"为曾国的大工尹,是曾国先君穆侯之子,西宫之孙,又称是"周王孙"。义地岗M6②出土的铜鼎、簋、瓿、壶、斗、缶上都发现有"曾公子去疾"的铭文,据此判断墓主人为曾公子去疾。另外,2012年发掘的属于义地岗墓群的文峰塔墓地简报还未发表,但根据目前所掌握的材料,多座墓葬出土带有如"曾孙邵"、"曾孙怀"、"曾子虞"、"曾子旃"、"曾子口"、"曾大司马国"、"曾大工尹乔"等春秋中晚期的铭文,推测这些墓葬的墓主人都是曾国的高等级贵族。

此外,同属于义地岗墓群发现的"曾侯丙"墓,时代晚于曾侯乙,为战国中期,这说明,至迟到战国中期,曾国仍把义地岗、擂鼓墩统一作为公墓地在规划使用。

(二)擂鼓墩墓群

擂鼓墩二号墓位于曾侯乙墓以西100余米的地方,也是一座岩坑竖穴木椁墓,虽遭严重破坏,仍出土了极为丰富且摆放较有规律的随葬品,其中青铜礼器同样以九鼎八簋为核心,并有一套编钟与编磬。墓葬只出土一件"盛君縈"铭文的铜簠,且无法据铭文判知墓主人的具体身份,但根据墓葬形制、随葬器物中没有兵器,推测应该是某位曾侯的夫人墓。③ 不过,曾侯乙墓中所殉葬的21位女性,都应为乐女、侍妾之类,没有夫人;而从擂鼓墩整体墓葬布局,以及其中编钟等器物分析,我们也倾向于2号墓墓主为曾侯乙夫人。

义地岗(含文峰塔、汉东东路、东风油库等)、擂鼓墩墓群都位于㵐水之北,溠水横亘其间,义地岗在溠水之东、擂鼓墩在溠水之西,关于两处墓地之间的关系,我们认为,应当是以溠水为界,统一规划、互为关联的两处墓地。1. 曾侯得、曾侯與、曾侯邸按时间早晚从北至南分布在东北至西南方向的高岗上,当是精心布局的;大墓周边当有围绕主墓的陪葬墓,如文峰塔M4即曾侯邸的周边,围绕该主墓布置有曾仲姬墓等,曾仲姬墓中出有曾侯邸鼎,当是曾侯邸赠予的,也进一步说明他们之间的主从关系。2. 曾侯與墓、曾侯邸墓(文峰塔M4)分布在溠水的东面,之后的曾侯乙墓转至溠水对岸、溠水之西的擂鼓墩墓区分布,因㵐水及其支流溠水交汇于曾侯邸墓的南面,再往南是㵐水,没有分布空间,可能是曾侯乙墓转而布局在溠水之面的原因。3. 在擂鼓墩

---

① 随县博物馆:《湖北随县城郊发现春秋墓葬和铜器》,《文物》1980年第1期,第34—41页。
② 湖北省文物考古研究所、随州市博物馆:《湖北随州义地岗曾公子去疾墓发掘简报》,《江汉考古》2012年第3期,第3—26页。
③ 湖北省博物馆、随州市博物馆:《湖北随州擂鼓墩二号墓发掘简报》,《文物》1985年第1期,第16—36页。

墓区,初步勘探,发现有擂鼓墩土冢、王家湾、王家包、蔡家包M14等规模与曾侯乙墓相当的大墓,①也是曾侯级别,可见墓地布局从㵐水之东转至㵐水之西的推测成立。从初步勘探的结果看,自搬到㵐水之东后,曾侯级别的墓,曾侯乙墓布局在最南,往北依次分布有擂鼓墩土冢(封土直径39—42米)、王家湾土冢、王家包M1(勘探长23米、宽17米,规模相当于曾侯乙)、蔡家包M14(勘探长31米、宽20米,规模大于曾侯乙)。从义地岗的按时间早晚由北往南分布,改成由南往北分布,规律性强,也进一步说明两处墓地是有序规划的。4. 只是到战国中期,曾侯丙墓又重新分布至㵐水东,在曾侯得、曾侯與、曾侯邸诸墓一线的东边,规格也较曾侯乙墓小了许多,当与此时曾国国力衰退有一定关联。5. 义地岗(含文峰塔、汉东东路、东风油库)与擂鼓墩墓地格局,以及其中曾侯墓的规格、随葬品风格与曾国的历史状况相符:曾侯與时曾国救楚王,楚国"改复曾疆";嗣后的曾侯邸"左右楚王",与春秋晚期楚国势力扩展的历史相符,此时期蔡侯也不得不"左右楚王"是一致的;正是有了曾侯邸时期的"左右楚王",紧随其后的曾侯乙才有楚王熊章亲自送镈钟等礼遇。

(三) 安居遗址

安居遗址调查的遗物显示,遗址的年代从两周之际贯穿整个东周时期。两周之际春秋早期,这个时间段与武王第三次伐随时"除道梁溠"的时间相吻合。溠水的位置也与今日的安居地理相近,因此安居遗址应是曾国的一个重要据点。安居遗址还发现有大型的台地建筑基址、夯土城墙等遗迹,城址不远处出土有"曾都尹定"铭文簠、"曾孙定"铭文鼎的春秋晚期贵族墓(图六六),②都尹当是管理都城的官员,定是其私名,此为安居城址是曾国的都城提供十分重要的证据。说明至少在春秋晚期,安居城址当是曾国的都城;并结合擂鼓墩、义地岗墓地发现,以及都城与公墓地的布局规律,作为曾国都城沿用至战国的可能性极大。从整个遗址的布局,结合遗址周边的桃花坡墓地、砖瓦厂也发现了墓葬等丰富的遗存来看,安居遗址应该是曾国继郭家庙、苏家垄之后的都城城邑遗址。

那么为什么安居一带再次成为曾国都城呢,这与曾国的政治局势有关。从苏家垄一带,由于想再次经略先辈的故土,曾国便逐步向东定居到了安居一带,重返曾国始封之地的庙台子—叶家山附近。这个变动也有来自外来因素的压力,就是楚国一直向汉水之北逐步扩张,使得曾国不得不再向东退却。

---

① 湖北省文物考古研究所、随州市文物局:《湖北随州市擂鼓墩墓群的勘查与试掘》,《考古》2003年第9期。
② 随州市博物馆:《湖北随州市安居镇发现春秋曾国墓》,《江汉考古》1990年第1期,第8—11页。

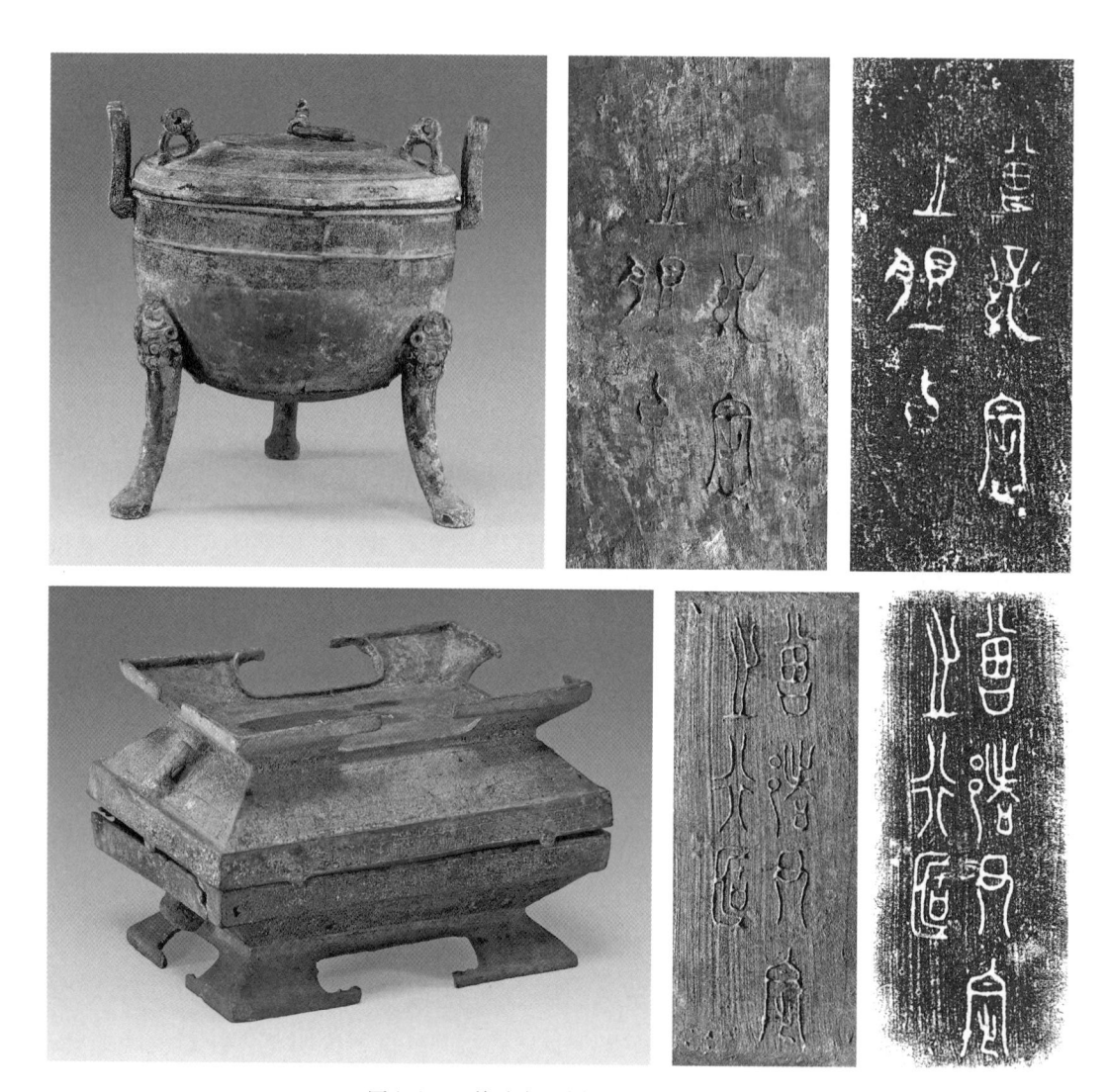

图六六 "曾孙定"鼎与"曾都尹定"簠

二、疆域范围

春秋晚期(含中期)至战国中期的曾国主要文化遗存有义地岗墓群(含文峰塔墓地、汉东东路墓地)、擂鼓墩墓群以及安居遗址,义地岗墓群、擂鼓墩墓群是曾国最后几代曾侯的墓地,年代约为春秋中期至战国中期,沿用时间较长,表明曾国的最后政治中心也应该在这两处墓地附近。这两处墓地和安居遗址位于今天的随州市区,表明此时曾国的疆域范围也主要在今天的随州一带,如此就说明曾国的政治中心在这一时期又迁回了其始封地随州地域(图六七)。那么曾国政治中心何以在这一时期又迁回了随州故地,这里我们试作推论。

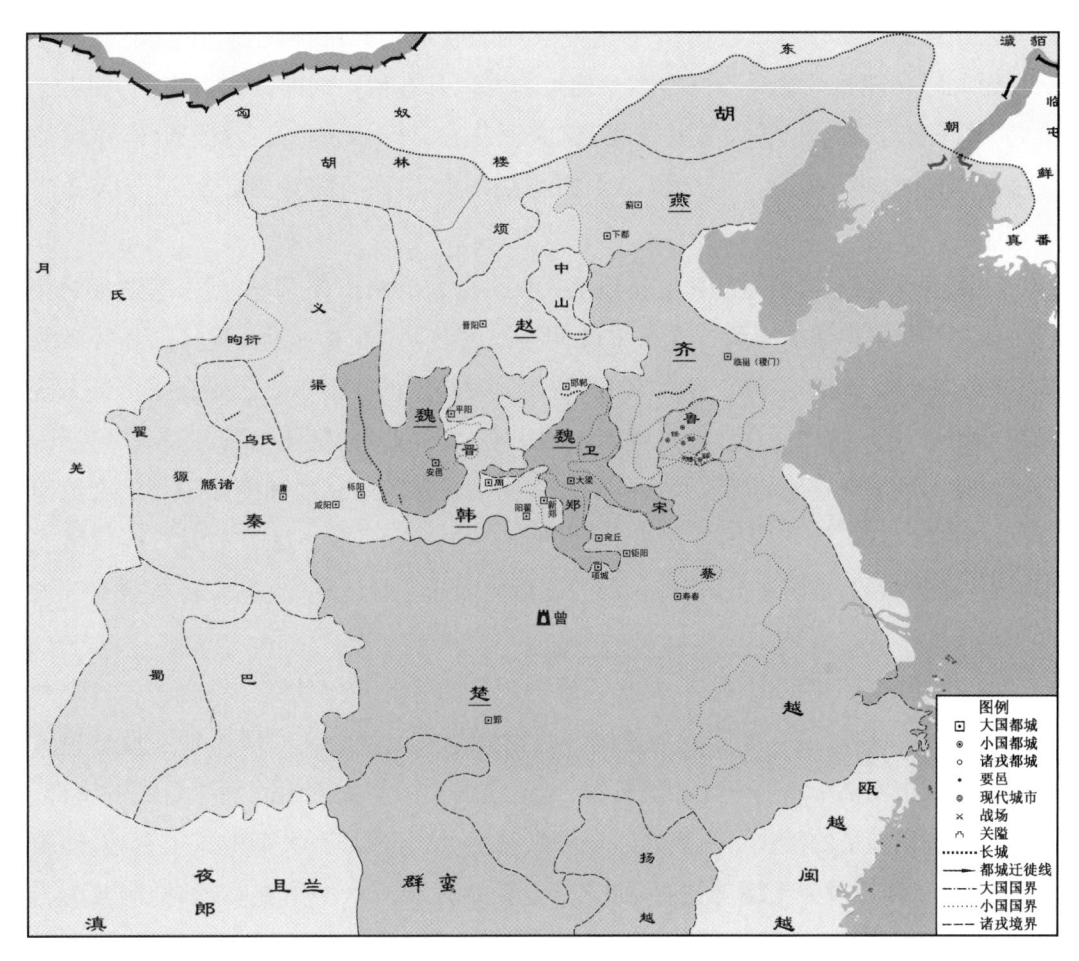

图六七　战国时期曾国位置示意图

上述提到在两周之际曾国政治中心因为楚武王伐随(曾)的缘故从枣阳郭家庙一带迁到了京山苏家垄。从苏家垄遗址和墓葬年代介于两周之际这一大的范围来看,苏家垄遗址虽然作为曾国政治中心是暂时的,但此前也应该是曾国的一个重要城邑,是曾国分封的某位贵族一直在此经营。曾国遭到楚武王讨伐被迫退居滚水流域,便把政治中心从郭家庙暂时迁到当时次于都邑的苏家垄一带。

另据《左传·庄公四年》载,楚武五十一年(公元前690年),因随侯迫于周天子压力而采取疏远楚国的态度,楚武王第三次兴兵讨伐随国,"令尹斗祁、莫敖屈重除道梁溠,营军临随"。这句话中提到楚国在溠水一带开辟道路、构筑营垒、驻扎军队迎待随军;溠水属于涢水支流,发源于湖北随州市西北桐柏山南麓,在随州安居镇一带注入涢水；从中也可看出楚武王第三次伐随时，曾国已离开郭家庙。第三次伐随虽然楚武王病死军中，但楚军秘不发丧继续东进，最终逼迫随国结盟之后才退兵。公元前690年在考古学两周年代分段上已经是春秋早期晚段，接近于春秋中期。而此时在随州义地岗墓群的多个地点都发现有春秋中期的曾国贵族墓，如出土带有"周王孙季怠"及"曾大工尹季怠"铭文铜戈的墓葬、义地岗八角楼墓葬、东风油库墓葬以及义地岗墓葬。这从另一侧面也说明此时曾国的势力已到达今天随州一带。

楚武王伐随，随国被迫从郭家庙迁至大洪山南麓的京山苏家垄，苏家垄遗址的年代主要是春秋早中期。而到了春秋中晚期至战国时期，随州一带大量曾国高等级墓葬（义地岗墓群、擂鼓墩墓群）的发现，又说明此时曾国的政治中心已不在京山苏家垄而在今随州一带，这中间存在一个曾国政治中心从苏家垄向随州迁移的过程。另外，考古发现的苏家垄墓地的规模和大墓的规格都不及郭家庙墓地和随州一带的义地岗墓群、擂鼓墩墓群，说明曾国并没有将经营重心放在苏家垄。楚武王第三次伐随成功，迫使随国结盟，楚国退兵后，曾人势力逐渐向随州一带迁移（这其中可能也有曾人对于故土的留恋之情）。

那么，曾国迁回随州故地后，其作为政治中心的都邑在何处呢？结合考古发现和调查资料，这一阶段最有可能成为曾国都邑的就是安居遗址。安居遗址在地理位置上位于随州市西部十六公里处的安居镇，坐落在桐柏山与大洪山间随枣走廊的南部。早期调查确认遗址的年代在两周之际至两汉时期，结合遗址有大型的人工台地、建筑基址、人工沟渠以及夯土墙等遗存，加之遗址附近发现有众多贵族墓葬，推测其为当时的一座城邑遗址。羊子山鄂侯墓地发现后，安居遗址的年代可能要上溯至西周早期，最初可能为鄂国的都城遗址，随着鄂国被周王消灭，进入东周后又为曾国所据有。石泉先生也曾依据文献资料考证，《水经注》所载的随县故城当在今随县西北约四十里，厉山店西南，安居西北之溠水东岸，此地正与安居古城址的地理位置一致。[1] 特别是在距安居古城址不远的徐家嘴村汪家塆窑场发现的一座春秋晚期残墓中，出土了带有"曾孙定"铭文的铜鼎和带有"曾都尹定"铭文的铜簠，[2]"都尹"应为曾国都城的官吏，而"定"即是当时曾国都城担负管理职责的官吏的私名，这些可作为推测曾国春秋晚期都城应该在此地附近的旁证。

义地岗墓群、擂鼓墩墓群两处曾侯墓地虽然离安居古城遗址稍远，但也在当时

---

[1] 石泉：《古代曾国—随国地望初探》，《武汉大学学报》（哲学社会科学版）1979年第1期。
[2] 随州市博物馆：《湖北随州市安居镇发现春秋曾国墓》，《江汉考古》1990年第1期，第8—11页。

的随国疆域范围内。义地岗墓群可确认的曾侯主要有"曾侯舆"、"曾侯邨"、"曾侯丙"、"曾侯得"等,这几位曾侯的年代世系关系,除了曾侯丙外,其余都早于曾侯乙,①曾侯乙的年代可确认为公元前433年或稍晚,属于战国早期。如此,早于曾侯乙的几代曾侯的年代上限大致在春秋中晚期之际,如果此时曾国的政治中心在曾侯墓地附近的话,曾国是否退出安居一带?这种情况有两种可能:一种可能是因为春秋战国时期,诸侯埋葬的地点已逐渐远离都城,这一阶段的曾侯墓地也有可能属于这种情况。另一种可能是随着楚国势力的东进,曾国在春秋晚期开始臣服于楚,成为楚国的附庸国,因此曾国可能因失去了周王朝诸侯国的地位也就没有了都城,其疆域范围也逐渐退出安居一带,向东迁移至今天的随州曾都区。在目前不见战国时期都城,且安居尚未进行过大型发掘的情况下,这两种可能性均存在。不过,经过多次文物普查以及主动性调查,随州一带仍没有再发现大型城邑遗址,所以笔者倾向认为安居为春秋晚期(含中期)至战国的曾国都城,当然,这仍有待于以后的系统考古工作证实。

三、文化内涵分析——楚文化的同化

西周灭亡,平王东迁后,周王朝的势力逐渐衰落,失去了对分封各地的诸侯国的控制,各诸侯国之间不断征伐兼并,逐渐形成了几大实力强国,如春秋五霸、战国七雄。此时的楚国也慢慢从僻于荆蛮"土不过同"的国家发展壮大成为一统江淮地区的大国。楚国在发展壮大的过程,擅于学习汲取他国文化,大约在春秋中期形成了鲜明的有自身特色的文化面貌。而春秋晚期至战国中期的曾国已失去了汉东大国的地位,成为"左右楚王"的楚国附庸。从曾侯舆铭文编钟"左右文武"(图六八),到文峰塔曾侯邨铭文编钟"左右楚王"(图六九),实证了曾国从立国之初辅佐周文王、周武王,到嗣后不得不辅佐楚国的历史事实。其文化面貌逐渐摆脱了周文化影响(也跟这一时期周王朝式微,各诸侯强国崛起有关),除保留部分文化记忆外,已基本融合成为楚文化的一个组成部分,以至于现今研究楚文化的学者常把曾侯乙墓所体现的文化内涵作为典型的楚文化。

曾国文化内涵所表现出的楚文化因素。出土青铜器组合方面,由鼎、簋组合变为

---

① 张昌平先生认为这三位曾侯的早晚排序是:曾侯舆—曾侯邨—曾侯乙。见张昌平:《曾国青铜器研究》,文物出版社,2009年。

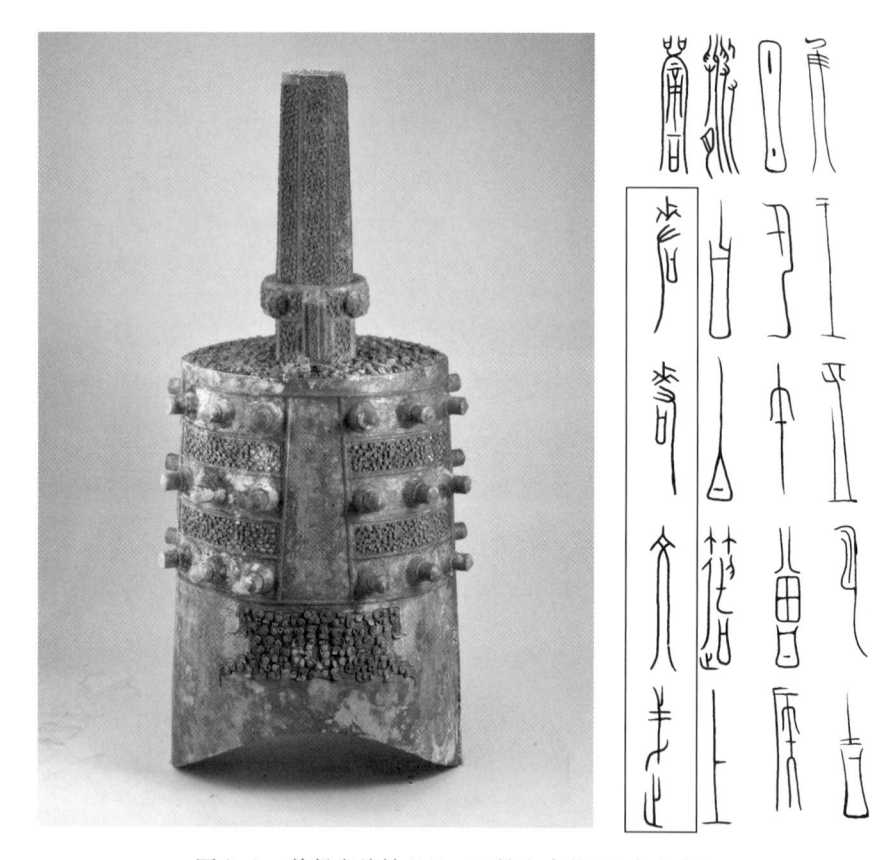

图六八　曾侯與编钟（M1∶1）铭文中的"左右文武"

鼎、簠（盏）组合，这也是春秋中期以后楚国青铜礼器的典型组合方式。① 具体到形制、纹饰、铭文等方面也与楚系青铜器相同，这一阶段的曾国青铜器多种器类的形制和纹饰都能在典型楚墓遗存如淅川下寺楚墓、②淅川和尚岭与徐家岭楚墓、③天星观楚墓、④包山楚墓、⑤望山楚墓、⑥当阳金家山楚墓⑦等中找到相同或相似器物。如随州汉东路墓地、苏家垄墓地出土的捉手鼎、义地岗八角楼墓葬出土的盖鼎于下寺楚墓 M8 能找到近似器；义地岗东风油库三座墓葬出土的铜鼎、铜簠的形制及纹饰与典型楚墓淅川下寺 M11 出土的同种铜器相似，三座墓出土铜器的铭文文字、句式也与楚系铜器

---

① 刘彬徽：《楚系青铜器研究》，湖北教育出版社，1995 年。
② 河南省文物研究所等：《淅川下寺春秋楚墓》，文物出版社，1991 年。
③ 河南省文物考古研究所：《淅川和尚岭与徐家岭楚墓》，大象出版社，2004 年
④ 湖北荆州地区博物馆：《江陵天星观 1 号楚墓》，《考古学报》1982 年第 1 期，第 71—116 页。
⑤ 湖北省荆沙铁路考古队：《包山楚墓》，文物出版社，1991 年。
⑥ 湖北省文物考古研究所：《江陵望山沙塚楚墓》，文物出版社，1996 年。
⑦ 湖北省宜昌地区博物馆：《当阳金家山春秋楚墓发掘简报》，《文物》1989 年第 11 期，第 70—78 页。

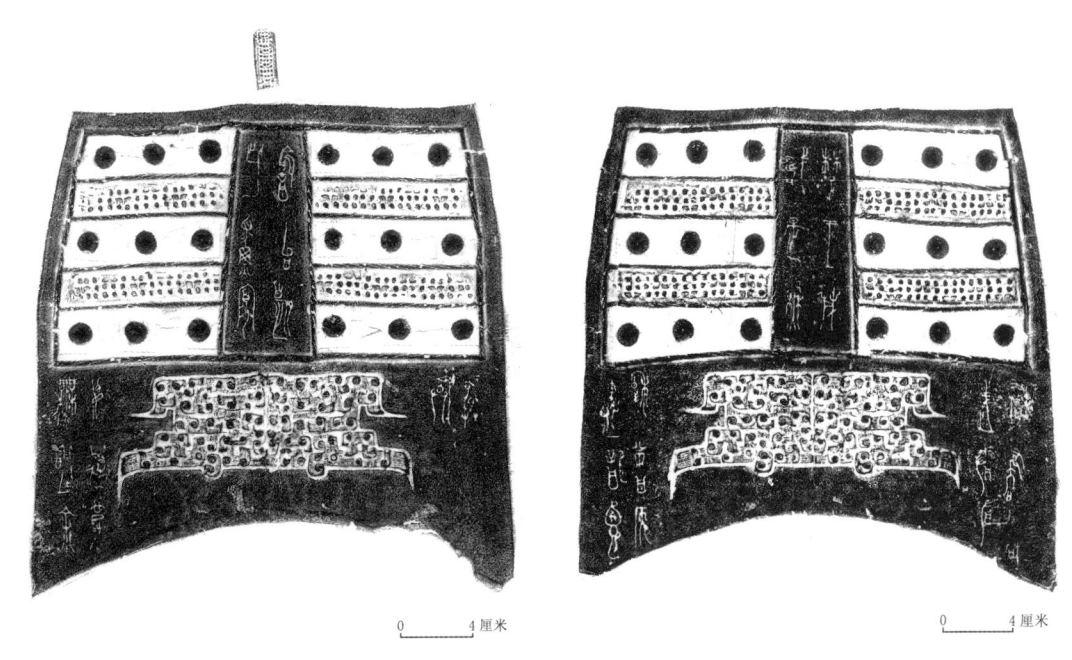

……徇乔(骄?)壮武,左右楚王,弗讨是许,穆₌(穆穆)曾侯,畏忌温

图六九 文峰塔M4甬钟(M4∶016)铭文中的"左右楚王"

基本相同;擂鼓墩墓群的曾侯乙墓和擂鼓墩二号墓出土的器物整体风格都是楚系特色,如楚式升鼎、带盖深腹鼎,楚器流行的蟠虺纹等。

春秋晚期至战国中期的曾国文化内涵也表现出了一些不同于楚文化的特色文化。这一阶段的义地岗墓群的多个墓葬都有青铜甗的出土,铜甗在中原地区和两周之际的曾国墓葬多见,但在楚系青铜器中罕见;擂鼓墩墓群的曾侯乙墓与二号墓都出土了仿自陶鬲的铜绳纹鬲,这种瘪裆式鬲与典型的楚式鬲不同;曾侯乙墓出土编钟的铭文,以"黄钟"、"太族"、"姑洗"、"蕤宾"、"夷则(铭文标识为"韦音")"、"无射"等曾国6个阳律铭文为完整体系,并特别标识了曾国音律名字与周、楚、晋、齐等国的对应关系,虽然曾侯乙编磬有"穆钟"、"浊穆钟"、"新钟"、"浊新钟"、"文王"、"浊文王"、"坪皇"、"浊坪皇"等楚系音律铭文,说明曾国尚保留着自身的文化体系;[①]楚人尚武,楚墓中随葬铜剑现象普遍,而同时期的曾国墓葬随葬铜剑现象少见;典型的楚式敦也不常见于这一阶段的曾国墓葬。此外,特别是曾侯乙的墓葬结构没有墓道与台阶,也与战国时期楚国大型墓有封土、斜坡墓道、台阶的结构不同。不过,曾国的这些个性因素只占较小比例,总体而言,春秋晚期至战国中期的曾国文化内涵属于楚文化体系。

[①] 黄翔鹏:《曾侯乙钟、磬铭文乐学体系初探》,《音乐研究》1981年第1期。

小　　结

  由考古发现确认的曾国历史从西周早期延续至战国中晚期,除暂未发现明确的西周中期文化遗存外,曾国在长达700年的时间里创造了面貌丰富的物质文化遗存。
  西周早期曾国活动疆域主要在随州叶家山墓地及疑似其早期都邑的庙台子遗址群一带,这一时期的曾国物质文化面貌属于周文化系统,但保留了部分殷商文化遗风。后因昭王、穆王南征伐楚,曾国作为周王朝分封在汉东的姬姓诸侯国中实力最强的一个,逐渐向汉水流域迁移,到了西周晚期其政治中心已经迁至枣阳郭家庙一带(其间可能是先迁至汉水支流溠水上游的楚王城附近后又逐渐东退至郭家庙),作为周王朝抵御楚国越汉东进的前沿屏障,考古发现了这一时期的包括几座曾侯大墓在内的枣阳郭家庙墓地和墓地附近可能作为都邑使用的周台、忠义寨聚落遗址群;后楚国伐随(曾),曾国迫于楚国进攻压力,在春秋早期逐渐向大洪山南麓的京山苏家垄一带迁移,而苏家垄只是作为曾国临时的政治中心,时间不长。两周之际的曾国文化内涵仍与周文化面貌保持一致,很多方面都是典型周文化的特征;当然在受周文化主流影响下,曾人在被分封到汉东后的发展过程中也逐渐形成了一些地方文化特色。
  历史进入春秋中期,楚国公元前640年伐随成功后迫使随国与其议和,楚国退兵;曾国便从临时政治中心的苏家垄又迁回随州故地,自此直到战国中期曾国政治中心和活动疆域都主要在今随州一带;这一时期考古发现的曾国文化遗存主要有随州义地岗墓群和擂鼓墩墓群,两处墓群不仅规模大而且都发现有国君级别的曾侯墓葬和高等级贵族墓,可见墓地规格之高,尤其是包括曾侯乙墓在内的擂鼓墩墓群是作为曾国国君陵园区使用的;考古并未发现明确的属于这一时期的曾国都邑遗址,随州市西部十六公里处的安居遗址因发现有同时期的文化遗存和带有"曾都尹定"铭文的铜簠,而被推测可能是曾国在这一阶段某一时期的政治中心。春秋晚期文峰塔曾侯䜌墓M4"左右楚王"铭文编钟的发现,表明这一阶段曾国因臣服于楚国,作为楚国的附庸国,其文化内涵已与楚文化面貌一致,考古发现的曾国文化遗存和出土文物带有很强烈的楚文化特征。但是,即使如是,进入战国初期的曾侯乙编钟以"黄钟"、"太族"、"姑洗"、"蕤宾"、"夷则"(铭文标识为"韦音")、"无射"等曾国六阳律为主体,仍保留了自身文化传统。当然,其借鉴了楚国用"浊"表述阴律的办法,创造了"浊姑洗"的唯一一个阴律律名,又表明了与楚国的深度融合。

为此,我们认为曾国从春秋中期后并没有被楚国所灭,一直到战国中期的曾侯丙仍保持其诸侯国的地位。推测是秦攻破楚国都城郢都后,曾国随楚国东迁。楚国东迁后,自身政局窘迫,附属于楚的曾也无从考证了。

曾侯编年序列

曾侯	时代	备注
曾侯谏	西周早期	随州叶家山M65墓主。
叶家山M28墓主(白生)	西周早期	随州叶家山M28为曾侯墓无疑,"白生"私名从冯时说。
曾侯犺	西周早期	随州叶家山M111墓主。
郭家庙M60墓主	两周之际	
曾伯陭	两周之际	枣阳郭家庙M21墓主。
曾侯绛伯	两周之际	枣阳郭家庙曹门湾M1墓主。
曾侯仲子斿父	两周之际	京山苏家垄M1墓主。
曾伯霏	春秋早期	京山苏家垄M79墓主。陈介祺旧藏曾伯霏簠现藏于国家博物馆。
曾穆侯	春秋中期	1979年随州季氏梁春秋墓地出土季怠铜戈有"穆侯之子,西宫之孙"铭文。此外,随州枣树林墓地出土曾侯宝铜器铭文有"穆之元子",因此,曾穆侯与曾侯宝墓北面的曾侯"曾公求"墓主人同为一人是可能的,曾穆侯即是曾公求。
曾侯宝	春秋中期	随州枣树林墓地,夫人为芈加。
曾侯得	春秋中晚期	随州汉东东路墓地M129墓主。
曾侯䚄	春秋中晚期	曾侯䚄戈出土于襄阳梁家老坟楚国墓地M11。
曾侯舆	春秋晚期	随州文峰塔M1墓主,并见于曾侯乙墓出土铜戈铭文。
曾侯郕	春秋晚期	文峰塔M4即曾侯郕墓。曾侯郕鼎出土于随州东风油库墓地M3,并见于曾侯乙墓出土铜戈铭文。
曾侯乙	战国早期	随州擂鼓墩M1墓主。
曾侯丙	战国中期	随州文峰塔M18墓主。

附记:如加上擂鼓墩土冢、王家湾土冢、王家包M1、蔡家包M14四个未发掘的曾侯级别墓,时代当排在曾侯乙之后,曾侯丙之前;如是,目前考古发现的曾侯共计20位。

第三章　交锋与融合：从"左右文武"到"左右楚王"

第一节　"左右文武"：西周早期的曾国文化因素分析

西周早期，曾国受封以来，便与周王室密切来往。从已经发掘的叶家山墓地、庙台子遗址来看，其文化因素具有鲜明的周王朝文化特色，但是也有细节之处体现了长江中游的地域因素。本节便从遗址遗存、墓地布局、墓葬形制、器物组合与形制以及青铜器铭文等说明西周早期曾国的文化因素。

2009 年在随州文峰塔曾侯舆墓中出土的编钟上 179 字长篇铭文有"左右文武"内容，意思是曾国始祖南宫适为辅佐周文王、武王的重臣。本文借"左右文武"铭文中辅佐周王室之意，表明在西周早期曾国是周王朝经营南方的重要支撑力量，理由如下。

一、鲜明的周王朝文化因素

西周考古学文化的分期标准在各遗址、墓地中略有不同，不过，总体上丰镐遗址西周文化的考古学分期基本为学界所认同。[1] 丰镐遗址的发掘报告将居住址分为两期、墓葬分为五期。[2] 这一分期标准逐步建立了周原地区考古学文化遗存分期的标准。后来由于沣西早周墓葬的发掘与长安张家坡西周墓地的发掘，[3] 又在前一阶段墓

---

[1] 中国社会科学院考古研究所：《中国考古学·两周卷》，中国社会科学出版社，2004 年。
[2] 中国科学院考古研究所：《沣西发掘报告》，文物出版社，1962 年。
[3] 下文引用张家坡墓地材料皆出于下述文献，无特殊情况不再注释。中国社会科学院考古研究所：《张家坡西周墓地》，中国大百科全书出版社，1999 年。

葬五期的第一期前面增加了一期，变为六期。再有沣西马王村的发掘①和沣东镐京遗址②的发掘，又将丰镐地区西周居住址遗存分期进一步完善。《中国考古学·两周卷》整合了丰镐地区西周考古的发现，将丰镐遗址的周文化居住址分为四期，墓葬分为六期，而居住址第一期和墓葬的第一期均为先周时期遗存。这样，总体上西周文化居住址可以分为早、中、晚三期。西周文化早期居住址与墓葬的第二期相吻合。本文则在此分期的基础上考察曾国早期遗存的文化因素。

曾国历史考古发现明确为西周早期的遗址只有庙台子遗址和叶家山墓地。庙台子遗址西周早期发掘的陶器以夹砂陶数量最多，泥质陶数量较少，其中陶色以黑陶占多数，红陶次之。有的夹砂红陶被烟熏成褐色陶，灰陶较少，而在泥质陶器中灰陶数量较多。报告出版有较多混杂之处，图文亦有不符，因此归纳的庙台子遗址陶器特征并不完全可靠。陶鬲是考古学文化分期常用的标型器之一。庙台子遗址已经发表一些鬲口沿残片，敞口，领部较高，饰绳纹，肩部饰凹弦纹或附加堆纹。而较多的鬲足呈尖锥状袋足、截锥状柱足和矮小截锥状袋足。庙台子遗址的陶鬲与尖锥状鬲足和丰镐地区鬲足情况相似。长安张家坡西周早期遗存也是以夹砂灰陶数量最多，庙台子遗址陶系与之基本一致。

庙台子遗址资料的缺失暂时还不能完全说明曾国西周早期生活遗存的状况。但叶家山墓地的发掘则完全显示了此时曾国处于周王朝代表的中原文化系统下，其"左右文王"的政治地位。

从墓地布局与形制分析，叶家山墓地依山岗脊背地势，呈南北长条形分布。这种布局常见于其他地区西周早期的墓地。如上村岭虢国墓地③也位于一个较高的台地上，地势险要，北高南低，南部呈缓坡状，墓地即依地势呈长条状修建。同样的浚县辛村卫国墓地、④平顶山应国墓地⑤等也是位于一个较高的坡地或岗地上，墓地依照地势修建。可见这是西周时期墓地常见的选择和安排，⑥即墓地内等级较高的墓葬基本呈南北向一条线分布，处于墓地核心显著的位置。

---

① 中国社会科学院考古研究所丰镐工作队：《1997年沣西发掘报告》，《考古学报》2000年第2期，第199—245页。

② 中国社会科学院考古研究所丰镐考古队：《1961—1962年陕西长安沣东试掘简报》，《考古》1963年第8期，第403—412页。

③ 下文所用虢国墓地材料均源于下述文献，无特殊情况不再注释。中国科学院考古研究所：《上村岭虢国墓地》，科学出版社，1959年。

④ 下文所用卫国墓地材料均源于下述文献，无特殊情况不再注释。郭宝钧：《浚县辛村》，科学出版社，1964年。

⑤ 河南省文物考古研究所、平顶山市文物管理局：《平顶山应国墓地（Ⅰ）》，大象出版社，2012年。

⑥ 孙华：《周代前期的周人墓地》，《远望集——陕西省考古研究所华诞四十周年纪念文集》，陕西人民美术出版社，1998年，第265—289页。

从发掘资料看,叶家山墓地诸侯等级或诸侯级夫人等高等级墓葬都是竖穴土坑墓,但可能是由于分封等级的区别或是出于曾国本土特征的考量,墓地中只有 M28、M111 两座带墓道的墓葬,墓道朝东。这与其他墓地有多座带墓道大墓的情形略不同,例如晋侯墓地中晋侯及其夫人墓均带墓道。此外,叶家山墓地墓葬构筑是将棺椁放置于墓葬中央,四周有生土或熟土二层台。这也与丰镐地区西周墓葬完全一致。

叶家山墓地个别墓葬在椁室下也发现有腰坑。如 M1 棺底下有一椭圆形腰坑,坑内殉葬狗。腰坑是具有殷墟商人特色的葬俗。周克商后,腰坑的习俗并没有完全消失,如张家坡西周墓地早期墓葬中也存在一些椁室下部挖腰坑殉狗的现象。棺室内铺朱砂亦常见于叶家山墓地中,这种习俗也属于关中地区周文化的传统,但应该与墓主为殷遗民有关。

叶家山墓地有一些墓葬的填土内或者二层台上放置有车轮。如 M107 椁室上部墓坑填土中发现四个车轮及两根带害车轴痕迹,车轮痕迹靠近南北墓壁,两两相对组成一驾葬车,东西各置一驾。M28 在椁上填土中也发现两个车轮。而张家坡西周墓地 M157 双墓道大墓中,在南北两个墓道中也随葬有双数的车轮、车厢、车轴等,可见墓葬随葬车的习俗基本属于丰镐地区的传统。不过,叶家山墓地可能是由于墓葬本身规模较小的缘故,有时在墓葬填土中随葬的多为车轮,罕见完整车。这也可能是曾国变异化的葬车习俗。

M28 与 M27、M65 与 M2、M111 与 M50(或 M46)为叶家山墓地可以明确的诸侯及其夫人墓,可见这是夫妻合葬墓,这些墓呈东西向、头足相对、横向排列,诸侯墓在西侧、夫人墓在东侧。夫妻合葬墓也是西周早期高等级贵族墓的传统习俗之一,常见于西周时期墓葬。例如张家坡井氏家族墓地东边 M170 井叔墓及西边的 M163 井叔夫人墓;曲沃晋侯墓地的 M9 及其夫人墓 M13 等几座夫妻合葬墓;上村岭虢季墓 M2001 及其夫人梁姬墓 M2012,虢太子墓 M1052 及其夫人墓 M1810;辛村卫国墓地 M17 及其夫人墓 M5;燕国 M202 与 M1193 夫妻合葬墓等。这些均为东西并列排布,[1]依然是诸侯在西,夫人在东。由此看,西周时期高等级夫妇合葬墓为相互在身侧左右并穴合葬。叶家山墓地深受中原周文化系统的影响,也采用同样的夫妇合葬墓东西排列。只不过由于墓向的原因,而呈东西头足横向分布。

从已发表的成果看,2011 年叶家山墓地中有 49 座墓葬出土陶器。陶质主要为泥质陶和夹砂陶,还有少许磨光黑陶。陶器纹饰主要有绳纹、弦纹、方格纹。器物组合

---

[1] 下文所用燕国墓地材料均源于《琉璃河西周燕国墓地(1973—1977)》,无特殊情况不再注释。北京市文物研究所:《琉璃河西周燕国墓地(1973—1977)》,文物出版社,1995 年。

关系明确,主要有七种:鬲;鬲、罐;鬲、簋;鬲、罐、簋;鬲、罐、簋、甗;鬲、罐、簋、尊;鬲、罐、簋、甗、尊、瓿等。其中,以鬲及鬲、罐为主体的陶器组合最为常见。这种与丰镐地区西周早期墓葬的鬲、簋、罐陶器组合关系基本一致。

而在陶器器物形制上,叶家山墓地出土的器物总体上也与典型的周文化陶器一致,只是受到本地传统因素的影响而略有变异。

叶家山墓地较多的墓葬出土有陶鬲。如 M2 所见陶鬲为夹砂红陶,大口,卷沿、沿面上翘,圆唇,高瘪裆,鬲足实足根较短且作锥形,器形整体为上大下小的梯形,裆部上方饰有 3 个凸出器表的小圆乳钉,颈部以下饰细绳纹;M65 所见陶鬲也为夹细砂红陶,大口卷沿、圆唇、瘪裆、三袋状矮柱足,实足根较高,足端略内收,器形整体为较高的长方形,颈部以下均饰细密绳纹。从陶鬲的器形看,叶家山的陶鬲均为红陶,大口、卷沿圆唇特点明显,鬲的裆部较高且瘪,颈部以下饰细绳纹。这种瘪裆、细绳纹、高体等特征与周原陶鬲文化因素变化相同。然而,陶鬲也有一部分变异的因素,形成较有本土特点的文化因素,如高瘪裆、红陶的特征与典型周文化陶鬲不同,应该是本土继承晚商文化因素形成的特征。这种变形的特征还见于毛狗洞 H1、真武山 H36 出土的陶鬲中。

叶家山出土的陶簋也较多,大概分无耳簋与双耳簋两类。M2 出土的无耳簋为泥质灰陶,厚唇,口沿下与腹相接处呈束腰状,形似碗形,矮圈足。从长安张家坡 H301、M364、M80 等遗迹的陶簋看,簋腹如碗形、外腹下部饰绳纹等特征与叶家山墓地陶簋基本一致。此外陶器中,如 M2 的陶罍折肩深腹、腹下饰绳纹与关中地区西周早期的折肩罐相似,只是 M2 罍的肩部带双环耳,这与张家坡 H301 折肩罐相似。M27 的陶罐折肩、下腹饰绳纹,也属于典型的周文化陶器。瘦高体的陶甗也基本与典型周文化中所见一致。

叶家山墓地第一次发掘的 65 座墓葬中,出土原始瓷器的计有 M2、M3、M8、M27、M46、M50、M51 和 M65 等 8 座墓葬。大部分墓葬的原始瓷器形制、结构和器物组合完整。原始瓷器器类有豆、瓿、罍、尊、瓮、簋和器盖。如 M65 见有豆、带盖豆、三系罐、瓮等 4 件,M27 有豆 6、瓮 2、尊 2、四系罐 3、盖豆 1,M2 有罍 1、尊 1、双系罐 1、四系罐 1。现在学术界一般认为,这些原始瓷器的源头当与长江下游相关。但叶家山墓地的原始瓷器是长江下游直接运输而来还是周王室赏赐,还需要进一步讨论。从原始瓷器的形制而言,较多原始瓷器也仿照青铜器制造,如 M2 的瓷罍两侧竖置对称的简化半环形龙首耳,是仿自商周之际青铜罍的双耳。叶家山墓地的陶器有的也参照了原始瓷器的特征,M27 双系罐肩部安装一对横置的环钮,钮端加饰铆状小乳钉,这是典型原始瓷的做法。

叶家山墓地青铜器器类主要有鼎、簋、鬲、甗、爵、觚、觯、尊、卣、壶、盉、斝、盘、罍等。铜礼器组合关系明确,基本与丰镐地区礼器组合毫无二致。如 M1,方鼎 4、圆鼎 4、簋 2、鬲 1、甗 1、爵 5、觚 2、斝 1、觯 1、尊 1、卣 1、方罍 1;M2,圆鼎 5、簋 2、甗 1、鬲 1;M27,方鼎 2、圆鼎 4、簋 4、鬲 1、甗 1、爵 2、觚 1、觯 4、尊 1、卣 1、圆罍 2、壶 1、盉 1、盂 1、盘 1;M46,簋 1、觯 1、爵 1、卣 1 件;M50,方鼎 2、簋 2、甗 1、爵 1、觯 2、尊 1、卣 2 件;M54,鬲 1、尊 1 件;M55,鼎 1、簋 1、爵 1、尊 1、觯 1;M65,方鼎 1、圆鼎 6、簋 4、鬲 1、甗 1、爵 2、觯 1、尊 1、卣 1、壶 1、盉 1、盘 1 件。

从 M1、M2、M27、M65、M111 等墓葬看,随葬的青铜礼器分食器、酒器、水器三类。食器中以鼎(又分方鼎和圆鼎)、甗、簋为主,兼有鬲;酒器中多有尊、罍、卣、觯,兼有斝、爵、觚;水器则有盘、盉。这种组合形式基本常见于关中地区西周早期偏早的较大型墓葬,而 M28 与 M111 发现的一铜尊配大小两铜卣的特殊组合方式也为西周早期周人特有的组合方式。①

从青铜器形制来看,也多与周原地区如宝鸡茹家庄墓地、竹园沟墓地②等所出青铜器的整体风格相似或相同。如 M28 的曾侯谏方鼎与岐山贺家墓地史逨鼎、③宝鸡茹家庄 M1 乙:16 鼎相似;M28 曾侯谏圆鼎与竹园沟 M7 丰公鼎酷似;M111 的曾侯犺簋与宝鸡竹园沟 M13 出土的方座簋相似;M111 与 M28 的铜壶与石鼓山 M4、④竹园沟 M13 的铜壶整体器形基本相同,只是细部特征略有差异;M111 的无耳曾侯盘与竹园沟 M13 的铜盘相似;M28 的曾侯谏盘与竹园沟 M4 等几座墓的铜盘相似。

二、地域特色与交流

庙台子遗址公布的西周时期陶鬲较完整的只有一件,鬲体略呈长方形,敛口折沿方唇,腹壁较直,三袋足较小,分裆不明显,裆线较低,三尖足根圆钝直立,腹部绳纹中粗交错。这与湖北地区晚商时期陶鬲基本相似。

根据叶家山墓地已经公布的墓地布局照片与图纸,可知叶家山墓地墓葬皆为东西向竖穴土坑墓。这种东西向竖穴土坑墓见于张家坡西周墓地第四地点、⑤绛县横水

---

① 王恩田:《随州叶家山西周曾国墓地的族属》,《江汉考古》2014 年第 3 期,第 67—71 页。
② 下文所用虢国茹家庄、竹园沟墓地材料均出源于下述文献,无特殊情况不再注释,卢连成、胡智生:《宝鸡强国墓地》,文物出版社,1988 年。
③ 陕西省考古研究所:《陕西出土商周青铜器》,文物出版社,1979 年。
④ 陕西省考古研究院等:《陕西宝鸡石鼓山商周墓地 M4 发掘简报》,《文物》2016 年第 1 期,第 4—52 页。
⑤ 中国科学院考古研究所:《沣西发掘报告》,文物出版社,1962 年。

墓地、①翼城大河口墓地。②而近王室核心区的宝鸡強国墓地、长安张家坡墓地、曲沃晋侯墓地、房县琉璃河燕国墓地、浚县辛村卫国墓地等其他西周早期墓地来看，诸侯墓葬都是南北向竖穴土坑墓。可见，南北向竖穴土坑墓的形制是周文化墓葬的一个主流习俗。江汉地区西周早期曾国附近的安居羊子山鄂国墓地③与黄陂鲁台山"长子"国墓④也是南北向竖穴土坑墓。由此可以推断，叶家山墓地这种东西向竖穴土坑墓是曾国早期特有的一种本土特征。

叶家山墓地的人骨多已腐朽不见，但从已有的残存痕迹看，墓地葬式多为仰身直肢葬，头向东。墓地的葬式总体来说与关中地区周文化基本相似，但墓地头向一致为东西向，而中原地区西周早期墓地墓主头向则多北向或南向，如曲沃晋侯墓地墓主头向以北居多。

叶家山墓地随葬的陶器组合中也有一些器类不见于典型的周文化陶器中，例如双耳簋、尊、双系罐、罍等陶器。M2出土的壶、罍均为泥质灰胎或黑胎陶，陶质多较硬，制作时陶器经过磨光，形成黑皮陶衣，应为陶礼器。M27出土双耳簋、尊、缶、罍、双系罐等具有同样的特征，也同样属于仿铜陶礼器。有学者指出殷墟最晚阶段，墓葬随葬品中仿铜陶礼器比较流行，⑤可见，叶家山墓地仿铜陶礼器的组合大概为商文化因素的遗留。也有学者对比了西周早期出土双耳簋、尊、罍较多的滕州前掌大墓地、鹿邑太清宫长子口墓和偶见仿铜陶礼器的洛阳东机车工厂、东关等地区墓葬，指出这些地方商文化残留较甚。⑥

M27出土的双耳簋为磨光黑皮陶，侈口，厚圆唇，束颈，下腹略鼓，呈钵盂形，口沿下腹两侧一兽首形半环形耳，高圈足上饰斜行绳纹。双耳簋并不见于丰镐地区西周早期典型的周文化遗存，大概是叶家山墓地一带独有的文化因素。双耳簋从其兽首形半环形耳和精湛的制作工艺看，应该是仿铜陶礼器。从叶家山墓地附近的晚商时期遗存看，其本地文化因素中暂时未见双耳簋。反而是中原地区商文化核心地殷墟附近在殷墟文化较晚阶段多见双耳簋，如郭家庄商代墓葬M75、M137都出土有双耳簋。M27出土的双耳簋器形基本与郭家庄墓葬M75:4双耳簋一致，只是双耳更加精美。

---

① 山西省考古研究所、运城文物工作站、绛县文化局：《山西绛县横水西周墓发掘简报》，《文物》2006年第8期，第4—18页。
② 山西省考古研究所大河口墓地联合考古队：《山西翼城县大河口西周墓地》，《考古》2011年第7期，第9—18页。
③ 随州市博物馆：《湖北随县安居出土青铜器》，《文物》1982年第12期，第51—57页。
④ 黄陂县博物馆等：《湖北黄陂鲁台山两周遗址与墓葬》，《江汉考古》1982年第2期，第37—61页。
⑤ 胡洪琼：《殷墟仿铜陶礼器墓试析》，《华夏考古》2006年第3期，第74—80页。
⑥ 张昌平：《论随州叶家山墓地M1等几座墓葬的年代以及墓地布局》，《中国国家博物馆馆刊》2012年第8期，第77—87页。

此外，M2出土的陶壶饰多道弦纹，也为西周早期罕见类似器形。M50出土的陶鼎为泥质灰陶，折沿，扁圆腹，圜底略平，三锥足外撇，折沿处有一周凹弦纹，颈部和腹部饰网格状菱形纹，底部饰篮纹。发掘者认为M50鼎的特征与湖南望城高砂脊文化相关。①

还有一些青铜器具有明显的晚商因素残留特征。如M111：85方鼎，深且直的腹部，仍是晚商方鼎的风格。M46乳钉纹铜簋和M56乳钉纹铜鼎也有晚商铜器的特征。尤以M111的镈钟最为突出。镈钟首见于江西新干大洋洲晚商墓葬，其带有宽扁扉棱、小鸟装饰风格的情况屡见于南方地区。而叶家山M111镈钟的器形、兽面纹、虎与鸟装饰与湖南邵东贺家村镈钟几乎相同。②

曾国早期历史的地域性因素多表现为器物形制上晚商遗存特征的残留，这只是西周早期历史的普遍特征。然而镈钟与大量原始瓷器的出土都说明了曾国与南方地区存在着密切的交流，也预示曾国早期历史与南方存在着一条交流通道，这个通道可能是水路也可能是贸易之路。这种通道的重要性也见于曾国的历史使命"临有江夏"，"克狄淮夷，金道锡行"。

从西周早期曾国的历史看，曾国第一期无论是从制度还是从器物特征上都具有鲜明的周王朝文化特征。就是其地域因素中也是器物形制上保留晚商文化阶段的一些特征，这种状况也不只见于曾国，就连周王朝核心区也曾保留有较多的晚商时期文化因素，这只是文化交替过程中的产物。因此，我们可以说，曾国历史文化第一期中曾国对周王室是"左右文武"的关系。

三、西周早期的曾、楚关系

本小节讨论曾、楚关系，我们界定是讨论西周早期曾、楚作为诸侯国受封以来，曾、楚两国之间的交往历史。曾国西周早期受封的历史，因为叶家山墓地的发现而被揭开，但楚国西周早期的受封历史，因文献记载不详，而考古尚未发现确凿的遗存，至今仍莫衷一是。为此，我们首先有必要对楚国的历史作一个简单的梳理。

（一）西周早期楚国受封的地望辨析

楚文化的研究也是学术界的一个热点，历史、考古学者多有涉及。楚国立国历

---

① 湖北省博物馆、湖北省文物考古研究所、随州市博物馆：《随州叶家山——西周早期曾国墓地》，文物出版社，2013年，第260页。
② 刘彬徽：《随州叶家山西周曾侯墓出土的甬钟和镈钟初论》，《湖南省博物馆馆刊》第11辑，2015年。

史,《史记》、《左传》、《国语》等文献多有记载,清华简《楚居》①公布以来,又掀起了一波研究热潮。依据《楚居》,穴酓(鬻熊)住在"京宗",至熊绎迁至"夷屯"。李学勤先生认为,夷屯就是《史记》中的"丹阳",即《史记》中熊绎被周成王封于"楚蛮"以子男之田时所居住的丹阳,②是可信的。但丹阳在哪里?认识分歧不断,目前只剩下丹淅说、枝江说较为学术界所接受。徐少华、尹弘兵从文献、考古两个方面作了充分的论证后,支持丹淅说,③整体论述框架结构与方法严谨。但是,笔者根据最新的考古材料,结合历史文献,认为"丹阳"地望仍应在沮漳河流域,理由如下。

1. 汉水之北为周王朝强力控制区,西周早期的楚国当在周王朝势力控制较弱的汉水之南。

我们只论述西周早期楚国受封立国之后的历史,即熊绎居丹阳之后。这个丹阳是不是丹淅之会的丹阳?首先,我们了解一下西周初年文、武、成王分封的历史。以汉水为界,汉水之北,东有长子国,有黄陂鲁台山见证;往西就是曾国,有叶家山墓地和庙台子为见证;再往西是鄂国,有随州羊子山墓地为见证;还往西有邓国等。可见,汉水之北分封有多个诸侯国,在周王朝的控制之下。二是力主丹淅说的学者,④也认为有(1)丹淅之会地区当为鄀国所在,且出土多件西周铜器,为周王的臣属,而非诸侯之地,似乎与丹淅为楚地有冲突;(2)楚如在丹淅,公元前706年楚武王越过申国攻打随国,似乎说不通。⑤

我们认为,楚国始封时所在的丹阳,"以处草莽"、"跋山涉水"表明其当不在周王朝统治的如汉水之北那样的便捷到达和控制区,故始封之楚,应在汉水之南。

考古发现也支持汉水之北是周王朝强力控制区。以汉水之北发现的西周早期遗存郧县大寺遗址⑥为例。大寺遗址近年发掘出土了西周时期的瘪裆鬲与分裆鬲,器形与西周早期中原核心区遗存基本一致,属于典型的中原体系下的西周文化遗存。汉水之北的另一处遗址辽瓦店子遗址西周中期遗存也是以典型的周文化为主体,尤以饰乳钉纹的瘪裆陶鬲与丰镐地区陶鬲如出一辙。可见西周早中期的汉水之北是西周王朝严密控制下的地区,大概不可能是早期楚人的重要活动区域。

---

① 清华大学出土文献研究与保护中心、李学勤:《清华大学藏战国竹简》(壹),中西书局,2010年。
② 清华大学出土文献研究与保护中心、李学勤:《清华大学藏战国竹简》(壹),中西书局,2010年。
③ 徐少华、尹弘兵:《楚都丹阳探索》,科学出版社,2017年。
④ 徐少华、尹弘兵:《楚都丹阳探索》,科学出版社,2017年,第52页。
⑤ 牛世山:《西周时期的楚与荆》,《古代文明》第5卷,文物出版社,2006年。
⑥ 武汉大学历史学院、湖北省文物考古研究所:《湖北郧县大寺遗址西周遗存发掘简报》,《江汉考古》2018年第1期,第12—25页。

2. 宜昌万福垴遗址的时代为西周中晚期至春秋早期,其所体现的考古学文化面貌,是可以与之后成熟的楚文化一脉相承的。这表明,西周早期的楚地望当在其附近寻找,从而进一步证明西周早期之楚在汉水之南。

从陶器群来考察,宜昌万福垴遗址可到西周中晚期至春秋早中期,其楚式鬲等陶系,可与春秋中期以后成熟的楚系陶鬲文化对接起来,还出有"楚季"铭文编钟佐证,是确凿的楚国早期陶系;①而曾国系的瘪裆陶鬲,从叶家山的西周早期至少延续到郭家庙墓地的春秋早期,与楚系鬲决然不同。宜昌万福垴遗址处于汉水之南、长江之北,正是枝江说所在区域。至少在西周中晚期,万福垴一带是楚国的重要区域。

万福垴遗址位于长江北岸的台地上,遗址内发现有数条灰沟遗迹,围成略方形迹象,另发现有墓葬等遗迹和铜器等遗物。从这些迹象来看,万福垴遗址不是单纯的居住址,似是一处祭祀性遗址。出土的陶器群显然具有楚式风格,是为楚文化早期遗存点。而遗址出土有铜剑,采集有一件铜鼎和十二件甬钟。发掘者认为该铜鼎年代在西周中期。同出的甬钟有三类:细阳线乳钉界格钟、细阳线圈点界格钟、阴线界格钟,年代均为西周中期。其中TN03E20∶1出土的甬钟钲部至鼓部刻有铭文"楚季宝钟厥孙乃献于公,公其万年受厥福",从钟型上看,时代为西周中期,早于扶风召陈出土楚公豪钟和北赵晋侯墓地M64出土的楚公逆钟(图七〇、图七一)。② 特别说明的是,楚季宝钟具有乳突等西周早期特征,专家多倾向此钟的主人为熊徇(公元前821年—公元前800年)。③ 楚公豪钟的主人,张亚初、刘彬徽认为应是熊渠(?—公元前877年),朱德熙、裘锡圭等则认为应是熊挚(公元前877—公元前847年)。④ 这两件钟时代较为接近,我们将楚季宝钟置于楚公豪钟之前,是考虑到楚季宝钟的制作年代要早于楚公豪钟,而楚季宝钟的铭文为刻铭,刻铭略晚于制作年代,这里以制作年代排序;楚公逆钟的主人为熊咢(公元前799—公元前791年)。这些青铜器也是楚较早的器物,进一步证明了该遗址周围存在政治中心的可能性。也有学者在分析万福垴遗址铜鼎的整体造型、纹饰布局以及足部上端兽面纹等特征后,提出了其与淮河和长江中游区域尤其是安徽地区西周晚期到春秋中期的土著风格铜鼎有亲缘关系;⑤另外出土

---

① 湖北省文物考古研究所等:《湖北宜昌万福垴遗址调查勘探报告》,《江汉考古》2015年第5期,第3—14页。湖北省文物考古研究所等:《湖北宜昌万福垴遗址发掘简报》,《江汉考古》2016年第4期,第11—35页。
② 李学勤:《试谈楚季编钟》,《中国文物报》,2012年12月7日。张昌平:《楚材晋用抑或晋材楚用——从青铜器看晋楚之间的文化交流》,《争锋——晋楚文明》,山西人民出版社,2018年,第224页。
③ 郭德维:《楚季宝钟之我见》,《江汉论坛》2012年第11期。
④ 刘彬徽:《楚系青铜器研究》,湖北教育出版社,1995年,第285—287页。
⑤ 陈小三:《宜昌万福垴发现铜鼎的启示》,《江汉考古》2017年第4期,第72—75页。

的陶器曲柄盉,也当来自江淮流域。从楚的历史发展脉络来看,安徽区域楚文化的祖源当在早期楚遗存的政治核心地带。而万福垴遗址出土的铜剑则为典型的巴式扁茎柳叶剑(图七二),这种铜剑曾出土于弢国墓地、张家坡、北窑、曲村、琉璃河等西周早期重要方国高等级贵族墓葬中。① 战国时期楚国境内巴式铜剑仍多有发现,湖北西部长江两岸地区的江陵纪南城、宜昌前坪等地都曾有出土。② 如果结合湖南省博物馆藏西周楚公豪戈为巴式无胡三角援戈的形制来看(图七三),早期楚人与巴人应有着频繁的交流,这些材料说明了早期楚文化的多元性。万福垴遗址正邻近古巴地,也侧面印证了万福垴一带的附近可能是楚的政治中心。从遗址祭祀性质、陶器群、青铜器来看,万福垴不是楚的都城,但其周围可能存在楚早期都城。因此西周早期丹阳可能在万福垴遗址之北、汉水之南的区域。

图七〇　楚季宝钟(左)与楚公豪钟(右)

---

① 田伟:《试论两周时期的青铜剑》,《考古学报》2013年第4期,第452—453、第462页。
② 井中伟:《先秦时期铜戈·戟研究》,吉林大学博士学位论文,2006年。杨权喜:《江陵纪南城附近出土的巴式剑》,《江汉考古》1994年第3期,第44页。

·140· 曾国历史与文化——从"左右文武"到"左右楚王"

图七一 楚公逆钟及其铭文

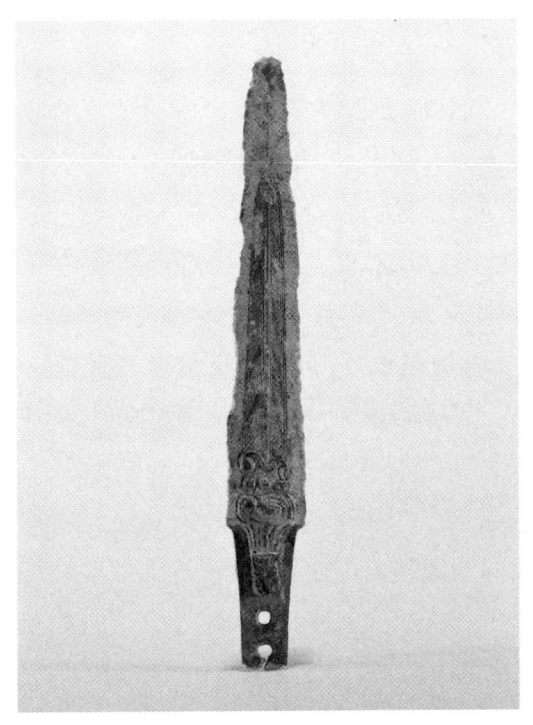

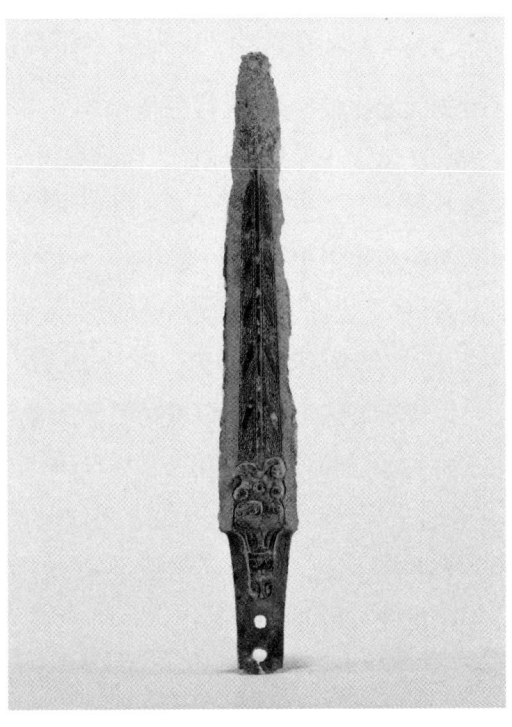

图七二　万福垴遗址出土的巴式铜剑（正反两面）

图七三　湖南省博物馆藏楚公豪戈

3. 应当把传说时代与受封丹阳之后的立国分开。要从《楚居》等文献中剥离出"传说式"的楚先祖，才可以准确把握西周成王时期受封为诸侯国之楚国的地望，解开出土文献所记载楚先祖曾在中原一带活动过的困惑。记载楚早期的文献多记述的是楚文化"传说时代"的事件或人物，无论传世文献还是出土文献，关于这类的记载都很多。楚早期历史探索的关键争议点就是丹阳的地望,而丹阳地望的推测,主要是根据楚祖先所在地来推导楚人的早期活动区域。传世文献记录楚祖先或楚早期人群活动区域的问题比较庞杂,大概分为两类:一类是先秦时期记录的文献,另一类是后世学者根据文献逐步考订的成果。而根据内容可分为人物出身、人物地望、人物大事活动记等类型。

关于楚的祖先记载的文献:《史记·楚世家》记载"楚之先祖出自帝颛顼高阳。高阳者,黄帝之孙、昌意之子也。高阳生称,称生卷章,卷章生重黎。重黎为帝喾高辛居火正,甚有功,能光融天下,帝喾命曰祝融。共工氏作乱,帝喾使重黎诛之而不尽。帝乃以庚寅日诛重黎,而以其弟吴回为重黎后,复居火正,为祝融。吴回生陆终,陆终生子六人,坼剖而产焉。其长一曰昆吾;二曰参胡;三曰彭祖;四曰会人;五曰曹姓;六曰季连,芈姓,楚其后也"。此类相似的记载也见于《国语·郑语》、《大戴礼记·帝系》、《世本》。楚人对于其先祖世系,亦有相同的记述。《左传·僖公二十六年》"夔子不祀祝融与鬻熊。楚人让之,对曰'我先王熊挚有疾,鬼神弗赦而自窜于夔。吾是以失楚,又何祀焉'"。《左传·昭公二十二年》楚灵王曰"昔我皇祖伯父昆吾,旧许是宅"。这都说明了楚的祖先人物有祝融、季连、鬻熊等。

无独有偶,在考古出土的如包山楚简、新蔡楚简、望山楚简等简帛文献中也记载了相似的内容。包山简217"举祷楚先老僮(童)、祝融、鬻酓(熊)各一牂",包山简237"举祷楚先老僮(童)、祝融、鬻酓(熊)各两羚",①新蔡简甲188、197记载"……举祷楚先老童、祝融、鬻酓(熊)各两牂",新蔡简甲三268记载"……就祷楚先老童、祝融",②望山简120+121"先老童、祝融、鬻酓(熊)各一牂"。③

因此这些文献都说明了较早时期人们对楚祖先的认识基本相同。《史记·周本纪》文王"礼下贤者,日中不暇食以待士……太颠、闳夭、散宜生、鬻子、辛甲大夫之徒皆往归之",鬻子就是楚祖鬻熊。这显示了鬻熊是比较接近楚早期封国时代,是比较可靠的楚人追忆的人物。

另外楚分封早期的文献就多集中于对熊绎的记载上:《史记·楚世家》"熊绎当周成王之时,举文、武勤劳之后嗣,而封熊绎于楚蛮,封以子男之田,姓芈氏,居丹阳";"楚子熊绎与鲁公伯禽、卫康叔子牟、晋侯燮、齐太公子吕伋俱事成王";楚世家并记载了"子事文王"并为"文王之师"。《左传·昭公十二年》也曾记载楚灵王语"昔我先王

---

① 湖北省荆沙铁路考古队:《包山楚墓》,文物出版社,1991年。
② 河南省文物考古研究所:《新蔡葛陵楚墓》,大象出版社,2003年。
③ 湖北省文物考古研究所:《江陵望山沙冢楚墓》,文物出版社,1996年。

熊绎,与吕伋、王孙牟、燮父、禽父并事康王……"。先秦有些文献也记载了关于熊绎的一些活动事迹。昭公十二年记载楚大夫子革语"昔我先王熊绎,辟在荆山,筚路蓝缕,以处草莽,跋涉山林以事天子,唯是桃弧棘矢以共御王事"。《国语·晋语八》记载"昔成王盟诸侯于岐阳,楚为荆蛮,置茅蕝,设望表,与鲜卑守燎,故不与盟"。表明周成王举行岐阳之会时,熊绎也曾参与,并在会中负责守燎。

《楚居》中也记载了关于楚传说时代的古史。近一些年整理发现了反映楚国历史演进与都邑变迁的重要文献。《楚居》"季连初降于騩山,抵于穴穷。……逆上洲水,见盘庚之子,处于方山,……穴酓(鬻熊)迟徙于京宗,……至酓(熊)狂亦居京宗。至酓(熊)绎与屈紃,思若嗌卜徙于夷屯,为便室,室既成,无以内之,乃窃若人之犝以祭。惧其主,夜而内尸,抵今曰夕,夕必夜"。① 该篇记述也分析了芈姓祖季连居于騩山,再居穴穷,去拜见商王盘庚之子后居方山,鬻熊至熊狂居京宗,熊绎则迁到夷屯的过程。楚居的这段文献出现了季连、穴熊、②熊狂、熊绎、屈紃等。季连、鬻熊等均为传说时代或追忆人物。

根据历史层累叠加的理论,年代愈晚的文献可靠性就越低。总的来说后世学者根据先秦文献记录整理而成的《汉书·地理志》、《水经注》等成书年代较晚的文献及注疏等,对于探讨楚早期活动区域则只能是提供参考信息的,并不完全可靠。因为这些文献本身的矛盾处就比较多。再有《史记》一类的记载,是不是完全都是正确的记述则需要考古发现不断的验证。

那么这些文献中的误区便可以厘清了。在历代研究楚文化早期活动区域及丹阳地望认定中,如果根据"传说时代"人物活动区域或者追忆的人物活动区域来推定楚分封时的活动区域,很可能会与事实产生差距。比如齐国,寻找其祖先或者追忆其祖先的活动区域时,一般会根据追忆人物姜太公早先活动区域去寻找。但是如果探讨齐始封时期活动区域,再根据追忆人物姜太公早先活动区域去寻找的话,则跟齐地区有点大相径庭了。因此,我们应该明确对于传说时代人物或者追忆人物的记载是有很大误区的。

综合《楚居》和包山、新蔡、望山简,以及《左传》等文献,有一点是一致的:楚国立国是周成王时期,从熊绎开始的,居于丹阳(《楚居》称之为"夷屯")。本书只重点探讨楚国立国之初的地望。

---

① 清华大学出土文献研究与保护中心、李学勤:《清华大学藏战国竹简》(壹),中西书局,2010年,原大图版,第26、27、180—194页。
② 李家浩:《楚简所记载楚人祖先"鬻熊"与"穴熊"为一人说》,《文史》2010年第3期。

4. 西周早期受封的方式当为"空降式",这也是考察西周早期楚作为诸侯国要予以注意的。

曾国属于这类"空降式"的分封。此前随枣走廊没有曾的遗物与历史,被周室分封之后,较多地直接出现了周室中原系统的文化特征。因此,这种文化特征的出现是空降式的,并不是逐步迁徙形成的。虽然楚传说时代的较多记载与汉水之北有关系,但楚受封之后是逐步迁徙还是直接空降到"丹阳",则需要结合考古与文献来分析。本文认为,早期楚文化的辨析,我们常常推测从中原地区一步一步地,类似于新石器时代那种逐步的地缘相邻的区域文化迁徙,是当摈弃的。

5. 西周早期受封于丹阳的楚国,地望与"江汉沮漳"相符。

汉水之南为楚始封之地与"江汉沮漳,楚之望也"①的描述相吻合。从万福垴遗址的发现来看西周晚期"枝江说"地区与东周楚文化风格具有一脉相承的关联性。尤其是也发现了一些具有西周中期风格遗留的铜器,那么万福垴遗址北部区域则完全符合楚受封之后核心地带的描述(图七四)。从《楚居》来看,自西周初年的熊绎至中晚之际的熊渠前期,楚人一直居住在夷屯。关于夷屯,《楚居》整理者认为夷屯就是丹阳。② 那么万福垴就可能是夷屯附近的祭祀地点。此外,新蔡楚简明确记载"……宅兹沮漳,以徙迁处","□及江、汉、沮、漳,遂至于淮"。新蔡楚简、《楚居》简是战国时期的文献材料,都将楚的发家之地指向了夷屯至江汉沮漳一带,它们与《左传》的高度契合,即三者都记载楚国立国早期在沮漳流域,就很能说明问题。

周初时其南部疆土已达汉水。③ 柞伯鼎曾记载周公"广伐南国"。④ 陕西岐山出土的"太保玉戈"记载铭文"六月丙寅,王在丰,令太保省南国,帅汉",⑤铭文也就是说成王前期,成王命太保召公沿汉水南下,省南国。《左传·昭公九年》记载周大夫詹桓伯云"及武王克商……巴、濮、楚、邓,吾南土也"。《礼记·乐记》等也描绘出武王克商后伐南国诸侯是一场重要的军事行动。

所以周室在初始之时就对南土特别重视,尤其是分封曾国。曾国肩负的使命就是"君庇淮夷,临有江夏",那么周王朝最初对南国控制的通道则最有可能的是丹江—

---

① 《左传·哀公六年》。
② 清华大学出土文献研究与保护中心、李学勤:《清华大学藏战国竹简》(壹),中西书局,2010年,第185页。李学勤:《论清华简楚居〈楚居〉中的古史传说》,《中国史研究》2011年第1期,第53—58页。
③ 李学勤:《太保玉戈与江汉的开发》,《楚文化论集》第2集,湖北人民出版社,1991年,第5—10页。
④ 朱凤瀚:《柞伯鼎与周公南征》,《文物》2006年第5期,第67—74页。
⑤ 庞怀靖:《跋太保玉戈》,《考古与文物》1986年第1期,第70—73页。

图七四　万福垴出土器物

汉水。丹江上游发现的西周遗址有紫荆遗址、[①]过凤楼遗址、[②]巩家湾遗址、[③]东龙山

---

① 商县博物馆等：《陕西商县紫荆遗址发掘简报》，《考古与文物》1981年第3期。
② 杨亚长、王昌富：《陕西地区楚文化遗存初探》，《考古与文物》2002年增刊先秦考古专号。
③ 陕西省考古研究所、商洛地区文管会：《陕西丹凤县巩家湾遗址发掘简报》，《考古与文物》2001年第6期。

遗址①等。紫荆遗址出土的陶器以灰陶为主,器类包括鬲、甗、盆(盂)、罐、豆和尊等,文化面貌与丰镐地区基本一致。有学者认为这类遗存年代在西周早期或早期偏晚。②而过风楼遗址出土有鬲、盆、豆、罐、甗、三足瓮等陶器,有学者仔细分析过风楼遗址文化因素后,提出了"过风楼类型",③并认为其与楚关系密切。而从西周的某些特定器物——三足瓮的分布看,④三足瓮只出土于丰镐地区或是在与周室关系密切的姬姓封国中,像应国、燕国、邢国等。那么此地区则应该是与周室关系密切的区域,或为周室直接控制地区,或为与周室关系密切的姬姓分封地。从该地区出土或传出此地的西周铜器虎簋、史密簋等上面的铭文可以看出,作器者多明确为周王臣属,而非诸侯,铜器铭文内容多为纪念周王赏赐而作器。那么这些铜器基本可以肯定是作器者封地或居地出土的。从而进一步说明该地区为周室直接把控地区,或与周室密切的姬姓分封地,进而成为周人的南下通道。

宏观观察西周早期的分封格局,丹江上游为周人势力所及地区,并影响到郧县辽瓦店子。⑤汉水之北基本被周室直接把控或直接把控的封国,"巴、濮、楚、邓,吾南土也"。汉水之北有中、上鄀、邓等封国,汉水之东则有鄂、曾等封国。因此楚只能与这些封国隔汉水而居。

近些年发现的随州叶家山、庙台子遗址,安居羊子山遗址,都可说明汉水之东存在两个封国,曾和鄂。西周早期,周王室分封曾、鄂控制汉水与长江流域以及保证随枣走廊的通畅。西周早中期并不清楚曾、楚、鄂楚间的关系,对于探讨楚始封地关系不大。春秋早期楚武王连续伐随(曾)反映了曾、楚间的复杂关系。这次战争中楚人的出发地、行军路线也是较多学者用来论证楚始封地不在丹淅的重要论据。从逻辑上讲,楚不应绕过申、邓等"济汉"讨伐,而是直接东出伐随。而如果楚在汉水之南,西周晚期已经降服附近小部落,自然可以北进,渡汉而侵随。

西周时期曾、鄂与楚虽不见很清晰的直接关系,但是西周早期偏晚阶段的一件大事可以串联周室、楚、曾、鄂的关系。周昭王南征是西周历史上的一件大事,其事见于《左传》、《竹书纪年》、《楚辞》、《史记》等文献。从出土的一些金文资料也可说明同样的事件。⑥学界对昭王南征的对象是"楚"、"荆楚"、"荆"等还有争议,暂且搁置不讨

---

① 陕西省考古研究院:《商洛东龙山》,科学出版社,2011年。
② 张天恩:《丹江上游西周遗存与早期楚文化关系试析》,《周秦文化研究论集》,科学出版社,2009年。
③ 张天恩:《丹江上游西周遗存与早期楚文化关系试析》,《周秦文化研究论集》,科学出版社,2009年。
④ 井中伟:《蛋形瓮研究》,《考古学报》2006年第4期,第419—446页。
⑤ 傅玥:《长江中游地区西周时期考古学文化研究》,武汉大学博士学位论文,2010年。
⑥ 唐兰:《论周昭时代的青铜器铭刻》,《古文字研究》第2辑,中华书局,1981年。尹盛平:《金文昭王南征考略》,《陕西历史博物馆馆刊》第2辑,三秦出版社,1995年。黄锡全:《湖北出土商周文字辑证》,武汉大学出版社,1992年。刘礼堂:《关于周昭王南征江汉地区有关问题的探讨》,《江汉考古》2000年第3期,第66—71页。

第三章　交锋与融合：从"左右文武"到"左右楚王"

论,至少昭王南征的对象包括楚。虽然令簋、逨盘、墙盘等较多铜器的铭文都记载了昭王南征的事件,但是昭王时期的安州六器①铭文是学者最为重视的。中方鼎一、二记载了中省南国之事,中甗与中方鼎记载昭王南征归来后,中作器铭功,记录赏赐。中甂记载了中奉王令省南国,并为昭王南行准备行宫,伯买父则在汉水沿岸布置防线。中甂中并讲明了中省南国,先后至曾抵鄂。同样的,静方鼎也记载了周王派"中"、"静"省南国时到达曾、鄂。这样曾、鄂便与周、楚有了间接的联系,两者为周王南征的在汉水之东的两个基地。中方鼎还刻有"南宫伐反虎方之年",虽是大事纪年,但也说明了南宫伐反虎方之事。南宫的姓氏最近也见于随州叶家山西周早期曾国墓地,可见"安州六器"所出之地与曾一样可能是姬姓封国。"南宫伐反虎方之年"也见于近年出土的毂甗。②学者们详细讨论了周昭王南征的路线,经南阳盆地到达汉东的曾、鄂,并亲率曾、鄂王师,由汉东向西进发"涉汉伐楚",征讨汉水下游区域。这次南征说明了楚在汉水之南。在汉水北岸襄阳楚王城调查发现有西周早期遗存,这可能是曾国等为配合昭王南征而设立的前进据点。③

汉水之北鄀国的存在则是楚位于汉水之南最重要的旁证。"至禽（熊）绎与屈𬘓,思若嚣卜徙于夷屯,为便室,室既成,无以内之,乃窃若人之犊以祭。惧其主,夜而内尸,抵今曰奈,奈必夜"。这段话是讲熊绎请鄀嚣占卜迁到夷屯,建造便室用于祭祀,楚国无物以祭,所以盗窃了鄀人的牛。因为担心白天被鄀人发现,所以等到晚上才悄悄地供于便室,从此夜祭也成了楚人的一个习俗。可见此时楚国势力比较弱小,鄀国等较为强大,否则楚人不会"惧其主"。商亡之后,鄀部族从属于西周,也受到周王室的册封。西周中期以后,鄀人的名称由以前的亚变为"伯"或"公",并分为上鄀和下鄀两支。④从考古器物上看,陕西商洛一带有传世下鄀公缄鼎,伴出一件鄀公缄簋。⑤在春秋中期下寺楚墓中还出土有一件鄀人媵器"上鄀公作叔芈簋"。⑥而鄀的分布地域,据学者根据文献与出土材料查证,古鄀国一直与丹淅地区有关,鄀都商密在丹淅之会以下,今淅川县南部的丹江水库一带。⑦因此可见,自西周早期至春秋早期,楚、鄀南

---

① 宋焕文：《安州六器辨正》,《江汉考古》1989年第2期,第72—73页。唐兰：《论周昭王时代的青铜铭刻》,《古文字研究》第2辑,中华书局,1982年。
② 孙庆伟：《从出土毂甗看昭王南征与晋侯燮父》,《文物》2007年第1期,第64—68页。
③ 襄阳市博物馆：《湖北襄阳楚王城西周城址调查简报》,《江汉考古》2012年第1期,第23—30页。
④ 徐少华：《鄀国铜器及其历史地理研究》,《江汉考古》1987年第3期,51—63页。徐少华：《古鄀国鄀县级楚鄀都地望辨析》,《石泉教授九十诞辰纪念文集》,湖北人民出版社,2007年,第276—289页。
⑤ 中国社会科学院考古研究所：《殷周金文集成》（修订增补本）,中华书局,2007年,第2753、4600器。
⑥ 淅川下寺楚墓M8出土铜簋,其上铭文为"隹正月初吉丁亥,上鄀公择其金金,铸叔芈番妃媵簋,其眉寿万年无期,子子孙孙永宝用之",见河南省文物研究所：《淅川下寺春秋楚墓》,文物出版社,1991年,第9、10页。
⑦ 牛世山：《西周时期的楚与荆》,《古代文明》（第5卷）,文物出版社,第285—299页。

北为邻。丹淅地区当为鄀,似乎不应是楚国的始封地。

在周王室控制南国的格局上,丹江上游有姬姓封国、丹淅鄀,汉水之东有曾、鄂。在鄀和曾、鄂间还分布有邓等封国。在邓城以北约15公里的附近新发现一处西周早、中期遗址,黄集小马家遗址。该遗址发现的西周早中期器物具有明显的中原文化特征,也与邓国密切相关。① 襄阳地区是中原经南阳盆地东沿随枣走廊、南顺江汉河谷地带进入长江中游地区的必经地区。周人一直对这个地区不遗余力地进行经营。该地区西周时期发现的主要遗址有枣阳毛狗洞、②襄樊真武山③等遗址。以毛狗洞 H1 年代最早,在西周早期。H1 陶器以夹砂红陶为大宗,饰细绳纹为主。陶鬲基本与关中地区西周早期同类一致,陶鬲大敞口瘪裆、截锥足较尖短。有学者称之为"真武山一类遗存"。④ 这个地区西周中、晚期遗存与关中地区周文化虽然略有差异,但基本上还是与周文化保持一致。直到春秋早期之后,该地区文化遗存才愈来愈接近我们所确认的楚文化。

鄂东南则分布有黄陂鲁台山西周遗存。⑤ 鲁台山发现有五座西周墓葬,报告认为其年代在成王至昭穆时期,后有学者仔细考证了每个墓葬的相对年代,其下限在昭王时期。⑥ 关于 M30 墓主"长子狗"皆认为与商有关系,其配偶姬弄或为毕公或召公之孙女。⑦ 黄陂鲁台山的发现可以反映康昭时期周王室经营长江中游的情形。虽然鲁台山遗址发现的文化遗存具有较多的殷墟文化因素,但是其娶姬姓女子,也可说明"长子国"不像曾国那样属于姬姓直接封地,而可能属于周王室拉拢安抚的封国。

从以上分析可见,汉水北岸沿岸旁已经分布了较多的封国。这些封国或王臣属地基本已经被周王室直接控制或者与周王室关系密切的姬姓控制。这可以看出周王室在控制南土的策略方面就是严格把控交通要道,尤其是水上交通要道。从这个角度看,楚的始封之地大概不应在汉水之北。另外有学者将汉水之北的文化遗存与丰镐地区西周文化的差异性和地方特征,总结为早期楚文化。⑧ 其实这也是一个的误区。从已发掘的很多遗址性质来看,多为普通聚落,少为一个区域内的核心聚落。江

---

① 王先福:《邓城——樊城演进历程考》,《襄樊学院院报》2007年第1期,第10—20页。
② 襄樊市博物馆:《湖北枣阳毛狗洞遗址的调查》,《江汉考古》1988年第3期,第138—161页。
③ 湖北省文物考古研究所等:《湖北襄樊真武山周代遗址》,《考古学集刊》第九集,1995年,第138—161页。
④ 张昌平:《试论真武山一类遗存》,《江汉考古》1991年第3期,第49—54页。
⑤ 黄陂县博物馆、孝感地区博物馆、湖北省博物馆:《湖北黄陂鲁台山两周遗址与墓葬》,《江汉考古》1982年第2期,第37—61页。
⑥ 张亚初:《黄陂鲁台山西周墓葬的年代和族属》,《江汉考古》1984年第2期,第23—28页。黄陂县博物馆、孝感地区博物馆、湖北省博物馆:《湖北黄陂鲁台山两周遗址与墓葬》,《江汉考古》1982年第2期,第37—61页。
⑦ 陈贤一:《黄陂鲁台山西周文化剖析》,《江汉考古》1982年第2期。张亚初:《论黄陂鲁台山西周墓的年代和族属》,《江汉考古》1984年第2期。黄锡全:《黄陂鲁台山遗址为"长子"国都蠡测》,《江汉考古》1992年第4期。
⑧ 张昌平:《试论真武山一类遗存》,《江汉考古》1991年第3期,第49—54页。

汉地区自商代以来便有人居住生存,留下大量的生活遗址。周克商之后,一些普通聚落自然会保留大量的商文化因素,形成新的土著因素,并不会完全地形成周式风格。一些普通聚落在文化发展中必然会与都城性聚落产生差异,因其地处偏远地区,周围地区交流互动频繁,在这种动态的过程中很自然地会产生文化因素的差异。这也是真武山一类遗存地方性特征显著的原因。

虽然楚始封之地"辟在荆山"、"以处草莽"、"跋涉山林",不在周王朝统治的便捷到达和控制区,西周中期昭王也两次南征南土,但这并不意味着周、楚间不存在交流。相反,楚与周交流颇多。周原出土的甲骨文也同样记载楚受封之后,与周室保持有密切的关系。周原地区西周甲骨文发现比较少,在甲骨文记事中多次记载了楚子事件,如"曰今秋楚子来,告父后哉","楚白乞今秋来即于王其刞","其微楚厥燎,师氏舟燎"等。① 这充分说明楚人与周室保持有密切关系。周原遗址召陈98五号窖藏出土青铜甬钟一件:"楚公豪自作宝大向(林)龢钟,孙子永宝用",②此器年代约为西周晚期。西周晚期楚与周室也保持有密切关系。这种密切的关系是需要交通相对便利的地方,即周、楚交往也是依汉水流域与周室相通的。既然楚要通过汉水、南阳盆地与周王室相交,那么这也说明了楚文化与襄樊地区会有密切的交流,也同样解释了为什么楚文化因素中会存在较多"真武山一类遗存"特征。这也符合文献所记载的楚、邓互相通婚,也同时展现了楚一直想渡过汉水与汉东之地相交。之所以楚武王涉汉伐随,大概也是为了扩展这条通道,去沟通汉淮区与周原区。既然汉水以北被各类封国把控,那么楚当在汉水之南。因此楚始封之地与"江汉沮漳,楚之望也"相符合。

6. 汉水之南的沮漳流域是西周早期楚被封为诸侯国的地望所在,有待考古学进一步证实,但端倪初现。

沮漳河流域虽暂时未见明确的西周早期遗存,这可能与当前考古工作欠缺或者河流改道淹没原遗址相关。但该地点发现了可早至西周中晚期的遗存,如当阳磨盘山、宜昌万福垴等遗址,其器物与春秋时期楚文化特征可以接续。笔者多次到沮漳河一带调查勘探,湖北省文物考古研究所也组织了沮漳河流域早期楚文化调查课题,颇有收获:一是在这一区域,密集分布着大量的遗址与墓葬,如当阳磨盘山遗址、当阳季家湖城址、当阳赵家湖楚墓、枝江百里洲墓、枝江青山古墓群等,往西的万福垴遗址距此不过五六十公里(图七五);二是当阳磨盘山遗址目前只进行过试掘,③发掘面积有

---

① 曹玮:《周原甲骨文》,世界图书出版公司北京公司,2002年,第4、14、63页。陕西周原考古队:《陕西岐山凤雏村发现周初甲骨》,《文物》1979年第10期,第38—43页。
② 罗西章:《陕西周原新出土的青铜器》,《考古》1999年第4期,第18—21页。
③ 宜昌地区博物馆:《当阳磨盘山西周遗址试掘简报》,《江汉考古》1984年第2期。

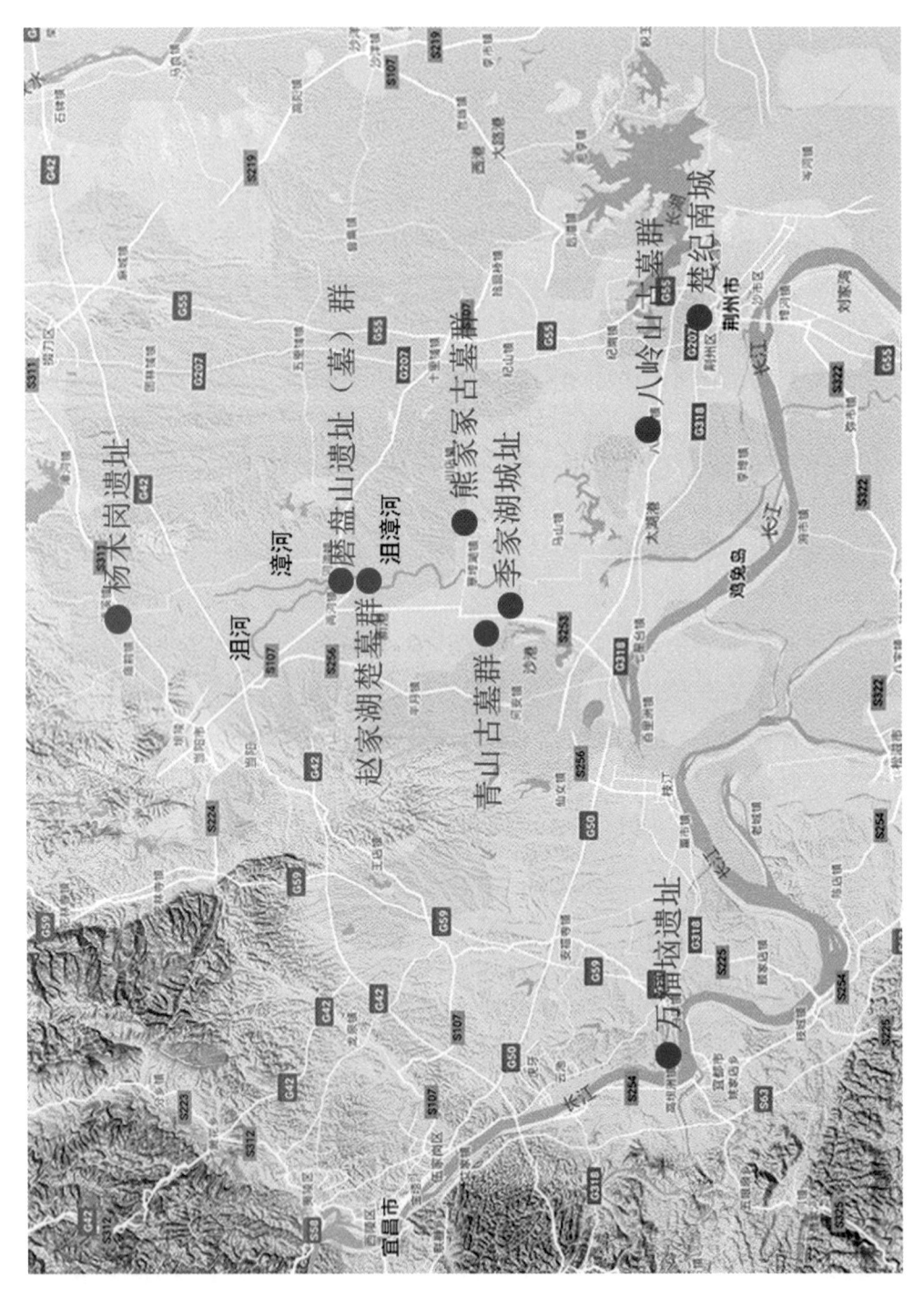

图七五　沮漳河流域西周中晚期至春秋时期遗存分布图

限,其时代可到西周中期,"遗址中发现有一定数量的筒瓦、板瓦"。1982年试掘的同时,也组织了调查,认为"磨盘山遗址范围大,内涵丰富","又发现了杨木岗、曾家台、史家台、周家湾、周家桥、向家坡、陈家场等同一时期的遗存"。笔者最近在原试掘点附近勘察,在其东边,发现有城壕一类的遗存,城壕再往东,可能存在另一个城址。另外,从试掘出土的陶片看,鬲有细绳纹、尖唇等西周时期较早时期的特点,因此,将来还存在进一步做考古工作、发现更早遗存的可能。三是磨盘山遗址南7公里是季家湖城址,尽管季家湖城笔者曾考证是楚昭王迁郢于鄀的楚国都城——鄀城;[①]但西周中期的磨盘山遗址是大型遗址,不远处的万福垴有12件套的"楚季"编钟等楚国青铜重器发现,可以肯定,这一带从西周中期至春秋中晚期,一直是楚国政治活动的重要区域。楚国在军事上节节失利时,楚国重臣令尹子西反而"喜曰'乃今可为矣',于是乎迁郢于鄀,而改纪其政,以定楚国"。[②] 当是楚国又返回一直以来的核心统治区,因而"喜"、"定",从而可佐证沮漳一带一直是楚国发家之地,这个推测当不误。

汉水北岸出现典型的楚文化特征遗存基本都在春秋早期。沮漳河之西的峡江地区,以鲢鱼山、官庄坪、庙坪遗址为代表的西周时期遗存,以鼎、釜、罐、钵为代表的陶器特征与巴蜀地区文化特征相似。峡江出现楚文化因素是在西周晚期春秋早期,这可能与西周晚期楚文化的扩张相关。所以从沮漳河周围区域楚文化出现的时间来看,沮漳河可能是楚文化扩散的源头,也当是楚立国之初的丹阳(或《楚居》简所言"夷屯")所在。

(二) 作为周王朝经略南方桥头堡的曾国

理清了西周早期的楚国当在汉水之南的沮、漳一带,我们有理由推定西周早期的曾、楚关系,实质就是西周早期的周、楚关系,只是曾国紧紧追随周王朝行动而已,也可以说曾国是周王朝对楚国采取行动的南方前沿阵地。中方鼎、逑盘等铭文均记载周昭王、周穆王伐楚的史实,中方鼎更是明确记载了曾国随周王行动的路径。

值得注意的是,叶家山M2出土的㪤子鼎有37字(合文2)长篇铭文(图七六),其干支与此前出土的保卣、堇鼎[③]等西周早期重器相关联,李学勤先生认为这些铭文

[①] 方勤:《昭王迁郢于鄀之"鄀"系当阳季家湖城考证》,《楚文化研究论集》第12集,上海古籍出版社,2017年。
[②] 《左传·定公六年》。
[③] 保卣铭文见《殷周金文集成》5415;堇鼎铭文见《殷周金文集成》2703。

记载了周成王在"大祓"之前接受各方诸侯朝见的"岐阳之会"这一重大事件。① 铭文记载"王赏多邦伯",可见燕侯等重要诸侯都参加了此次盟会。于薇认为 ᚠ 子鼎在曾国出土,说明了曾国作为周王朝经营南方的"基地"和"前哨"的重要地位。而据《国语·晋语》"昔成王盟诸侯于岐阳,楚为荆蛮,置茅蕝,设望表,与鲜牟守燎,故不与盟",楚国国君在此次盟会中仅司职"守燎",可见楚国此时国力不强,被周王室视为蛮夷,地位远不能与曾国相提并论。②

图七六　ᚠ 子鼎及铭文

第二节 "左右楚王":与楚文化的冲突并逐渐融入楚文化

一、西周晚期至春秋早期的曾、楚关系

西周晚期至春秋早期的曾国发现的主要是郭家庙墓地、周台与忠义寨遗址、苏家垄遗址与墓地。从已发表的资料看,周文化特征依然明显。

---

① 于薇:《湖北随州叶家山 M2 新出 ᚠ 子鼎与西周宗盟》,《江汉考古》2012 年第 2 期。
② 李学勤:《斗子鼎与成王岐阳之盟》,《中国国家博物馆馆刊》2012 年第 1 期。

第三章 交锋与融合：从"左右文武"到"左右楚王"

郭家庙墓地、苏家垄墓地中西周晚期至春秋早期墓葬继承了早些时候墓地的建造格局与墓葬形制。郭家庙墓地大部分的高等级墓葬带有单斜坡墓道，郭家庙墓区M60墓道朝向继承了叶家山西向的传统。然而也从这一时期开始，大墓开始罕见二层台，随葬品也不放于二层台上，墓道开始发生变化。郭家庙墓区GM21、GM17，曹门湾墓区M1、M2墓道改变为朝东，而且与叶家山墓地相似的是，大多数诸侯级夫人墓不一定带有墓道（仅GM17、曹门湾M2两夫人墓带墓道），甚至于到了苏家垄墓地的时候，墓地罕见带有墓道的墓葬（曾侯仲斿父M1墓道情况不清晰）。

竖穴土坑墓的墓葬方向在两个墓地中开始出现转换，郭家庙墓地与苏家垄墓地绝大多数墓葬仍为东西向竖穴土坑墓。但在郭家庙墓地北区与苏家垄墓地开始已出现了一批南北向墓葬，这与中原地区两周时期墓向的分布基本吻合。这些南北向墓的墓主，亦有可能是来自黄国等族群，他们服务于曾并最终葬在此地。

这一时期典型周文化传统的夫妻合葬墓在两个墓地中继续发展。郭家庙墓地暂可以明确三组夫妻合葬墓：曾侯绒白墓CM1及其夫人墓CM2、曾伯陭墓GM21及其夫人墓GM52，以及诸侯级墓GM60及其夫人墓GM50。苏家垄墓地可以明确夫妻合葬墓一组：曾伯桼墓M79及其夫人墓M88。1966年发掘的曾侯仲子斿父墓并非科学发掘，其是否有夫人墓，尚待进一步讨论。夫人墓与诸侯级墓葬的相对位置开始发生变化，但依然夫人墓一般在诸侯墓的一侧，与叶家山墓地分布状况基本一致。

郭家庙墓地随葬日用陶器组合一般为鬲、盆、罐、豆。郭家庙墓地没有只随葬陶器的墓葬，陶礼器以鼎、壶为主。这种陶器组合基本与西周晚期中原地区墓葬鬲、盂、罐、豆和春秋早期的鬲、盆、罐或鬲、豆、盆、罐的组合形式相似。这一时期曾国青铜文化也处于周王朝的体系之下，已有学者进行过非常详细的论述，在此不再赘述。

这一时期从大的文化背景上看，曾国依然是周王室在南土的重要诸侯国，肩负重要的使命。此时曾国也正处于扩张时期，禹鼎铭文载鄂被周王室打败迁移到他处后，曾国趁势占领了鄂国原本的疆土，到达枣阳地区，形成《左传》记载的"汉东之国随为大"，曾国亦趁势加强与周边国家的交流和互婚。郭家庙出土的较多器物与铜器铭文都显示了曾国与其他地区互婚的情况，郭家庙墓地CM2这座女性墓发现有红陶曲柄盉（图七七），可知曾娶汉淮地区女子为夫人。诸侯级夫人墓葬GM17的铜器中，鼎上有铭"亘曼"，说明这可能是曾国国君娶了邓国女子。该墓还出土了"郧君鼎"、"旁伯盘"等铜器，其铭文也记载了曾国与房国、郧地的交流。GCM43的"夨叔匜"铭文显示此为夨叔为姬姓长女作的媵器，说明此时的曾国仍与关中地区有着密切的联系，也可佐证也许是在周王室的支持下占领鄂国的。GM01的"卫伯鼎"和GM1的"幻伯壶"体现了曾国与卫国、弦国之间的交流。而在这一时期曾、黄之间交流也颇为频繁,1972年熊家老湾出土的"黄季作季嬴"鼎和"黄季"小鼎均载黄国之女嫁到曾国,而传世的"曾侯作叔姬簠"也同样显示曾女嫁入黄国的事实。近年发掘的苏家垄墓地所见铜器铭文也表达了曾国、黄国关系密切。该墓地还发现有曾国与番国交往的青铜器铭文。

图七七　郭家庙墓地 CM2 出土红陶曲柄盉

西周晚期楚国也处于一个扩张的态势。《史记·楚世家》记载"当周夷王之时,王室微……熊渠甚得江汉间民和,乃兴兵伐庸、扬粤,至于鄂。……及周厉王之时,暴虐,熊渠畏其伐楚,亦去其王"。因此西周晚期之时,楚开始向江汉地区扩张,近年考古发掘的铜绿山遗址[①]可证实铜绿山墓地在西周晚期明显受到楚文化影响。在楚人稳固江汉地区后方的同时,积极地与汉淮地区沟通,而万福垴遗址发现较多的汉淮地区独有的曲柄盉,[②]似可表明此时楚人在稳固后方后,又积极地向江淮地区发展。

曾、楚两国的扩张都极大地增强了自身的实力。西周晚期郭家庙墓地的曲柄盉

[①] 陈树祥等:《楚国经略鄂东南铜矿资源的考古学观察——以铜绿山等地考古发现为例》,《湖北理工学院学报》2017 年第 2 期,第 1—7 页。
[②] 湖北省文物考古研究所等:《湖北宜昌万福垴遗址发掘简报》,《江汉考古》2016 年第 4 期,第 11—35 页。

与万福垴遗址的曲柄盉同出,可知两国都与汉淮地区有着密切的联系。不过楚人直接与汉淮区联系不便,道路有碍。两周之际,曾、楚或许还处于和平友好的状态。那么很有可能是楚国借助邓国、曾国的通道联系汉淮地区的。近些年出土的一些铜器铭文展示了曾国与早期楚国的密切关系。郭家庙墓地 2002 年修建高速公路时出土一件残破铜鼎,上有重要铭文"曾侯作季……汤妳(芈)媵……其永用……"。内容显示,该鼎是曾侯为某位嫁到了曾国的芈姓楚国女子作的鼎。这或是楚国还未占领郭家庙一带时,双方存在婚姻关系。无独有偶,在最新发掘的苏家垄墓地 M88 出土了同样的四件带"陔夫人芈克"铭文的铜簠,这无疑也是曾国与早期楚国交往的象征。

楚国为了打通汉水通道联系汉淮地区,以获取资源,在春秋早期之时,在汉水流域与曾国开始遭遇战。文献记载武王三次伐随,(1)《左传·桓公六年》公元前 706 年楚武王第一次伐随"楚武王侵随,使薳章求成焉,军于瑕以待之。……随人使少师董成,伯比言于楚子曰:'吾不得志于汉东也,我则使然我张吾三军而被吾甲兵,以武临之,彼则惧而协以谋我,故难间也,汉东之国随为大,随张必弃小国,小国离,楚之利也。小师侈,请羸师以张之。'……随侯惧而修政,楚不敢伐"。(2)《左传·桓公八年》公元前 704 年武王第二次伐随"……夏,楚子合诸侯于沈鹿,黄、随不会;使薳章让黄。楚子伐随,军于江、淮之间。……少师谓随侯曰'必速战,不然,将失楚师'随侯御之,望楚师。……战于速杞,随师败绩,随侯逸,斗丹获其戎车,与其戎右少师。秋,随及楚平。楚子将不许,斗伯比曰:'天去其疾矣,随未可也。'乃盟而还"。(3)《左传·庄公四年》公元前 690 年武王第三次伐随"王三月,楚武王荆尸,授师孑焉,以伐随。……王遂行,卒于樠木之下。令尹斗祁、莫敖屈重除道梁溠,营军临随。随人惧,行成。莫敖以王命入盟随侯,且请为会于汉汭而还。济汉而后发丧"。

这三次楚武王伐随是这一时期曾、楚关系中的重大历史事件。在考古学文化中,激烈的冲突可以使考古学文化特征易变得更突出更复杂。这三次伐随充分说明了"汉东之国随为大"。就如前节所描述的曾国疆域在这次变化中就显得比较容易理解。西周晚期到春秋早期曾国势力扩张,疆域最大,遏制了楚国越过汉水联通汉淮地区的交通要道的意图。而在这种背景下,曾国与汉淮地区交流颇为频繁,郭家庙墓地出土的较多带有汉淮地区风格的器物可见一斑。处于相同时段的苏家垄墓地早期,也见有较多汉淮地区因素风格的器物,例如素面青铜壶等。

这三次伐随第一、二次间隔时间不长,以曾国失败而告终,曾国的实力随之被削弱。就是第三次伐随时间间隔虽长一些,但是"随人惧"依旧表明曾国此时进入实力低谷。这样,是不是曾国就已经开始考虑要迁移政治中心呢,苏家垄曾国墓地的延续时间从西周晚期开始,就说明曾国人在此地已经经营很多年,只是不是政治中心而已。最晚到公元前640年,楚国第四次伐随,曾国人再次战败,郭家庙一带被楚国占领,曾国被迫从汉水前线撤回到大洪山地带的苏家垄一带。这从周台遗址考古发掘可以得到证实,该遗址M3早期被盗,其后在盗洞上覆盖了春秋晚期楚国人生活的居住面。M3的情况表明该墓是春秋中晚期被盗的,而被盗的时间正是楚国打败曾国进入郭家庙一带之后发生的。这也与战胜国常常盗挖战败国墓葬的现象符合。

武王三次伐随之时,曾国郭家庙一带与大洪山南麓苏家垄一带交通应是通畅的。在曾、楚战争期间,曾国文化面貌发生了部分变化。如苏家垄M79① 随葬的铜礼器组合中,开始出现新旧两种传统的礼器组合,即升鼎5、簋4的组合和附耳鼎3、簋4的配套组合礼器。尤其是M79发现的升鼎,对于理解该时期曾、楚关系极为关键。这类升鼎并不见于周文化的核心周原地区,说明它是曾国到达江汉地区后极好地融合了地方文化因素并在自身的发展中进行创新而出现的,并在曾、楚的交往中,被楚国人所接纳、吸收并改良。

武王三次伐随后,曾、楚达成盟友关系,以致后来春秋中期时期苏家垄墓地出现较多与楚文化风格相关的因素。例如,苏家垄墓地M85② 出土一件捉手盖鼎,与后来的典型楚文化风格极其相似,这也可能是曾、楚共同创造的样式。

西周晚期至春秋早期,曾国依然属于中原文化系统,依然"左右文武"。但是随着曾、楚间冲突的发生,双方的交流也更为频繁。在春秋早中之际曾国因战败而暂时屈服于楚国,两者的文化因素开始出现融合的状态。总体上看,该时期曾与楚的地位是平等的,各种交流也处于对等状态。

二、春秋晚期(含中期)及以后的曾、楚关系

1. "左右楚王"下的曾、楚关系

春秋早期曾、楚间由于战争与和平盟约的关系,使得两种文化因素在频繁交流的同时开始逐渐融合。在春秋中期又发生了一件重大历史事件,公元前640年楚国楚成王再次伐随。《左传·僖公二十年》记载:"随以汉东诸侯叛楚。冬,楚斗谷于菟帅师

---

① 湖北省文物考古研究所发掘资料,见于苏家垄墓地2017年十大考古新发现汇报材料。
② 湖北省文物考古研究所:《湖北京山苏家垄墓群M85发掘简报》,《江汉考古》2018年第1期,第26—33页。

伐随,取成而还。君子曰:'随之见伐,不量力也。量力而动,其过鲜矣。善败由己,而由人乎哉?'《诗》曰:'岂不夙夜,谓行多露'。"

曾国战败,该时期的曾国疆域变小,楚国反而开始四处扩张。从疆域上看,武王三次伐随之时,曾国加速了对苏家垄一带的经营。最晚在公元前640年再次被楚国打败,曾国的政治中心便迁移到了经营已久的苏家垄一带。从苏家垄墓地看,春秋早期偏晚阶段的M79、M88显示曾、楚和平盟约后,曾国保持着与楚国的密切联系。墓主"曾伯桼"保持着"金道锡行",与其他地区贸易往来方便。并且M79随葬的器物之多也说明此时曾国具有一定的实力。这种状况持续一段时间后,与楚伐随的理由不正好吻合吗?"随以汉东诸侯叛楚",正说明曾国"金道锡行"贸易、运输青铜原料的过程中与诸侯国交好,从而凭借汉东诸侯的力量反叛楚国。而春秋中期M85出土带有"宋"字铭文的青铜器,以及与下寺楚墓中相似的捉手盖鼎,说明曾国此时对外交流频繁,而后者是典型的楚文化风格相关因素在墓地的反映。

然而曾国在地理空间狭小的苏家垄一带短暂停留之后,便思量要回到传统的都城区域——随州一带。近些年在这一带发掘了以文峰塔—义地岗为中心的春秋时期曾国墓群,尤其是近期新发现的春秋中晚期曾侯"得"墓,说明在曾侯"得"之时也许曾国就已经回到了随州一带。

随州一带曾国墓群中出土的器物,楚式化风格越来越明显。战败后,曾国基本屈服于楚国,但仍有独立的政治权力,并伺机逐步恢复实力。公元前506年即楚昭王五十年,吴楚发生战争,楚国战败,昭王被随国所救。此事见于《左传·定公四年》:"斗辛与其弟巢以王奔随。吴人从之,谓随人曰:'周之子孙在汉川者,楚实尽之。天诱其衷,致罚于楚,而君又窜之。'……随人卜与之,不吉。乃辞吴曰:'以随之辟小而密迩于楚,楚实存之,世有盟誓,至于今未改。若难而弃之,何以事君?执事之患,不唯一人。若鸠楚竟,敢不听命。'吴人乃退。镄金初宦于子期氏,实与随人要言。王使见,辞,曰:'不敢以约为利。'王割子期之心,以与随人盟。"清华简《系年》也记载:"景平王即世,昭王即位。伍员为吴太宰,是教吴人反楚邦之诸侯,以败楚师于柏举,遂入郢。昭王归随,与吴人战于析。吴王子晨将起祸于吴,吴王阖卢乃归,昭王焉复邦。"①楚国在此次战争中几乎灭国,楚昭王得以复国,与随国的帮助关系极大。

曾侯與编钟铭文也记载了此次吴楚战争:"吴恃有众庶,行乱,西政(征),南伐,乃加于楚,荆(荆)邦既㦲(变?刷?),而天命将误。有儼(严)曾侯,業業(业业)厥謀

---

① 马楠:《清华简系年辑证》,中西书局,2015年,第217页。

（圣），亲㙛（搏）武攻（功）。楚命是就（静？），遹（复）鈠（定）楚王。"钟铭明确指出曾国在吴楚战争中与楚王同盟，使楚国得以"复定"。《左传》、《系年》称"随"，钟铭称"曾"，笔者认为应为"一国两名"。一国两名现象在先秦文献中并不少见，例如《史记》中有《魏世家》，而《孟子》称"梁惠王"。曾侯與钟铭中也"楚"、"荆"并用，因此曾随为一国当无疑义。①

上述史料表明春秋中期之后曾国与楚国相比处于弱势地位，但仍有一定的实力，因此可以在吴楚战争中，坚定地站在楚国一方，拒绝吴国的拉拢，仍遵守与楚国之间的友好同盟关系。

春秋中期曾国还保留有自身的文化传统。从苏家垄墓地便可看出春秋中期，曾国只吸收了部分楚文化因素，大部分仍是曾文化因素传统。汉东东路墓地新发现春秋中晚期墓葬继续以鼎、簋和鼎、簠两种青铜礼器组合为主，这些器物可以明显看出曾、楚器物的文化因素，并且该墓地此时还出土了曾公钟铭和新的曾侯得。曾公或曾侯的发现说明曾国是独立的诸侯国。汉东东路墓地出土的整套编钟、编磬接续了曾国从叶家山墓地到曾侯乙墓编钟序列，表明自身传统文化因素的延续，而稍后的文峰塔墓地中的诸侯级别墓葬带有斜坡墓道，侯与侯夫人则继续保持夫妻并穴合葬的传统。

春秋中期曾国虽然还有一定的实力，但是当时楚国正处于大国地缘形成时期。因此春秋中期及以后，曾国青铜器总体上都逐渐趋同于楚式风格，陶器也较多地融入楚的文化风格中。文峰塔墓地曾侯與墓M1编钟铭文为"曾侯臊曰：白（伯）䈞（适）上瞢（庸），堊（左）𢽚（右）文武"，而义地岗墓地中曾侯墓M4出土的编钟上铭为"徇乔（骄？）壮武，左右楚王，弗讨是许，穆₌（穆穆）曾侯，畏忌温龚，□□□□命，以忧此鰥寡，绥怀（？）彼无□，余"。可见曾侯追忆祖先功绩时认为曾国从属于周王室，而在曾侯M4中所见铭文口气明显地变成了楚的附庸之国。

有学者已经充分讨论了曾国青铜器逐渐楚式化的过程，我们不再赘述。但是我们可以通过曾侯乙墓所见器物来充分认识曾国"左右楚王"的特质。该墓出土的青铜器精美绝伦，制作技艺娴熟，工艺复杂。虽然，制作如此多的青铜器需要一笔巨大的财富，或者有着丰厚的积累才可完成，可见曾侯是有这个实力的。那么在诸侯并起混战的年代，拥有这些财富的前提条件很可能是楚对曾有所庇护。楚国随葬铜剑很盛行，曾国墓葬传统中只有少量墓葬见有铜剑。如曾侯乙墓出土了一把玉剑，龙形玉柄，颇有化干戈为玉帛的含义（图七八）。另外，曾侯乙墓中出土的镬鼎与战国中期的

---

① 徐少华：《论文峰塔一号墓的年代及其学术价值》，《江汉考古》2014年第4期，第82页。凡国栋：《曾侯與编钟铭文柬释》，《江汉考古》2014年第4期，第66—67页。

曾侯丙镬鼎有明显的传承关系，而曾侯丙镬鼎与寿县楚墓出土的铸客大鼎形制基本一致。

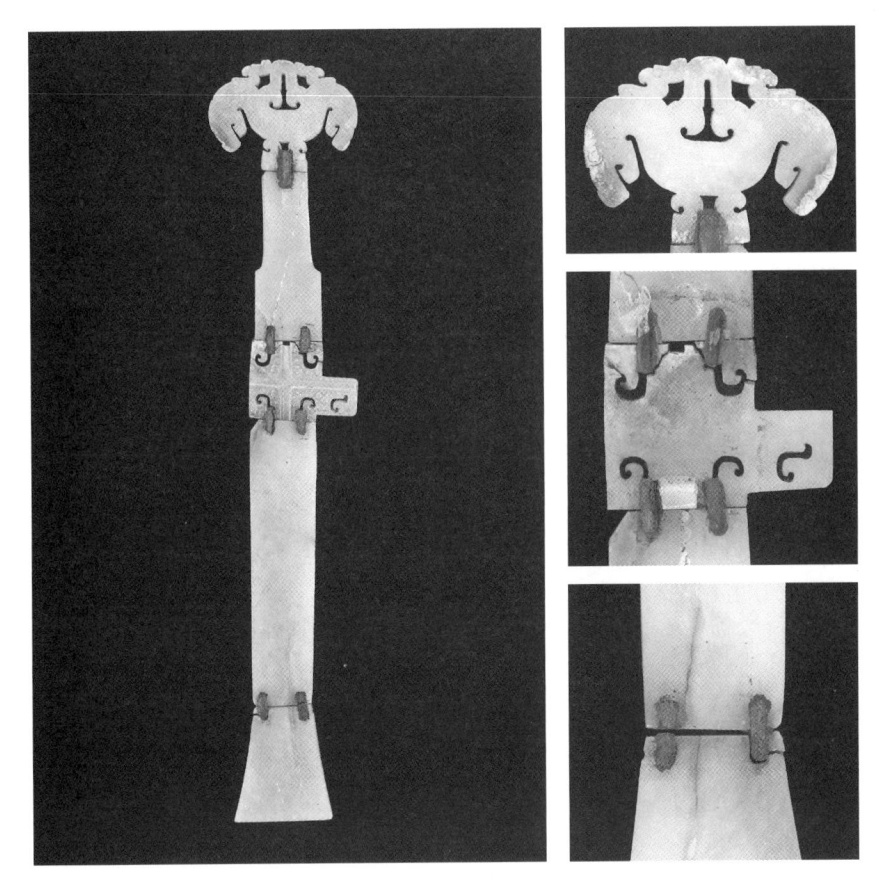

图七八　曾侯乙墓出土玉剑

曾侯乙墓最惹人注目的便是一套完整的编钟。编钟出土时，悬挂的木架也基本完好，因此65件编钟基本是原位置悬挂。在悬挂的编钟中最为重要的一件是楚王送给曾侯乙的镈钟，其上铭文说"唯王五十又六祀，返自西阳，楚王酓（熊）章作曾侯乙宗彝，奠之于西阳，其永持用享"。铭文显示，这是楚王酓章让曾侯乙祭奠祖先放置于宗庙的器物，后来被拿来给曾侯乙陪葬了。曾侯乙墓还发现多件带有"曾侯與"、"曾侯郕"铭文字样的器物，这也从侧面说明了曾国积累丰厚。曾侯乙墓拿镈钟来随葬，并且摆在了编钟架最下层的中间位置，这是有特殊含义的。这件镈钟是可以发声的，从音乐结构角度讲，下层的一组是F调，相当于"宫商角徵羽"中的宫音。宫商角徵羽调中蕴含的含义是"宫"相当于王，"商"相当于大臣。那么，曾国人拿楚王镈钟放入自身文化传统的编钟当中时，将其摆在了王的位置上，暗示了曾侯"左右楚王"，奉楚为王的臣服之意。

曾侯乙墓编钟中记载了曾国自身的音乐体系，标识了曾、楚音乐体系的对应关系，也涉及了其他一些诸侯国。因此仔细分析曾侯乙墓随葬器物后，明显可见曾国此时虽"左右楚王"，但仍然保持自身比较有特色的文化因素，并对楚有所滋养。

春秋中晚期之后的曾、楚关系则逐步从交流进入融合的状态，曾国在政治身份上也开始"左右楚王"。但墓内竹简记载曾侯乙死后赠赠车马的有王、太子、令尹、鲁阳公、阳城君、平夜君、析君等楚国最有权势的人物，可见此时曾国本身又保留有一定的独立的政治权力。

2. 楚灭曾新论

据《左传·僖公二十八年》(公元前632年)载，楚晋城濮之战时晋国大夫栾枝云"汉阳诸姬，楚实尽之"，短短八个字道出了楚国东进征伐汉水流域姬周封国的重大事件。曾国(随国)作为当时汉阳诸姬的头号强国是楚国多次出兵讨伐的重点，其是否也在被楚国灭国的汉阳诸姬序列中呢？另《春秋·哀公元年》载"楚子、陈侯、随侯、许男围蔡"，时为公元前494年，属春秋晚期，此后随国基本不见于史籍。考古遗存也表明春秋中晚期以后曾国文化内涵表现出强烈的楚文化特征，曾国的周文化特色和自身文化特点完全淹没于楚文化之下。从史料记载和文化内涵来看，虽然从春秋中晚期开始，曾国就开始在楚国的强大势力威胁之下，但是也尚保存有一定实力，所以这并不意味着曾国失去诸侯封国地位并被楚国所灭。

如《左传·定公四年》(公元前506年)记有吴、蔡、唐联军攻入楚国都城郢，楚昭王逃奔随国一事，吴君向随侯要人，随侯庇护昭王拒不交人，辞吴王曰："以随之辟小而密迩于楚，楚实存之，世有盟誓，至于今未改。若难而弃之，何以事君？执事之患，不唯一人。若鸠楚竟，敢不听命。"从中也可以看出楚国伐随并没有将随国灭国。

春秋中晚期后的曾国考古学文化内涵虽然表现出极强的楚文化特质，但此时的曾国只是受到楚国的强烈影响，无非是从之前臣服于周王朝变成了臣服于楚国。义地岗墓地M1出土的曾侯舆编钟铭文直接记载了关于曾国始封，曾、楚关系等重要问题，其中谈到其祖先的历史时，用了"左右文武"一语，即辅佐文王、武王之意，说明曾国当时是姬周王朝分封在江汉地区的诸侯国，承担替周王朝经营南土的重任；而文峰塔M4曾侯邱墓出土的一枚甬钟上有"左右楚王"一语，说明此时曾国已成为楚国附庸，开始辅佐楚王。曾附庸于楚国后，其诸侯国的地位并没有被楚国拿掉，一直到战国中期都还存在。这里我们从几个方面作一分析：

第一，曾侯仍然世代沿用诸侯称谓，考古发现的这一阶段的曾侯世系基本可以串联起来：春秋中期的曾侯宝、曾侯㦀，春秋晚期的曾侯與、曾侯邱、曾侯得，战国早期的曾侯乙，战国中期的曾侯丙。

第二，擂鼓墩墓群的很多特点也能够说明此时的曾国还是作为诸侯国存在的。一是从曾侯乙墓和二号墓的规模和随葬器物之丰富性来看，此时曾国仍有一定实力，特别是曾侯乙随葬的整套编钟中有一件楚惠王熊章送给曾侯乙的大镈钟，说明楚仍把曾当作正统礼制的代表来对待；二是曾国国君墓葬曾侯乙和国君夫人墓擂鼓墩二号墓的墓葬结构都是岩坑竖穴木椁墓，与战国时期楚国大型墓有封土、斜坡墓道、台阶的结构不同，这说明曾国国君的葬制和葬俗并没有完全效仿楚国，还保留自己的礼制规则。

第三，战国时期楚国的多座高等级墓葬中出土有曾器，也说明此时两国的关系密切，曾国并没有被楚国所灭。如河南上蔡郭庄楚墓就出土带有"曾侯"铭文的青铜器，郭庄楚墓墓主是楚国分封在此的一位高等级贵族，年代为战国早期；安徽寿县李三孤堆楚幽王墓葬出土曾姬无卹壶，[①]说明了楚声王时，其夫人仍然来自曾国，说明了楚国与曾非同一般的关系，应当不至于"灭"之。

第四，目前考古发现的最后一代曾侯墓是文峰塔墓地的曾侯丙墓，其年代界定已晚至战国中期，说明曾国在随州延续至战国中期。曾侯丙的墓葬结构不同于早于它的曾侯乙墓和擂鼓墩二号墓，其长方形阶梯形斜坡墓道的结构已与楚封君墓完全相同，说明曾侯丙此时还能享用楚国封君一级的葬制，可见曾国的地位之高。曾侯丙墓出土的大鼎，尤其是蹄足的兽面造型，与九连墩1号墓铜镬鼎、[②]包山2号墓的豕镬鼎几乎一致，[③]与楚幽王墓出土铸客鼎的风格极为相似（图七九），[④]推测曾侯丙的时代在包山2号、九连墩1号墓至楚幽王墓之间，概公元前300年左右，即秦占领随州一带之前；曾侯丙墓并不是分布在擂鼓墩墓地，而是在文峰塔墓地，说明此时的曾国国君墓地已经没有曾侯乙时代规范，且墓的亚字形布局，与楚国封君平夜君成墓[⑤]的亚字形布局类似，规格也相当。

第五，刘彬徽、王世振等认为曾国为楚所灭的重要依据是曾侯乙陵园中出现了楚

---

① 刘节：《寿县所出楚器考释》，《古史考存》，人民出版社，1858年。曹淑琴、殷玮璋：《寿县朱家集铜器群研究》，苏秉琦编《考古学文化论集（一）》，文物出版社，1987年。李零：《论东周时期楚国的典型铜器群》，《古文字研究》第19辑，中华书局，1992年。
② 湖北省博物馆：《九连墩——长江中游的楚国贵族大墓》，文物出版社，2007年。
③ 湖北省荆沙铁路考古队：《包山楚墓》，文物出版社，1991年。
④ 湖南省博物馆、首都博物馆：《凤舞九天——楚文化特展》，科学出版社，2015年。
⑤ 河南省文物考古研究所：《新蔡葛陵楚墓》，大象出版社，2003年。

图七九 曾侯丙墓出土镬鼎(上)[1]、九连墩1号墓镬鼎(中)、
楚幽王墓出土铸客为王后鼎(下)

---

[1] 图片由黄凤春研究员提供。

国墓葬,例如擂鼓墩发现的砖瓦厂13号墓。① 但是,(1)该墓虽然出土鼎、敦、壶典型楚墓的组合,但根据上文的分析,战国早期之后,曾、楚文化已深度融合,曾墓中出现这一组合也就可以理解,不能仅根据鼎、敦、壶的器物组合判断其为楚墓。(2)此墓的腰坑、墓向南北向等特点,并不是楚墓的特色,相反与曾侯丙的腰坑、南北向相符。(3)此墓并没有直接打破曾国国君墓,很可能是曾国陵园中的附属墓。因此原来据此推断的曾国国都被楚国占领的观点并不成立。②

虽然曾国具体何时灭国,还有待进一步探究。但综上所述,可以推断曾国并不是被楚所灭,很可能在战国中期后秦统一的大背景下,随着秦占楚国故地之后,与楚国一并迁移。曾姬无卹壶作为重器随葬于楚王(幽王)墓,也暗示曾、楚一起东迁的可能。

---

① 随州市博物馆:《随州擂鼓墩砖瓦厂十三号墓发掘简报》,《江汉考古》1984年第3期,第37—41页。
② 刘彬徽、王世振:《曾国灭亡年代小考》,《江汉考古》1984年第4期,第91—92页。李家浩:《从曾姬无卹壶铭文谈楚灭曾的年代》,《文史》第33辑,中华书局,1990年,第11—18页。

第四章 曾国的音乐与青铜成就

曾国在长达七百年多年的时间里创造了辉煌灿烂的诸侯国文化,特别是在青铜冶铸和礼乐文明方面尤为突出。从西周早期的叶家山墓地到战国早中期的义地岗、擂鼓墩墓群,曾国墓地出土了大量铸造精美的青铜器和种类繁多的音乐文物,这其中以曾侯乙墓出土青铜器,特别是著名的曾侯乙编钟所体现的曾国高超的青铜冶铸水平为代表。让我们看到了一个文献记载很少的周代诸侯国——曾国在历史长河中所留下的灿烂文明。

第一节 音乐之路:华夏正声

曾国第一次大规模的考古发现是从20世纪70年代曾侯乙墓开始的,该墓有两个突出特点一直备受学界关注,一是出土了以曾侯乙编钟为代表的丰富的音乐文物,它是我国迄今发现数量最多、保存最好、音律最全、气势最宏伟的一套编钟,是世界音乐史上的奇迹,被中外专家、学者称之为"稀世珍宝"。二是曾侯乙出土了总重量超10吨的青铜器,是中国古代青铜器最大的发现,随葬的青铜器造型奇特、工艺精湛、纹饰华美,采用了浑铸、分铸、熔模铸造(失蜡法)、铜焊、镶嵌、铆接等青铜器制作工艺和平雕、浮雕、圆雕、透雕、错金、镶嵌等多种装饰工艺,集先秦青铜制造技术之大成,集中反映了我国当时先进的青铜冶铸水平。特别是曾侯乙尊盘采用的失蜡法铸造,系战国时期青铜冶铸业所达到的最高水平。曾侯乙墓后,擂鼓墩二号墓等曾国文化遗存陆续都有发现,特别是进入新世纪以来几次大规模的曾国墓地的发掘,包括随州叶家山墓地、枣阳郭家庙墓地、京山苏家垄墓地、随州文峰塔墓地这几个曾侯级别的墓地;这些墓地同样都发现有大量铸造精美的青铜器和丰富的音乐文物,体现了曾国礼乐文明的盛况和高超的青铜冶铸工艺水平。

两周时期,礼乐制度是周王朝维护封建等级制度、统治社会的重要制度之一。《礼记·曲礼》云"夫礼者,所以定亲疏,决嫌疑,别同异,明是非也","君臣、上下、父子、兄弟,非礼不定"。礼乐不分家,以"礼"来区别宗法远近等级秩序,同时又以"乐"来和同共融"礼"的等级秩序,两者相辅相成,所谓"礼之所及,乐必从之"。贵族在举行祭祀、宴享、朝聘、婚冠、丧葬等宗教和政治活动时,均使用礼乐器,礼乐器是表明器主身份、权位的标志物。礼乐制度在西周时期达到极致,进入东周后,尽管由于周王室的衰微和诸侯势力的强大出现了"礼崩乐坏"的情况,但只是诸侯僭越周礼,礼乐制度的整体思想并没有改变,各诸侯国仍然依此来维护自己的统治。作为周朝礼乐文明的嫡传,曾人被周王朝分封在汉东后,"左右文武",其礼乐制度一直效仿周王朝;"左右楚王"后,礼乐制度的影响也一直都存在。

两周的礼乐制度主要通过礼乐器来体现,正如《左传·成公二年》所云:"器以藏礼,礼以行义。"周乐以五声八音为乐:五声为音阶,即宫、商、角、徵、羽;八音为器乐之分类,即埙、笙、鼓、管、弦、磬、钟、柷等。曾国考古发现了丰富的音乐文物,对于我们研究了解周代的礼乐制度以及曾国的先进音乐体系有重要价值。

根据对陕西庄白一号窖藏等地出土西周编钟的测音数据,证明周代音阶骨干结构为"羽(la)、宫(do)、角(mi)、徵(sol)",即是我们常说的"周原四声"。[①] 西周早期的随州叶家山墓地M111出土了包括1件镈钟和4件甬钟在内的5件编钟,是西周早期出土编钟件数最多的一次。出土的5件编钟,其中一件镈钟为整套编钟最低音徵(sol),另外四件甬钟分别为羽(la)、宫(do)、角(mi)、徵(sol)、羽(la)、宫(do),整个宫调系统为"四声七音",低音建立在"徵"上,无商音,是迄今所知包含"周原四声"最早的实例[②](图八〇,表一)。方建军认为,叶家山出土的曾国编钟,无论从形制、纹饰,还是从音阶构成看,都与中原地区的西周编钟具有密切的关系。[③] 高西省也持相同的观点,认为叶家山出土的4件甬钟的音列符合周人编钟音列结构。[④] 另外在这组编钟里发现的右鼓部小片云纹,更是迄今为止发现的最早的双音钟侧鼓音(第二基频)标识符号。这些特点说明其在西周早期具有标志性的意义,是礼乐制度发展的重要一环,具有重要价值。特别指出的是,五件钟编排在一起,构成的徵(sol)、羽(la)、宫(do)、角(mi)、徵(sol)、羽(la)、宫(do)七声,发宫(do)音的钟处于最中间位置,这是符合古人认为的宫(do)代表君王,处于最核心位置的理念的,也是宫代表君王理念的发端。[⑤]

[①] 黄翔鹏:《先秦编钟音阶结构的断代研究》,《江汉考古》1982年第2期,第7—12页。王清雷:《西周乐悬制度的音乐考古学研究》,中国艺术研究院博士学位论文,2006年。
[②] 方勤:《叶家山M111号墓编钟初步研究》,《黄钟》2014年第1期。
[③] 方建军:《论叶家山曾国编钟及有关问题》,《中国音乐学》2015年第1期,第49—54页。
[④] 高西省:《随州叶家山新出土编钟的组合及价值》,《中国文物报》2017年4月28日,第6版。
[⑤] 《史记·乐书》载"宫为君,商为臣,角为民,徵为事,羽为物"。

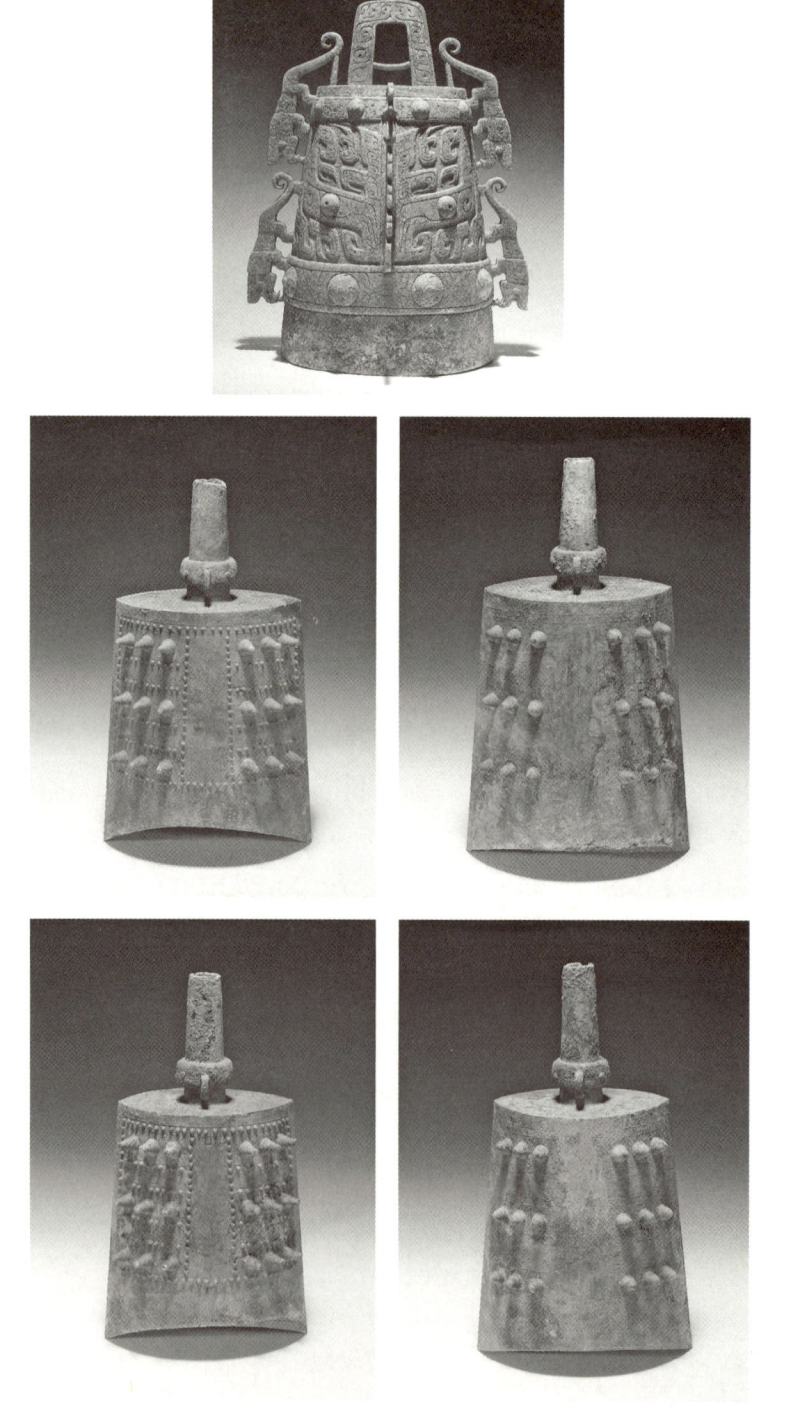

图八〇 叶家山墓地 M111 出土编钟

表一　叶家山 M111 号墓出土编钟的测音、测量基本数据与听感对照表

单位：音分、厘米、公斤

标本	正鼓音	侧鼓音	听感	通高	中长	铣长	鼓间	铣间	重量
M111∶11	$\#C_3^{-48}$	E_5^{+5}	La（羽）—Do（宫）	39.5	22.5	26.8	19.9	23.4	12.52
M111∶7	$\#G_4^{-26}$	B_4^{+47}	Mi（角）—Sol（徵）	42.0	24.0	29.2	17.6	25.2	13.26
M111∶13	E_4^{-4}	$\#G_4^{+39}$	Do（宫）—*	44.0	25.6	29.5	18.2	25.4	11.70
M111∶8	$\#C_4^{-41}$	F_4^{-32}	La（羽）—*	46.2	28.2	32.0	20.7	27.3	14.19
M111∶5	$\#B_3^{-7}$	D_4^{-24}	Sol（徵）—*	44.0	33.5	33.5	20.7	27.5	16.47

注：A_4 = 440 Hz。标本的前后顺序依正鼓音高顺序排列。

两周之际的枣阳郭家庙墓地出土的音乐文物是墓地的一个最大亮点，发现了目前已知年代最早的瑟、建鼓，以及保存完好的曲尺形编钟木架、编磬组合。[1] 曹门湾 M1 发现的 2 件瑟，为 3 枘 17 弦，较之前发现的瑟年代早，为瑟的早期形态；曲尺形编钟木架和单面编磬架组合而成轩悬规制（图八一），符合诸侯身份。郭家庙 M86 的琴，形制非常完整，我们能确定其为"半箱琴"，比曾侯乙十弦琴早约三百年。郭家庙墓地还出土了多种"铃形器"，让我们看到两周之际铃的发展变化，其中保有铃舌的成为编铃，去掉铃舌的成为无枚钮钟；其中 M30 出土了一套 10 件大小相次的钮钟（图八二），与其他"铃形器"并出，反映出钮钟正在从"铃形器"分离出来，钮钟成为钟属乐器的年代应为两周之际。经测定钮钟正鼓部的音分别为徵（sol）、羽（la）、宫（do）、商（re）、角（mi）、羽（la）、宫（do）、商（re）、角（mi）、羽（la），在叶家山"周原四声"（羽、宫、角、徵）基础上增加了"商"声，是低音建立在"徵"音上的"五正声"的组合，这具有里程碑的意义。一是正五声真正形成了，二是对中国音乐形成以五声性为主要特色产生了深远的影响。同样需要强调说明的是，加上商音后，徵（sol）、羽（la）、宫（do）、商（re）、角（mi），以宫代表君王，商代表大臣，角、徵、羽分别代表民众、事、物的框架理念就此形成。这五音和谐，动听悦耳，反之音乱；分别代表的君、臣、民、事、物和谐，国家大治。这也是礼乐制度的核心内容。

郭家庙墓地年代属两周之际至春秋早期，填补了从西周早期到战国早期近五百年间大型乐舞发展史的空白，进一步丰富和完善了从西周早期叶家山墓地至战国早期曾侯乙墓之间所出土曾国音乐文物的序列，改变了此前关于音乐文物的认识，具有重要的学术价值。

---

[1] 方勤：《郭家庙曾国墓地发掘与音乐考古》，《音乐研究》2016 年第 5 期，第 5—9 页。

图八一　曲尺形编钟架和单面编磬架组合而成轩悬规制

图八二 郭家庙 M30 出土 10 件一套钮钟

战国早期的曾侯乙墓及比它稍晚的擂鼓墩二号墓都出土了大量的音乐文物。曾侯乙墓出土的乐器包括编钟、编磬、鼓、瑟、琴、笙、排箫、篪八种共一百二十五件以及钟槌、磬槌等乐器配用的击奏工具和钟架、磬架、挂钩等。① 编钟由65件青铜编钟组合而成，包括19件小型钮钟、45件甬钟和1件楚王赠送的大镈钟。出土时分三层八组排列悬挂在钟架上，钟架呈曲尺形：最上层分三组悬挂钮钟，计19件；中间分三组悬挂中型甬钟，分短枚、无枚、长枚三式，计33件；最下层分两组悬挂大型甬钟，计12件；另有镈钟1件位于甬钟中间。曾侯乙编钟数量众多、规模宏大，其音域跨五个半八度，十二个半音齐备，具备了演奏五声、六声乃至七声音阶乐曲的条件。石编磬一组32件，原应是分上下两层悬挂在青铜磬架上，每层两组，依大小次第排列。另有鼓4件、瑟12件、琴2件、笙6件、排箫2件、篪2件。曾侯乙墓种类丰富的音乐文物出土时各种乐器基本位于原位，排列有序，真实地再现了曾侯乙生前"八音和鸣"的盛大乐舞场景。擂鼓墩二号墓出土音乐文物包括编钟、编磬以及鼓座。② 青铜编钟都是甬钟，分大小两种，共计36件，另有编钟挂钩22件，石编磬12件，未见磬架和磬箱，青铜鼓座1件。曾侯乙墓和擂鼓墩二号墓出土如此丰富的音乐文物，不仅对于了解当时的礼乐制度和礼乐文明有重要价值，而且修正了我们过去对古代音乐学的一些认识。

自曾侯乙编钟开始，体系化的中国音乐框架已经构成，并且十分成熟，改写了此前认为在汉代才完成包括十二律在内的中国音乐体系构建的认识：至少在公元前433年，音律学科构建成熟，音乐性能齐备，这是世界音乐史上的奇迹，影响深远。曾国音乐有继承、有传承，是华夏正声的代表。这里的正声，包括两个方面：一是包括十二律在内的乐律学科构建，上承自西周王朝正统，下传至汉代十二律学，并沿用、影响整个中国；二是曾侯乙上的标音，让我们今天仍能听到2400年前中国古人发出的纯正音乐。具体论述如下：

一、自叶家山、郭家庙、曾侯乙，曾国音乐体系传承有序。叶家山来源于周原音阶，是源自西周王朝的正统体系；曾侯乙编钟构建十二律等音乐体系，则沿用至汉代及以后的整个华夏。

二、曾侯乙铭文不仅有标音齐备的宫1、商2、角3、羽曾4、徵5、羽6、徵辅7齐备，更为重要的是，铭文还标识了十二律的完整体系：

（一）曾侯乙编钟上铸有用曾国体系标识的有六个阳律：黄钟、太族、姑洗、蕤宾、

---

① 随县擂鼓墩一号墓考古发掘队：《湖北随县曾侯乙墓发掘简报》，《文物》1979年第7期，第1—24页。湖北省博物馆：《曾侯乙墓》，文物出版社，1989年。
② 湖北省博物馆、随州市博物馆：《湖北随州擂鼓墩二号墓发掘简报》，《文物》1985年第1期，第16—36页。

韦音(即相当于中国传统十二律的"夷则")、无铎(即传统的"无射"),以及一个阴律:"浊姑洗"。① 可以推定的是,此时曾国应当借鉴了楚国用"浊"表示阴律的做法,编钟铸有"浊姑洗"的铭文已经是明证;这个做法当不会是孤例,如此类推,还应有"浊黄钟"、"浊太族"、"浊蕤宾"、"浊韦音"、"浊无铎",从而与浊姑洗一起,构成完整的六个阴律。

(二)曾侯乙编磬标识了楚国完成十二律体系的六个阳律"穆钟"、"兽钟"、"新钟"、"文王"、"坪皇"、"吕钟",分别对应上面所述的曾国六个阳律黄钟、太族、姑洗、蕤宾、韦音、无铎;楚国在六阳律前加"浊",用以标识六阴律:"浊穆钟"、"浊兽钟"、"浊新钟"、"浊文王"、"浊坪皇"、"浊吕钟",与中国传统的"大吕"、"夹钟"、"中吕"、"林钟"、"南吕"、"应钟"对应起来(只有"浊吕钟"铭文没有出现,应当是以曾国为主体,这个楚国律对应不需要出现,但前五个浊音明白无误地告之应有"浊吕钟")。

(三)楚国完整的十二律标识铭文,而周王朝只标识了"厉音"、"雁音"2个,晋国律名也仅有槃钟、六埻等2个,齐国、申国则仅吕音、遲则(夷则)各1个,表明曾侯乙与楚国的特殊关系,即此时是"左右楚王"时期。

(四)楚国用"浊"标识阴律的做法,为曾国所借鉴,于是有了曾国的曾侯乙编钟上"浊姑洗"表示音律的办法。这也侧面证明曾、楚的特殊关系。

(五)曾国标识的六阳律,除"韦音"(对应传统的"夷则")外,被汉代形成、在汉简所见的十二律②所完整继承;而楚国,以及晋、齐、申的十二律名,不见于后代。这充分说明我们传统十二律名是继承了曾侯乙编钟的体系。当然,应当说明的是,曾侯乙编钟源自周制,但标识了"厉音"、"雁音"两个周王朝律名,可能是曾国在继承周王朝音乐体系时,又作了适当革新。

(六)曾国的六律名称源自周制,虽然曾、周之间确有细微差别,如"割埄"名称源自周制"姑洗",则读音确不能相通,或为古时楚地方言;③曾侯乙编钟源自周原正统,而与楚系不同。所以,这是曾侯乙编钟代表华夏正声的最好诠释。

而曾侯乙编磬却不同,磬上除有"姑洗"的曾国铭文外,其余全部为"文王"、"坪黄"、"穆钟"、"兽钟"、"新钟"等楚国十二律铭文。曾侯乙编钟相当于钢琴的5个八度;编磬相当于钢琴的3个八度,也基本可以独立演奏。可以说,编磬是以楚国乐律体系为主的乐器。

---

① 湖北省博物馆:《曾侯乙墓》,文物出版社,1989年。黄翔鹏:《曾侯乙钟、磬铭文乐学体系初探》,《音乐研究》1981年第1期,第32页。
② 陈伟等:《放马滩日书乙种中的十二律》,《秦简牍整理与研究》,经济科学出版社,2017年,第194页。
③ 黄翔鹏:《曾侯乙钟、磬铭文乐学体系初探》,《音乐研究》1981年第1期。

此外,曾国出土的部分音乐文物对于解读曾国历史也有重要的史料价值。如文峰塔 M1 曾侯與编钟上的铭文,明确记载了曾侯與先祖伯适(南宫适)辅佐周文王、武王伐商,因功被分封至此建立诸侯国,替周王朝管理淮夷各族并处理江汉地区的重大历史事件,这些也为曾国历史研究中关于曾国族属的问题提供了重要证据。文峰塔 M4 曾侯丙墓出土一枚甬钟上的"左右楚王"铭文,则可以作为了解楚国多次伐随后,曾臣服于楚的重要论据。

第二节 青铜之路:金道锡行

曾国是一个几无史料记载的国家,它主要是通过出土的青铜器来确认其文化面貌和族群属性的。曾国出土青铜器数量之多,时间跨度之长,器形种类之丰富,铸造工艺之精湛在两周时期都是少见的。从西周早期的随州叶家山墓地开始,经两周之际的枣阳郭家庙、京山苏家垄墓地,再到春秋、战国时期的义地岗墓群和擂鼓墩墓群,曾国出土的青铜器成千上万件(套),加上传世的曾国青铜器,总体数量更多。两周时期常见的青铜种类在曾国出土的青铜器中大都可见。青铜器铸造工艺常见的范铸法和浑铸、先铸、后铸以及焊接等青铜附件连接方式在曾国青铜器上也都有体现;特别是当时先进的失蜡法熔模铸造工艺,这是目前所知在青铜器中较早采用的。在随州文峰塔墓 2012M33 的春秋中期青铜盘(M33:30)的方形镂空耳(图八三),在铸件上清晰发现熔蜡流动的痕迹,是失蜡法的明证,①时代与淅川下寺的王子午云纹铜禁相当(当不晚于公元前 552 年)。②就其所处时代和技术水平而言,曾侯乙尊盘是目前所见最精美的青铜器,是中国古代青铜铸造的巅峰之作。我们从中可见曾国青铜冶铸业水平之高、规模之大。铸造如此众多且造型精美的青铜器,显然必须要有稳定可靠的铜矿、铜料来源和大规模的青铜冶炼作坊。

《左传·成公十三年》云"国之大事,在祀与戎",意思是国家大事在于祭祀与战争。祭祀需要礼器,战争需要兵器,而铜料作为制作礼器与兵器的主要原料就成了中原王朝和诸侯国所要获取的重要战略资源,所以控制铜矿资源及其运输通道就成为两周时期周王朝和诸侯国增强实力的重要条件之一。那么,曾国作为周王朝分封在汉东地区的姬姓诸侯国是怎样获取铜矿、铜料资源的呢?这与其所处的地理位置有

---

① 台湾自然科学博物馆、湖北省博物馆:《鼎立三十一——看先民铸鼎镕金的科学智慧》,2015 年,第 79—80 页。
② 《左传·襄公二十一年》载"夏,楚子庚卒"即王子午死于公元前 552 年。

图八三　文峰塔墓地2012M33出土铜盘

很大关系。

在汉水以西,随州到枣阳中部处在大洪山与桐柏山中间地带,这一段地势较为平坦,是一条西北—东南走向的狭长平原,被称为"随枣走廊",自古就是战略和交通要道(图八四)。两周时期,随枣走廊是周人南下和控制江汉地区的重要通道,周王朝在此沿线分封了众多诸侯国,史称"汉阳诸姬",它们担任着替周王朝管理江淮地区的重要职责;此外随枣走廊是楚国东进的一条主要路线,楚国向汉东的扩张也主要是沿着这一带兼并江淮各诸侯国。随枣走廊的地理位置之所以如此重要,还因为它是一条重要的铜矿料的运输线,被称为"金道锡行"(见于曾伯桼铜簠铭文,图八八),即通过涢水连接长江,从而鄂东南的大冶、江西瑞昌和安徽铜陵等地的铜矿、铜料资源就可以沿江而上通过随枣走廊再北上运至周王朝。

曾国从始封之时直至灭亡,其疆域范围和政治中心基本都在随枣走廊一带。作为周王朝分封在汉水流域的姬姓诸侯国中实力最强的一个,担负着替周王朝守住南土的重要责任,而保障向周王朝运输铜料的随枣走廊路线的安全更成为其重中之重。当然,曾国作为运输线上的重要转运"枢纽",在保障周王朝铜矿、铜料所需的同时,自然也能获得丰富的铜矿料资源,以保障其礼仪祭祀和战争需要。

随州叶家山西周早期曾国墓地M28曾侯墓出土有长方形和圆形的铜锭两块(图八五),[①]随葬铜锭体现了铜这种资源对于曾国有着非同寻常的意义。耐人寻味的是,

---

[①] 湖北省文物考古研究所、随州市博物馆:《湖北随州叶家山M28发掘报告》,《江汉考古》2013年第4期。

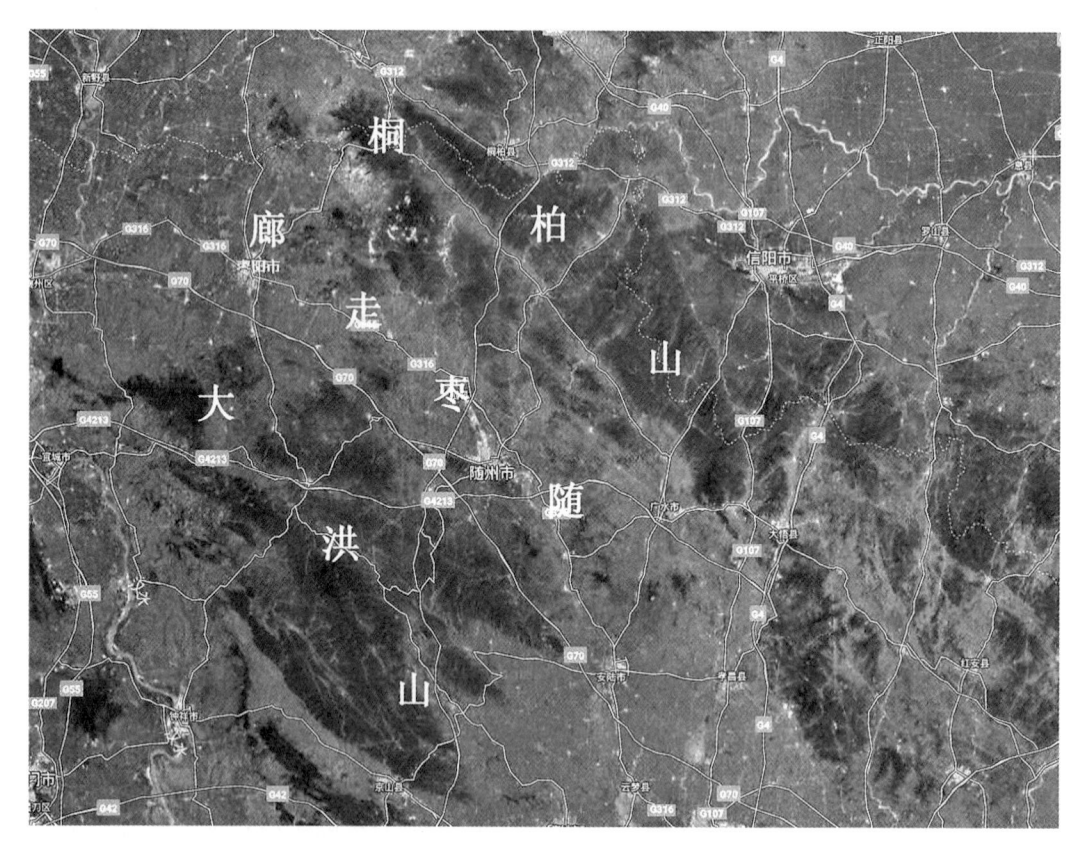

图八四　随枣走廊位置图

我们在被认为是叶家山墓地时期曾国都城的庙台子遗址西周早期遗存中,发现了伞状陶管①(图八六)。这种伞状陶管在中原地区的铸铜作坊遗址中十分常见,虽然其使用方式目前还存在争议,但其对青铜冶炼有发踪指示作用,则是确定的。推测其可能是类似鼓风管性质的部件。此外,在同期遗址中,还有铜炉渣发现。这说明在西周早期,曾国已经有了自己的青铜冶铸业。

京山苏家垄遗址在这几年的调查发掘中发现了与墓地同时期的大规模曾国冶铜遗存,遗址内分布有面积达75万平方米的铜矿炼渣遗迹,检测结果与初步研究表明这里的铜渣主要是当地进行冶炼的炼渣(图三二);除此外,还发现一座炼铜炉,并在距离炉址不远处出土一块铜锭(图八七)。

---

① 湖北省文物考古研究所资料,由张成明、郭长江、张博提供。

第四章 曾国的音乐与青铜成就 ·175·

图八五 叶家山 M28 出土的两块铜锭

图八六　庙台子遗址出土的伞状陶管

特别是苏家垄墓地所出曾伯桼器群与传世的曾伯桼"金道锡行"青铜簠，二者在铭文内容上有所呼应，苏家垄墓地M79与M88分别出土一对铜壶，四件壶形制相同，其中M88出土铜壶的铭文显示器主是"曾伯桼"。根据两座墓的布局关系和出土器物推断，M79为曾伯桼墓，M88为其夫人墓。M88曾伯桼铜壶的铭文内容为："唯王八月初吉庚午，曾伯桼哲圣孔武，孔武元屖，克逊淮夷，余温恭且忌，余为民父母。唯此壶章，先民之尚。余是楙是则，允显允异。用其鐈鏐，唯玄其良，自作尊壶，用孝用享于我皇祖，及我文考，用锡（赐）害（匄）眉寿，子孙永宝。"而早年被山东陈介祺先生收藏、现存于中国国家博物馆的曾伯桼铜簠铭文内容为："唯王九月初吉庚午，曾伯桼哲圣元武，元武孔黹（致），克狄（逖）淮夷，印（抑）燮繁汤（阳），金道锡行，具既卑（俾）方。余择其吉金黄鑪（铝），余用自作旅簠，以征以行，用盛稻粱，用孝用享于我皇祖文考。天赐之福，曾伯桼叚（遐）不（丕）黄耇，万年眉寿无疆，子子孙孙永宝用之享。"从两件器物的铭文来看，不仅器主的称名一样，且铭文辞例相似；另外M79出土的铜簠在器形和纹饰上也都与国博所藏"曾伯桼"簠相一致（图八八），据此可以断定两者的器主为同一人"曾伯桼"。早年间所认为的传世"曾伯桼"簠，因收藏人陈介祺先生为山东人，所以学界很容易联想到山东之"曾"，现在看来并非如此，传世的"曾伯桼"簠也是出自湖北，只是不知这中间发生何种"变故"流传至山东；或者是早在春秋早期，曾国与地处今天山东的某些诸侯国交流所致。但是，"金道锡行"的青铜之路，就在地处今天随枣走廊的曾国境内。

虽然目前苏家垄遗址还没有发现相应的陶范，无法说明墓地所出青铜器是否属于本地铸造，但如此大规模的冶铜遗存的发现，足以说明苏家垄不仅为春秋早期中国青铜运输的重要节点城邑，更兼具将外地运输而来的铜矿资源加以冶炼这种"加工"的功能，而这一点与湖北铜绿山古铜矿遗址"原产地"的冶炼功能有所区别。无论如

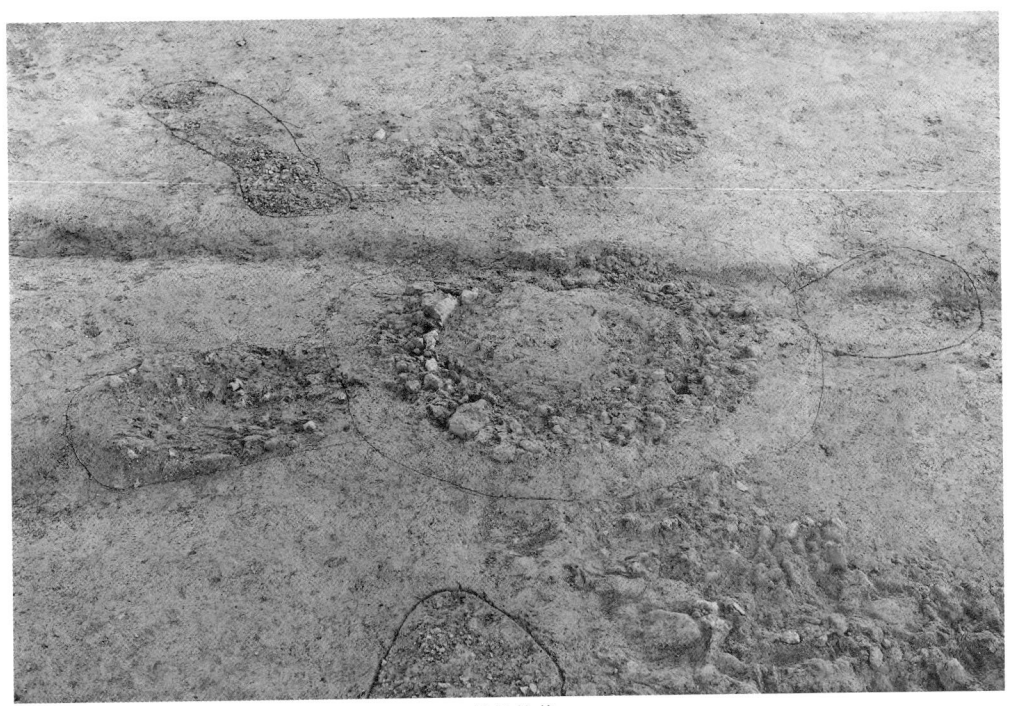

炼炉炉基

铜锭

图八七 苏家垄遗址的冶炼遗存

M79铜簠

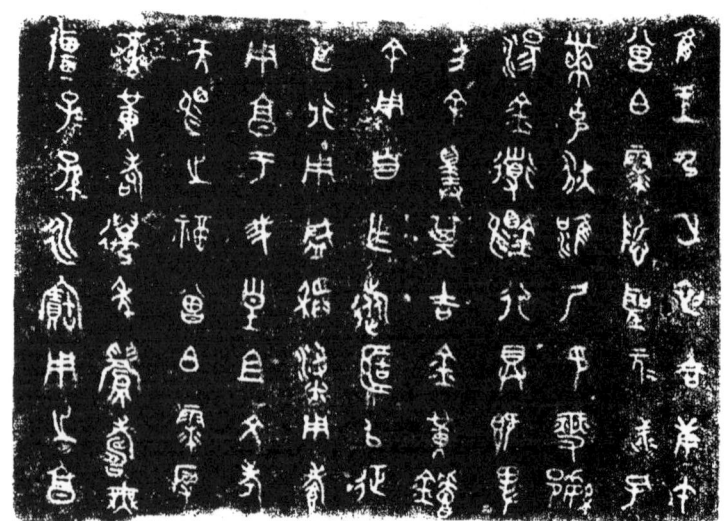

"曾伯黍"簠

图八八 苏家垄M79所出铜簠与国博所藏"曾伯黍"簠

何,苏家垄大规模铜器群和冶炼遗存的发现,不仅揭示了周王朝管理经营南方及南方铜、锡原料的重大史实,也实证了当时在江淮地区确实存在一条铜矿资源的南方之路。[①] 需要补充说明的是,苏家垄冶炼的铜矿来源于哪里,是一个需要讨论的问题。在苏家垄考古发掘期间,笔者组织了专题调查,沿着注入长江的漳水河沿岸区域,在苏家垄遗址以北约7公里处的涂家埫发现了铜矿原料地,[②]考古调查还发现了疑似与苏家垄遗址同时期的采矿遗址,虽然具体确证还需要进一步考古工作,但这是一个值得关注的线索,如运用漳水河运输,在苏家垄一带冶炼,当是较为合理的推断。此外,随州同兴也发现铜矿,此地尚存矿冶遗迹;钟祥东桥和洋梓发现的两个矿冶遗址,以往也见过东周时期的炼炉遗迹,现亦多见烧土痕迹。而据初步调查,在宜昌远安韩家河、大冶东角山发现有锡矿,推测他们可能是当时的锡矿来源之一。如是,推测曾国维护的"金道锡行"的铜、锡来源是多元的,既有从外地运输来到,也有本地冶炼的;方式则既有贸易,也有武力掠夺的(图八九)。关于贸易的方式,北宋时期出土于陕西韩城的晋姜鼎铭文有记载:"……嘉遣我易卤积千两(辆)……征緐(繁)汤,取氒(厥)吉金,用乍(作)宝尊鼎……"这段铭文记述的当是晋楚之间的盐铜贸易,李学勤认为"繁汤"即河南新蔡以北的繁阳,晋姜鼎和戎生编钟记载了同一史实,即晋国以大量的盐前往繁汤交换铜料。[③] 关于晋姜鼎的年代,裘锡圭认是为春秋早期,李学勤认为是昭侯六年(前740年),晋姜鼎的铭文揭示了春秋初年晋国通过贸易从南方得到大量铜料的事实。关于贡享等掠夺方式,西周楚公逆钟(图七一)的铭文记载"唯八月甲午,楚公逆祀厥先高祖考,夫(敷)工(供)四方首。楚公逆出求人用祀四方首,休多禽(擒)。鍼 (毓)内(纳)飨(享)赤金九万钧,楚公逆用自作龢妻(谐)锡钟百肆。楚公逆其万年寿,用保厥大邦,永宝"。记载楚公逆(楚君熊鄂,公元前799年—791年在位)为祭祀先祖等外出寻求贡品,[④]多有收获,得到的进贡赤铜九万钧(约五六百吨)而铸造了大量的钟,至于获取的方式,"禽(擒)"表明使用了武力,应该是有直接用武力掠夺,也有他族迫于武力"主动"进贡的。黎海超、崔剑锋运用科技分析方法,也证实了至少在西周晚期到春秋初年晋国所用铜料有部分源于与楚国的贸易,[⑤]可见不论是自由贸易还是武力掠夺的方式,铜料的交流是真实存在的。

---

① 方勤、胡长春等:《湖北京山苏家垄遗址考古收获》,《江汉考古》2017年第6期,第3—9页。
② 湖北省文物考古研究所苏家垄考古工作站资料。
③ 李学勤:《戎生编钟论释》,《文物》1999年第9期。
④ 董珊:《晋侯墓出土楚公逆钟铭文新探》,《中国历史文物》2016年第6期。
⑤ 黎海超、崔剑锋:《试论晋、楚间的铜料流通——科技、铭文与考古遗存的综合研究》,《考古与文物》2018年第2期。

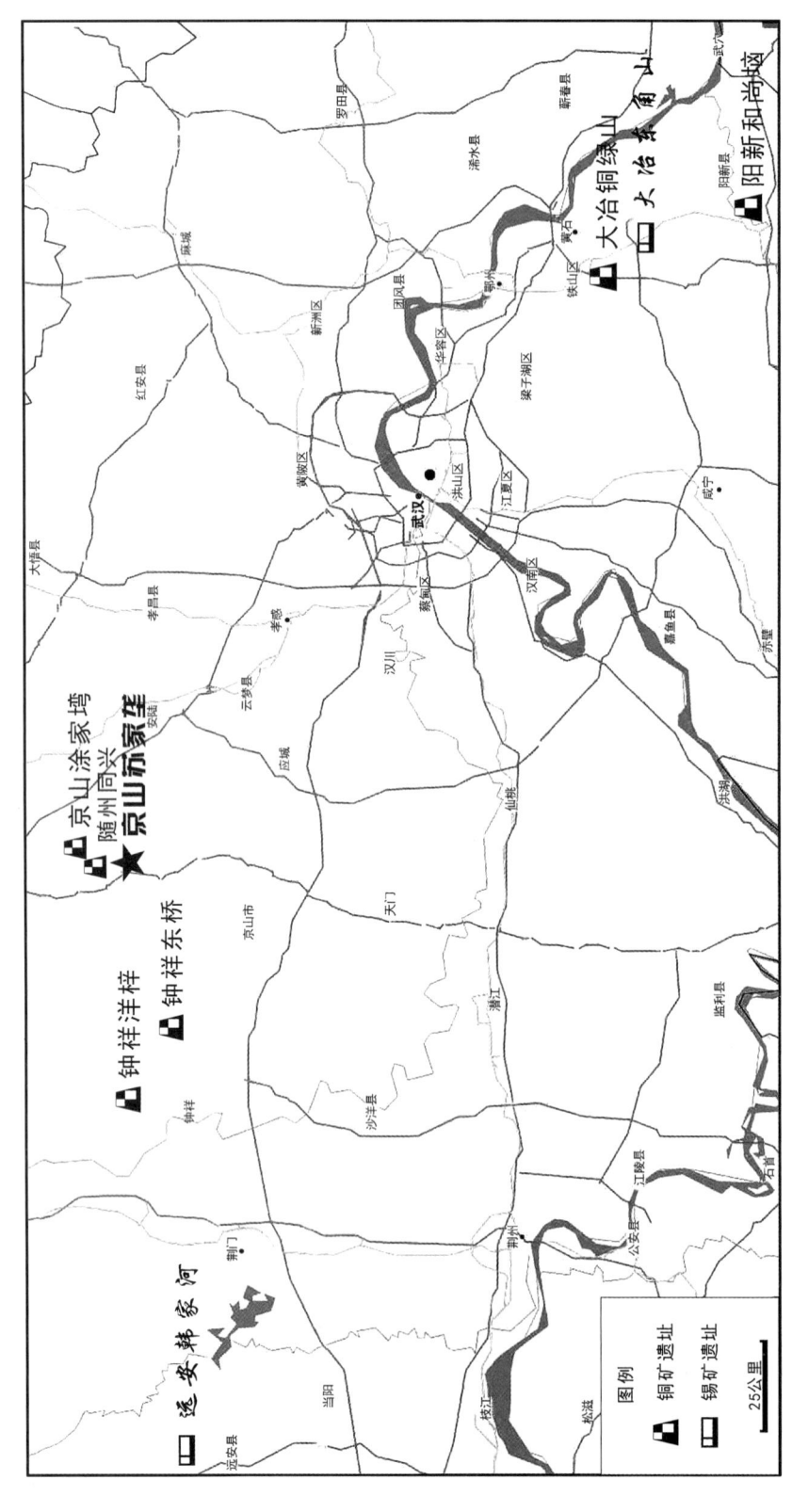

· 180 ·　曾国历史与文化——从"左右文武"到"左右楚王"

图八九　苏家垄周边铜矿及"金道锡行"区域范围的铜矿、锡矿分布图

根据大冶、阳新、瑞昌等地的矿冶考古材料,尚未发现西周时期周人直接控制铜料生产的证据。1983年、2003年考古工作者曾对阳新和尚垴遗址进行了钻探和发掘(图九〇),发现有大量炼渣及其他遗物(图九一),确认这里是一处早至西周早期的两周时期的重要冶炼遗址。和尚垴遗址中出土的带沟槽的鬲足、带流鬲都体现了较强的地方文化特点(图九二)。① 可以据此推测,西周时期主要是本地扬越部族在此进行铜料的生产冶炼,曾国应该主要是通过贸易、掠夺等方式获取铜料,再通过随枣走廊输送至周王朝核心地区。

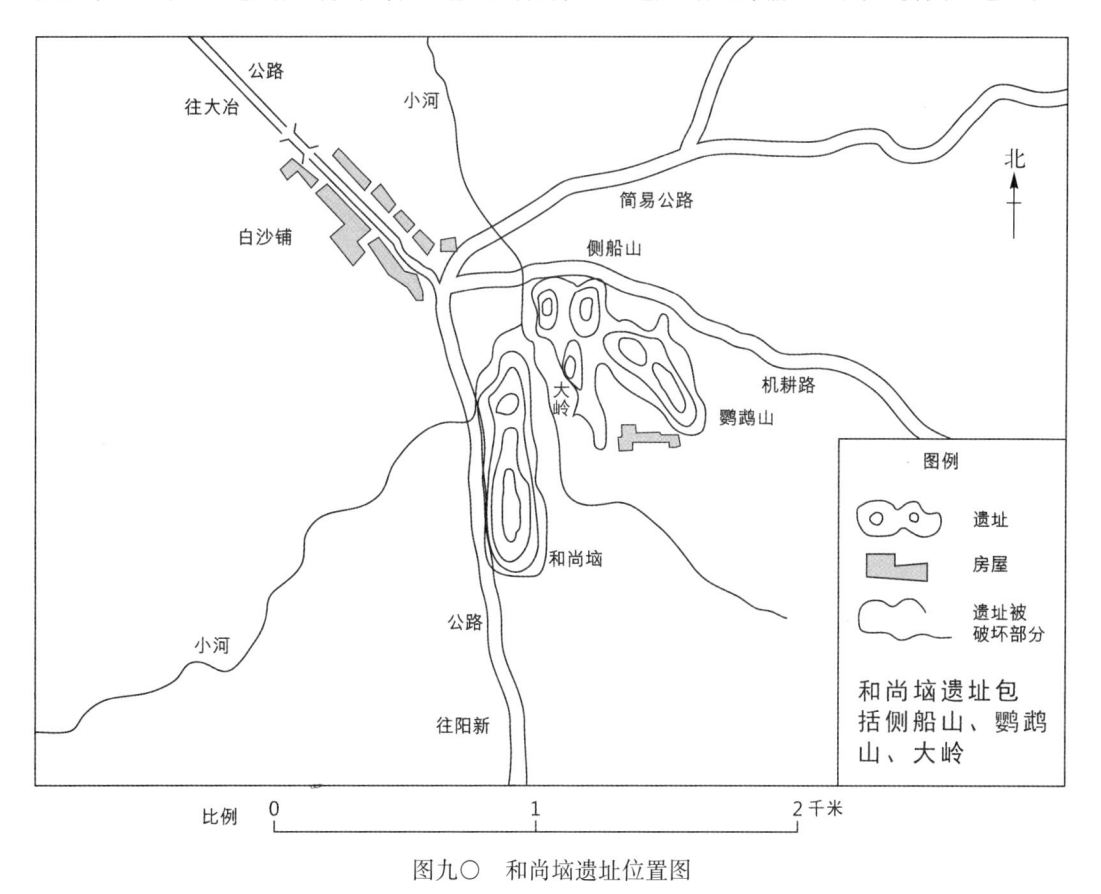

图九〇 和尚垴遗址位置图

春秋中晚期以后,尤其曾国"左右楚王"后,其主要活动区域在今随州一带。曾国臣服于楚国后,楚国并未将其消灭,曾国仍占据今随枣走廊的随州一带疆域,只是随枣走廊这一条运铜线路以及大冶、阳新一带的铜矿资源被楚国夺去了控制权,说明曾国此时失去替周王朝掌控随枣走廊这条"金道锡行"运输线的权利。《史记·楚世家》记载楚成王元年(公元前671年),周惠王授予楚成王特权,"镇尔南方夷越之乱,无侵中国","于是楚地千

---

① 咸宁地区博物馆、阳新县博物馆:《阳新县和尚垴遗址调查简报》,《江汉考古》1984年第4期,第26页。湖北省文物考古研究所资料。

图九一　和尚垴冶炼遗址出土遗物[①]

---

① 图片由田桂萍研究员提供。

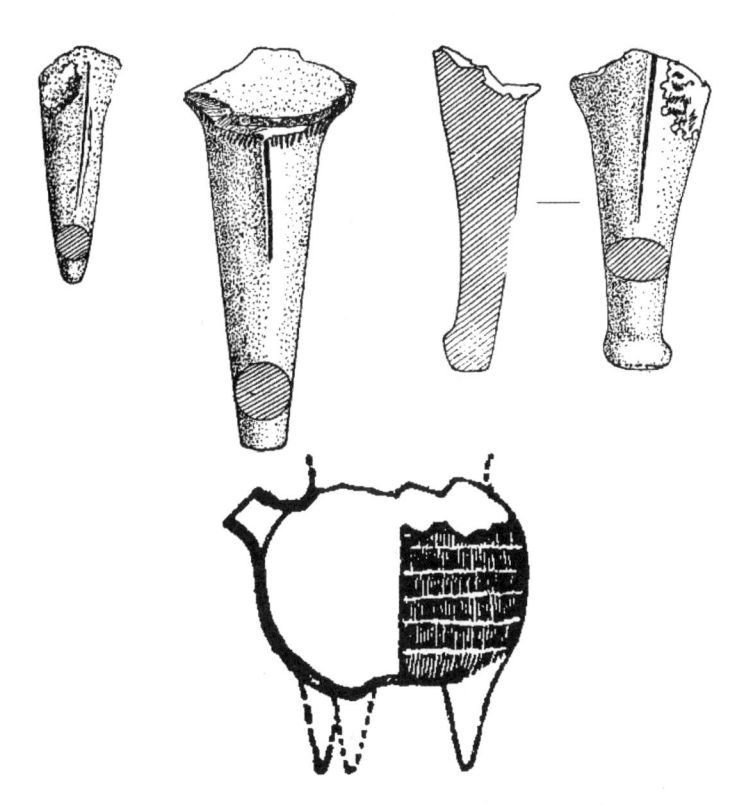

图九二　和尚垴遗址出土的带沟槽鬲足(上)与带流陶鬲(下)

里",楚国名正言顺地占有了南方大片蛮荒之地,古大冶地区也因此纳入楚国版图。

楚国夺去曾国对随枣走廊的控制权后,又东进占领了大冶、阳新一带,进而控制了这里的铜矿资源。但此时的曾国仍是随枣走廊这条运输线的一个重要方国,楚国要想把大冶、阳新一带的铜矿料资源运至其汉水西,仍需经过随枣走廊这条通道,这样就需要曾国帮助其守卫这条重要的运输线路。

从大冶铜绿山四方塘墓地出土较多含有楚文化因素的器物来看,此时铜绿山铜矿已经被楚国占领和经营。四方塘墓地的墓葬可以分为三个等级,分别对应着矿冶活动的组织管理者、低级管理者或高级技师、开采工匠。[1] 窄边小型墓穴、随葬沟槽足陶鬲者具有较强的当地扬越文化特色,宽边墓穴、有棺或有棺有椁、多随葬兵器、随葬陶鬲鬲足不见竖行沟槽者则有明显的楚文化作风。[2] 可见虽然大冶铜绿山铜矿资源的管理者为楚国人的中下层贵族,但开采工作可能主要由当地的扬越人完成,扬越人也因此有一定的铜矿交易权。曾国在"左右楚王"时期,与楚国关系稳定,其完全有自

---

[1] 湖北省文物考古研究所等:《大冶铜绿山四方塘墓地第一次考古主要收获》,《江汉考古》2015年第5期,第35—44页。陈树祥等:《楚国经略鄂东南铜矿资源的考古学观察》,《湖北理工学院学报》(人文社会科学版)2017年第2期。

[2] 陈丽新、陈树祥:《试论大冶铜绿山四方塘墓地的性质》,《江汉考古》2015年第5期,第100—101页。

主发展的权利。因此不同于楚国直接控制铜矿,曾国可以通过贸易手段从扬越人手中获得一定的铜料资源,在春秋时期继续确保"金道锡行",在铜料的流通中发挥重要作用。可以总结一下:1. 西周早期曾国叶家山墓地铜锭的发现,表明铜原料运输是被重视的,而西周早期如阳新和尚墟的冶炼者以本地人为主,曾国以及西周王朝的势力没有到达并控制该地的现象。贸易、进贡或掠夺是铜料流通的重要手段。2. 西周晚期楚公逆钟的发现,证明楚国通过掠夺、纳贡得到了铜原料;而此时,铜绿山墓地的发掘,证明此时楚国人已经来到了铜绿山,直接组织了冶炼,即便如此,要满足铜的需求,楚国仍要在组织直接生产的同时发动掠夺战争。3. 春秋早期晋姜鼎的发现,证实了铜原料贸易的存在;苏家垄"金道锡行"铭文簠的发现,证实曾国确实有维护铜、锡原料运输通道的使命。现代科技检测手段也证实了晋国所用部分铜料来自南方,说明"金道锡行"是从南向北。4. 苏家垄冶炼遗址的发现,似乎说明运的就是当地冶炼的铜锭。但铭文"克狄(逖)淮夷,印(抑)燮繁汤阳"、"具既卑(俾)方"的表述,说明区域范围不仅如此,来源应是多样的,既有本地冶炼的,也应该有从铜绿山等地运输来的。合理推测,随枣走廊是一条线路;从南往北,经过河南新蔡一带再继续北进,也是线路的选择之一。5. 总而言之,中国青铜时代存在一条铜原料的南方之路,即"金道锡行"(中条山等北方铜矿也是产地之一)。直接组织生产、贸易、掠夺和共享等获取铜原料的方式,西周早期就已经存在,也许能追溯到商代,但是需要考古材料的证实。

第三节 余论:曾国文化概观

通过上述对考古材料的分析,笔者从以下几个方面对曾国文化作出概括。

一、曾国文化中的周王朝正统文化面貌

文献记载,西周立国之后,实行分封制,将王室贵族和功臣分封到各战略要地,将各地与周天子同姓和异姓的诸侯统一在周朝封建制下。从叶家山曾国墓地可以看出,西周早期的曾国与周王朝核心的关中地区周文化面貌基本相同。从墓葬规模、随葬器物数量及规格来看,曾国当是与齐、鲁、燕、晋等大国同等级的诸侯国。"南公"铭文更加证明曾国始祖为周王近亲,叶家山青铜器造型、纹饰及铭文字体都是典型的周文化风格,而与同处于今随州地区的西周时期重要诸侯国的鄂国青铜器则体现出明

显不同的风格。以羊子山 M4 出土神面纹甗、尊、卣为代表的鄂国青铜器（图九三），从铸造工艺上看，应为地方产品。其神面眼睑的结构近似于人目，而与常见的兽面纹不同，[①]较以曾国为代表的周文化系统的青铜器显得更为神秘和怪异。

图九三　羊子山 M4 出土鄂国青铜器

---

① 张昌平:《吉金类系——海外博物馆藏中国古代青铜器（二）：神面纹青铜器》,《南方文物》2011 年第 3 期。

曾国是周代分封体系中的核心成员,是周王朝分封到江汉地区以加强对南方资源控制的重要诸侯国,是周王朝经略南方蛮夷的保障,这恰与《左传》中"汉东之国随为大"的记载相互对照。曾国的文化作为是周文化在南方的最重要的代表,从墓地的布局、随葬器物组合和形制特征均可以明显体现了这一点,前述第三、四两章已经作了详细论述。

　　(一)从最能体现文化的铭文来看:1. 西周早期的叶家山出土铜器,尤其是 M2 ⚘子鼎上所记录的铭文内容和字体都与西周正统文化特征相符合,"岐阳之会"、"王赏多邦伯"等字句的叙述方式与周原地区所出青铜器铭文记载的描述事件的方式极为相似,字体较为敦实朴拙;2. 西周中期苏家垄 M88 曾伯霥壶"哲圣孔武,孔武元屖","唯此壶章,先民之尚",以及郭家庙 M21 曾伯陭钺"非历殹刑,用为民政"等句式押韵方式与《诗经》中的押韵方式相似,字体较西周早期的铜器铭文更为清新,表现出较高的文化水平;3. 到了曾侯與、曾侯乙时期,曾侯與编钟"楚命是静,复定楚王"和曾侯乙漆箱上的"所尚若陈,琴瑟常和"延续了之前一贯的叙事方式,而曾侯與、曾侯乙钟体上的铭文修长秀丽,为鸟虫篆,吸收了楚、吴地的风格。综上可见,⚘子鼎的 37 字、曾伯霥壶的 161 字、曾侯與编钟的 169 字和曾侯乙钟、磬长达 4 574 字的长篇铭文,以及铭文类似《诗经》四字歌咏风格的文学表述方式,表明整个两周时期高度发达的文化传统在曾国得到传承和延续。

　　(二)周代贵族以六艺为教育的基本内容和贵族的基本修养,曾国作为嫡系姬姓,六艺亦是贵族教育的基本内容。①《周礼·保氏》:"养国子以道,乃教之六艺:一曰五礼,二曰六乐,三曰五射,四曰五御,五曰六书,六曰九数。"周代确立的六艺是中国礼乐文化的核心。曾国的音乐文物、车马、竹简都可以在周文化六艺背景下进行考察。

　　考古材料来看,曾国在音乐上处于当时的领先地位。叶家山 M111 出土的 4 件甬钟和一件镈钟共计 10 个音高,构成六声音列,为四声七律,它内含的"羽(La)——宫(Do)——角(Mi)——徵(Sol)"音阶结构,是整个西周时期编钟音阶的骨干结构,在周原等周文化核心区出土的编钟上常见,被称为"周原音列"。郭家庙 M30 号墓出土的 10 件编钮钟则完整呈现了"徵、羽、宫、商、角"即"五正声"的宫调系统新格局,是曾侯乙编钟的先声。曾侯乙编钟是中国先秦礼乐文化的巅峰之作,其铭文完整记载了曾国六阳律律名及与周、楚、申、晋等国的对照关系。根据上节对律铭的分析,可见曾国律名与楚国律名差异较大,因此在铭文中特意进行了标示。但周、晋等国律名出现得不多,暗

---

① 方勤:《曾侯音乐文物小考》,《东亚音乐考古研究论文集》,中州古籍出版社,2014 年。

示出曾国律名系统与周、晋相同律名较多,这也是周文化在曾侯乙编钟上的体现。

西周早期的叶家山墓地到文峰塔墓地,曾国高级贵族墓葬随葬车马为普遍现象。曹门湾墓区 M1 西面分布曾国迄今所见最大的车坑和马坑,足见车马既是国家实力的象征,也是贵族身份的重要标志。战国早期的曾侯乙墓出土了 240 枚竹简,共计 7 000 多字。出土时墨迹清晰,记载了葬仪所用车、马、兵、甲等的情形。曾侯乙墓竹简是迄今通过科学发掘出土时代最早的竹简,简文记录的车名多见于《周礼》《礼记》等历史文献,是研究先秦车马制度十分重要的出土文献。

二、曾国的政治文化

(一) 民本思想

周灭商后,周人建立了天命观,君主以德配天,敬天保民。《尚书·康诰》反复强调"保民"、"乂民"。春秋、战国时期,随着礼乐制度的发展以及诸子百家的兴起,民本思想得到进一步发展。曾国是一个重民本的国家,曾国青铜器铭文和传世文献中都有关于民本思想的内容。

春秋早期的铜钺曾伯陭钺有铭文"曾伯陭铸戚钺,用为民刑,非历殴刑,用为民政",内容强调了虽然曾伯用钺来治理百姓的罪行,但并非专门用来杀人,而是晓民以刑律,推行政令,可以与《尚书·多方》"厥民刑用劝"、《郭店楚简·缁衣》"教之以政,齐之以刑"的内容相互参照。[①]

《左传·桓公六年》记载,随国贤臣季梁主张"夫民,神之主也。是以圣王先成民,而后致力于神",随国应"务其三时,修其五教,亲其九族"以存民力。因此随侯修政,楚不敢侵伐。

在曾侯乙文物上也能看到曾国对于农业生产的重视。在"二十八宿图"木衣箱的盖面上,环绕"斗"字书写着二十八星宿星名,两边分别绘有龙与虎的图像,在亢宿附近刻写"甲寅三日"四字。这是一幅"北斗携连图",内含着"斗转星移"、"斗柄授时"、"正月建寅"等历法认识。根据历法推算,所绘天象为公元前 433 年正月甲寅初三。"弋射图"木衣箱的盖面有漆书 20 字:"民祀唯房,日辰于维,兴岁之驷,所尚若陈,琴瑟常和。"(图九四)意思说民间祭祀房宿,就是祭祀的兴岁之时(即是立春前后)的天驷星,人们希

[①] 黄锡全:《枣阳郭家庙曾国墓地出土铜器铭文考释》,襄樊市考古队等:《枣阳郭家庙曾国墓地》,科学出版社,2005 年。

望通过祭祀房星而心想事成。衣箱的另一面四兽相向,纵列四颗大星,是房宿的图像。房宿又叫天驷,还叫农祥星,与农事有一种天然的联系。综合两件衣箱的图像和文字,它们共同说明了立春前后祭祀房宿的主题。这个祭祀活动叫"籍田礼"。《国语·周语》讲"王敬从之,王耕一垡",《礼记·祭义》讲"昔者天子为藉千亩……躬执耒…诸侯为藉百亩,……躬执耒",每当此时,天子诸侯都要遵从《周礼》的规定躬执耒,也就是亲自扶犁,举行籍田礼。曾侯乙衣箱图像和文字,表明了曾国国君对农业生产的重视。

图九四　曾侯乙墓"弋射图"木衣箱漆书文字

(二) 重 诚 守 诺

春秋中晚期后,曾国成为楚的与国。公元前506年吴师入郢之战中,曾国庇护楚昭王,在回复吴人交出楚昭王的要求时,特别强调守信的重要性。"以随之辟小而密迩于楚,楚实存之,世有盟誓,至于今未改。若难而弃之,何以事君?""世有盟誓"之词与曾侯與编钟 M1:3"恭寅斋盟"[1]可以相互参照,足见曾国对于与楚国盟约的重视。正是这种重约守信的政治文化,使曾、楚两国在战国时期结成特殊的关系。楚昭王之子楚惠王为曾侯乙宗庙[2]所作的镈钟也为曾国郑重地编列于曾侯乙编钟正中位置。

---

[1] 凡国栋:《曾侯與编钟铭文柬释》,《江汉考古》2014年第4期。
[2] 王人聪:《关于曾侯乙墓的年代》,《江汉考古》1985年第2期。

三、出土曾国文物上所见的神话

曾国悠久的历史和多元文化的背景,使曾国文物具有丰富的文化内涵。除了上文曾加以详细论述的音乐文化和青铜文化外,不少曾国文物的造型与纹饰可以与传世文献中的神话相参照。

叶家山 M27 出土的人龙合体玉佩、郭家庙 GM16 出土的玉人和曹门湾 M1 出土的编磬人形立柱,都采用了羽人造型(图九五)。玉羽人为人、龙、凤合体,是新石器时代以来神、人、动物三位一体观念的延续;羽人编磬立柱与《周礼·考工记·梓人》"裸者、羽者、鳞者以为笋虡"的记载相符,二者具有宗教的意味,或与天人沟通观念相关。[①]

图九五　叶家山 M27 出土的人龙合体玉佩(左)、郭家庙出土的羽人玉佩(中)、羽人形编磬立柱(右)

---

① 湖北省博物馆、香港中文大学文物馆:《有凤来仪——湖北出土楚文化玉器》,香港中文大学文物馆,2018年。方勤、吴宏堂:《穆穆曾侯——枣阳郭家庙曾国墓地》,文物出版社,2015年。

曾侯乙主棺内棺绘有神人4个,神兽武士20个。神像形貌十分怪异,有的人面鸟身,有的兽首人身。这些神怪都是赤膊正面,手持双戈戟的形象(图九六)。《周礼·夏官·方相氏》中载:"方相氏掌蒙熊皮,黄金四目,玄衣朱裳,执戈扬盾,帅百隶而时傩,以索室驱疫。大丧,先柩。及墓,入圹,以戈击四隅,驱方良。"这些描述与内棺上的神像相符。

前面提及的《弋射图》衣箱绘有三足乌鸦立于树上,以象征太阳与扶桑树,一人手持弓箭,箭头已经射落了一只三足乌(图九七)。据《淮南子·本经训》:唐尧时代"十日并出,焦禾稼,杀草木,而民无所食……尧乃使羿诛凿齿于畴华之野,杀九婴于凶水之上,缴大风于青丘之泽,上射十日而下杀猰貐,断修蛇于洞庭,擒封豨于桑林"。衣箱的盖面所绘两幅弋射图表现了后羿射日的情景。在弋射形象的边缘还绘有两条双首人面蛇(枝头蛇),反向互相缠绕,据王延寿《鲁灵光殿赋》"伏羲鳞身,女娲蛇躯"之语,这可能是传说里的伏羲和女娲。《夸父逐日图》木衣箱的一侧绘有夸父逐日的神话故事,所绘之鸟为日中金乌。盖面所绘四兽似马,可能象征天驷星座。①

曾侯乙五弦器的琴身前半段两侧,在非常致密的方格纹上,各绘十一和十二只引颈振翅的凤鸟及漆绘两幅人与龙的图案。人作蹲状,有面有孔,头上长发高竖且向两旁弯曲,头两侧各有一蛇。颈下横亘一龙身,组成上肢由左右向上延伸,龙之首、尾犹如两手作握物状。胯下有二龙互相缠绕,龙首相对。此图像应为古文献传说中的"夏后启得乐",如《山海经·海外西经》载:"大乐之野,夏后启于此舞九代。乘两龙,云盖三层。左手操翳,右手操环,佩玉璜。在大运山北,一曰大遗之野。"又如《墨子·非乐上》载:"启乃淫溢康乐,野于饮食,将将铭,苋磬以力,湛浊于酒,渝食于野,《万》舞翼翼,章闻于天,天用弗式。"②可见夏启在古代传说中是上天音乐的传播者,其乘龙形象与五弦器上的图案接近。而五弦器可能是"均钟",用于调律,其神圣的功能与传说相符。

四、曾国出土文物艺术

曾国是目前科学考古所见的延续时间最长的先秦方国。出土的大量文物能够代表两周时期高超的艺术水平。

---

① 湖北省博物馆:《曾侯乙墓》,文物出版社,1989年,第354—355页。
② 冯光生:《珍奇的"夏后开得乐图"》,《江汉考古》1983年第1期。

第四章　曾国的音乐与青铜成就

图九六　曾侯乙主棺内棺纹饰

图九七　曾侯乙衣箱上的"弋射图"

(一) 雕 塑 感 强

曾国青铜器有不少雕塑感极强的艺术作品。如叶家山 M27 立鸟盖悬铃铜罍和 M111 蟠龙兽首铜罍盖顶的立鸟和蟠龙均采用圆雕造型,腹部的兽面纹也采用了高浮雕手法,兽角凸起(图九八)。M111 所出兽面纹铜镈钟,钟体两侧有四个相同的透雕虎纹,前后伸出勾云状扉棱,扉棱顶部各有一个圆雕小鸟(图九九)。M28 曾侯谏铜盉流部塑造的圆雕爬兽(图一〇〇),为同时期所罕见。扉棱造型为西周早期青铜器常见元素,叶家山 M111 曾侯作父乙铜方鼎,盖上装饰有凸起的镂空龙纹,与器身的高浮雕蝉纹、兽面纹呼应(图一〇一),极为豪华。春秋时期,郭家庙、苏家垄出土青铜器延续了西周中期之后的规整、稳重风格,较抽象的几何纹饰大量使用。苏家垄 M79、M88 的铜壶。M1 曾仲斿父壶壶盖采用莲瓣,为春秋时期铜壶莲瓣造型之先河(图一〇二)。曾侯乙墓出土青铜器更可谓中国青铜器的巅峰之作。曾侯乙尊盘采用了先进的熔模铸造工艺,达到玲珑剔透的艺术效果(图一〇三)。曾侯乙编磬架以起源于西亚地区的有翼神兽为造型,神兽刻画得威严生动(图一〇四)。曾侯乙编钟钟架立柱采用了铜人形象,双手高举,神态平和,身佩宝剑和玉组佩,是青铜器中较为少见的以人像为主题的作品(图一〇五)。

图九八　叶家山 M27 出土立鸟盖悬铃铜罍(左)、M111 出土蟠龙兽首铜罍(右)

图九九　叶家山 M111 出土的编钟

图一〇〇 叶家山 M28 出土的曾侯谏铜盉流上爬兽

图一〇一 叶家山 M111 出土的曾侯作父乙铜方鼎

图一〇二 曾仲斿父壶

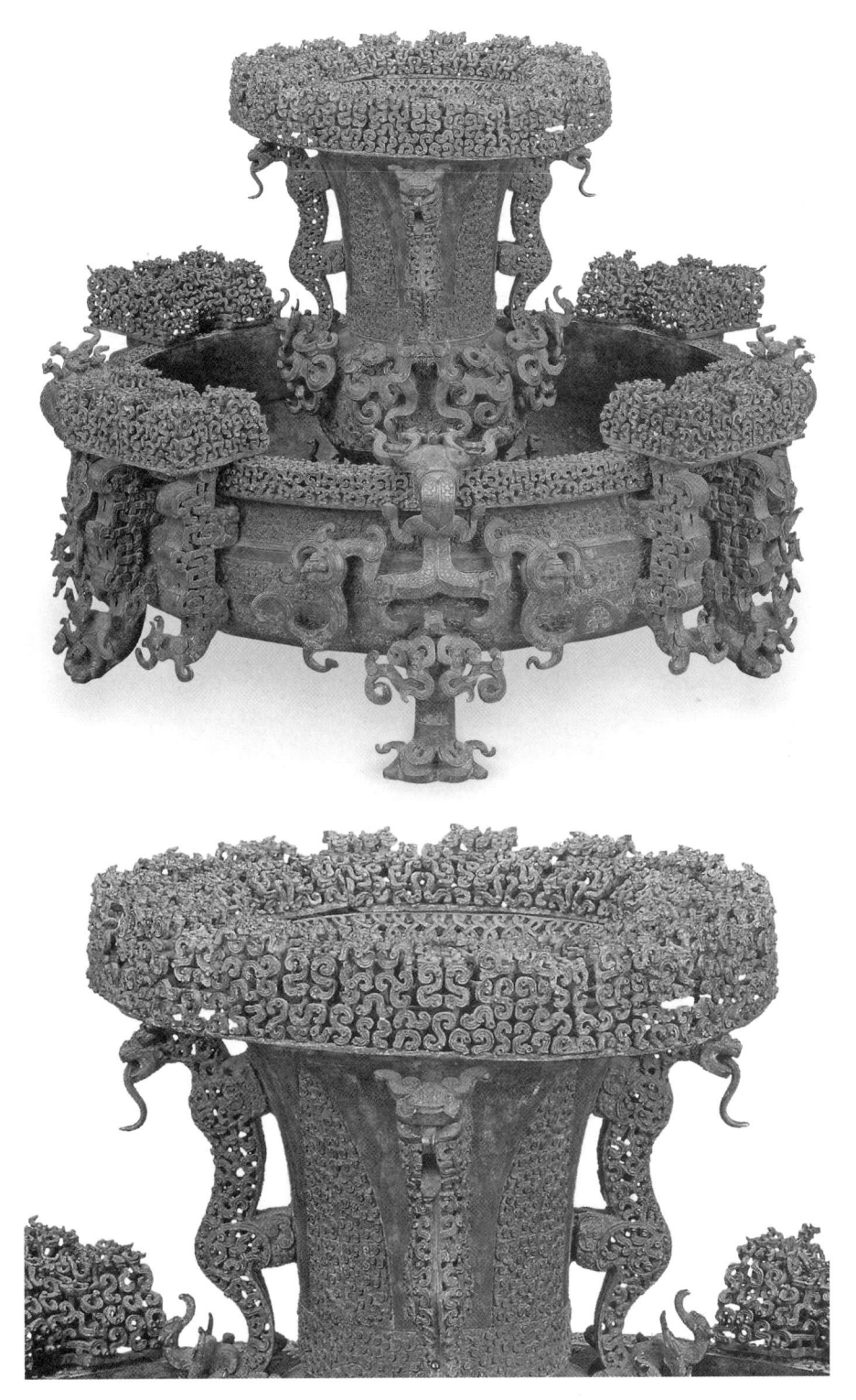

图一〇三　曾侯乙尊盘及尊口沿局部

图一〇四　曾侯乙编磬架神兽

图一〇五 曾侯乙编钟钟架铜人立柱

（二）龙凤主题

龙凤是中国文化中的核心母题。周人青铜器、玉器上的龙凤鸟纹饰十分常见，表达了周人对于凤鸟的崇拜。曾国出土文物，尤其是玉器上，龙凤纹饰应用得十分广泛。西周早期到春秋早期，曾国玉器基本上受周文化影响。叶家山墓地出土有不少凤鸟形玉器，既有商代的遗物，也有典型的西周早期器物（图一〇六）。郭家庙曹门湾M1出土的凤纹玉饰上用阴线刻画了四只凤鸟，两两首尾相连，鸟喙部镂空，冠羽高耸，为西周晚期玉器的精品（图一〇七）。叶家山墓地M27出土的龙形玉佩呈S形，龙首回顾，类似于战国时期龙形玉佩的构图，为西周早期罕见（图一〇八）。郭家庙墓地出土的龙形玉器则是比较典型的周文化玉器（图一〇九），多与周原、张家坡等地所见西周晚期玉龙形制相同。

（三）灵动浪漫

漆器是中国古代一项重要的创造。战国之前的曾国漆器保存不多。曾侯乙墓所出漆器充分体现了战国初期曾国的艺术特征。如出现了自然景象、动物、植物、几何纹饰以及神话故事和生活场景等丰富的纹饰题材。而鸳鸯形漆盒的图案则是罕见的反映乐舞主题的纹饰，其中乐师、舞者敲鼓、撞钟、起舞的场景（图一一〇），笔法简练，各种形象抽象而不失灵动，带有浪漫主义的艺术特征。再如上述西周早期叶家山墓地M27所出土的龙形玉佩呈S形，活泼调皮，憨态可掬，为同期诸侯国罕见，其造型灵动的一面，可视作曾国灵动艺术风格的滥觞。

五、曾国文化的吸收与传播

（一）曾国文化多元性

曾国地处随枣走廊，是中原王朝经略南方，南方铜料向北流通的通道。曾国既与其北方的中原诸国关系密切，也与东北的淮河流域诸侯国交往频繁。这样的政治地理因素，使得曾国文化具有相当的多元性。

西周早期的曾国文化还保留部分殷商文化特点，如带有日名的青铜器、诸多圆雕玉器、高领玉璧等。部分墓葬带有腰坑，坑内葬犬，这些也是殷商文化的特色。叶家山M1出土柳叶形铜剑茎饰兽首，其下绘等腰三角形躯干，躯干内部又

第四章　曾国的音乐与青铜成就　　　　　　　　　　·199·

图一〇六　叶家山 M28 出土玉凤鸟

图一〇七　郭家庙曹门湾 M1 出土四凤纹玉饰

图一〇八　叶家山 M27 出土龙形玉佩

图一〇九　郭家庙曹门湾 M1 出土人龙合体玉佩(上)、M17 出土龙形玉佩(下)

有两组六个对称夔纹(图———),这样的纹饰构图在中原文化少见,而多见于巴蜀地区。[1] 叶家山 M27 立鸟盖悬铃铜罍、M111 蟠龙兽首铜罍等也体现了周文化核心区域之外的文化特性(图九八)。原始瓷器在早商时期的长江下游地区就有大量生产。以叶家山墓地为代表的曾国位于中原地区与南方文化交流的"桥梁"地带,墓葬随葬品中原始瓷器所占的比例较其他西周诸侯国墓葬高得多,应当是因为这里在原始瓷器北上传输中所得的地利之便。上述例证都说明了早期曾国具有的多元文化因素。

两周之际的曾国与当时的楚国及北方邓、卫、矢等都有通婚交流,尤其与淮水

---

[1] 湖北省博物馆、湖北省文物考古研究所、随州市博物馆:《随州叶家山——西周早期曾国墓地》,文物出版社,2013 年。

图一一〇　曾侯乙墓出土彩漆鸳鸯盒线图

流域的黄、番、宋、房、郧、弦交往频繁,在第三章已举出诸多例证。这种交往可能与楚国的东进有关,汉淮间各小国往往需要相互联合抵御楚国。这批铜器铭文虽然不多,结合当时政治和经济结构,却可以揭示曾国在汉淮地区和北方复杂的社会交往。

正是由于曾国地处南北交通要道,在封建体制下,不同区域文化通过朝聘、赏赐、婚姻、贸易和战争等方式在曾国交流与融合,形成了曾国的多元文化。

(二) 曾国文化对楚的影响

西周到春秋早期,正逢曾国国力强盛之时,曾国文化对楚国产生了深远影响。虽然根据文献记载,楚国在西周中期就拥有了不小的军事实力,但从考古材料上还不能看到其已经形成具有强烈自身特点的制度与文化。从楚公豪钟、楚公逆钟、楚季宝钟

图一一一　叶家山 M1 出土巴式铜剑

的西周楚国青铜器都可以看到周文化对于楚人的影响。楚国不断发展、扩张的过程中，曾、楚两国既保持着通婚关系，又有激烈的对抗。近在咫尺的曾国，应该是楚国学习、借鉴的主要对象，从升鼎的发展中可以清楚地看到这一点。

平底束腰升鼎形制独特，在过去的考古中只见于楚国及与其有密切关系的诸侯国墓葬中，因此又被称为"楚式升鼎"。但根据均川刘家崖出土的 2 件升鼎及苏家垄 M79 出土的 5 件升鼎可知（图一一二），升鼎这种的形制首先在曾国由西周中晚期的立耳垂腹鼎结合江汉地区地方文化因素发展出来，并在曾、楚的交往过程中为楚人吸收，最后到战国时期成为楚国正鼎的典型形态。

小　结

总体看来，曾国文化作为代表周王朝的正统，相较于楚地文化而言，尤其在西周早期至春秋中晚期的"左右文武"时期，表现出了一定的领先性。这也可以从殉人的丧葬文化中得到体现。曾国西周早期的叶家山墓地，春秋时期郭家庙墓地、苏家垄、

图一一二　苏家垄 M79 出土升鼎

义地岗墓地、文峰塔墓地、随州汉东墓地，包括诸侯级别的墓地都没有发现殉人的现象；而同期的楚国，如郧县乔家院春秋楚墓、淅川下寺春秋楚墓，没到诸侯级别，却都有殉人现象。当然同在春秋时期，别国也见殉葬，如凤翔秦景公的秦公一号大墓，殉葬人数过百。[①] 这表明曾国分封江汉地区后，摈弃了商代残酷的殉葬制度。而有趣的是，进入战国时期，楚人仍然采用殉人葬俗。战国早期新蔡葛陵楚墓、淅川徐家岭M11、当阳赵家湖力洼子M8，中期徐家岭M1、湖南临澧九里楚墓大封包墓、鄂城百子畈M3—M5等，都有殉人的发现。[②] 反观曾国，曾侯乙墓有21人殉葬（可能为其夫人墓的擂鼓墩二号墓也有殉人）；但嗣后的曾侯丙墓亦不见殉葬现象，是否曾侯乙是因为纳入了"左右楚王"之后，受楚国影响，还是他受到楚惠王的特殊褒奖，乃至直接用楚制下葬而出现的孤例，有待进一步的考古发现佐证。

我们有理由相信，正是因为在南方地区，曾国代表了当时先进的周文化，具有强大的文化辐射力，曾国在春秋中晚期臣服于楚国之后，楚国给予曾国特殊的地位，而未致其灭国。

---

① 韩伟、焦南峰：《秦都雍城考古发掘研究综述》，《考古与文物》1988年第5、6期合刊，第111—127页。
② 杨茂：《楚国人殉研究》，西南大学硕士学位论文，2010年，第11—13页。

第五章 结　　语

本书结合文献,依据考古发掘资料,以及出土文献材料,对文献阙载的曾国历史进行了梳理。并根据考古材料的实际情况,把曾国历史分为西周早期、西周晚期至春秋早期、春秋晚期(含中期)至战国中期三段,又对曾国文化内涵进行了分析。分析中着重考察了这三个时期物质文化所蕴含的文化内涵、都城变迁与国土疆域变化,以及曾国与周王朝、楚国的关系。

西周早期,曾国是周王朝的嫡系势力,"左右文武",承担"君庇淮夷,临有江夏"的历史使命。其文化具有鲜明的周文化特色,其中不乏对当地南方文化的吸收;当时楚国地域也狭小,与楚国文化的交流不占主流。

西周晚期至春秋早期,曾国仍是周王朝的嫡系势力,承担了"克狄淮夷"的使命,保持"金道锡行"畅通的责任。此时,楚国开始崛起,多次攻伐曾国,但二者在文化上仍有交流、有冲突、有融合,如春秋早期的苏家垄中出现的"曾伯桼"鼎,便是楚式升鼎的滥觞,表明升鼎是曾、楚两国共同创造的,恰好曾伯桼的夫人芈克极有可能来自楚国,这说明尽管有战争冲突,但文化上二者是交融的。春秋中期继续保持这个势头,在义地岗发现的春秋中晚期的器物特征,与下寺楚墓的风格比较接近,也说明了这个推断。

到春秋晚期、战国早期的曾侯乙前后,文峰塔M4"左右楚王"铭文编钟的出现,表明曾国已臣服于楚国,文化面貌属于楚文化的体系。曾侯乙竹简的遣册,涉及的是楚国的王公、官员、封君,更说明曾国已丧失主权国地位,成为楚国的附属国。但是曾国仍保持了许多自身的文化传统,如曾侯乙的瘪裆铜鬲与楚式鬲有较大差异,又如曾侯乙用"黄钟"、"蕤宾"等六阳律,不同于"文王"、"坪皇"等楚的系统,等等。

曾国一直延续至战国中期。"曾侯丙"器铭的发掘出土,表明曾国至战国中期仍然存在,但这个时候,其文化特征基本与楚国接近,如出土兽足大鼎,风格与楚幽王墓出土的铸客大鼎风格如出一辙,说明已基本融入楚文化;曾侯丙墓出土的一个铜鬲,风格完全没有曾侯乙的瘪裆传统,倒是与楚式一致了。这个时间已经处于秦人拔郢前后,所以,曾国不一定是被楚灭,极有可能是随着秦人的到来,随楚人东迁了。

曾国从西周早期到战国中期在长达七百多年的时间里创造了辉煌灿烂的诸侯国文化,尤其是其在礼乐文明和青铜冶铸方面的成就最为突出。从随州叶家山编钟的"四声七音"音律到枣阳郭家庙钮钟的"五正声"组合,至曾侯乙编钟形成了"十二律"的中国音乐体系构建。曾国音乐有继承、有传承,是华夏正声的代表。曾国出土的大量厚重青铜器表明其先进的青铜冶铸工艺,通过各种途径取得丰富的铜矿料资源,从始至终利用随枣走廊这条"金道锡行"的运铜通道,创造了灿烂的青铜文明。

本书运用近年新出的多批考古资料,重新复原了一个从西周早期至战国中期长达七百年的诸侯国历史。这对于周代诸侯国的研究,具有独创性,甚至填补了部分空白。曾国文化是我们了解先秦历史,及整个中国礼乐文化的一个窗口。

参 考 文 献

（一）基本史籍：

[1] 司马迁：《史记》,中华书局,1959年。
[2] 王聘珍：《大戴礼记解诂》,中华书局,1983年。
[3] 薛尚功：《历代钟鼎彝器款识法帖》,中华书局,1986年。
[4] 杨伯峻：《春秋左传注》,中华书局,1990年。
[5] 徐元诰：《国语集解》,中华书局,2002年。
[6] 范祥雍：《战国策笺证》,上海古籍出版社,2006年。
[7] 秦嘉谟等辑：《世本八种》,中华书局,2008年。
[8] 孔广森：《大戴礼记补注》,中华书局,2013年。
[9] 赵明诚：《金石录》,齐鲁书社,2009年。

（二）考古报告与出土文献：

[1] 中国科学院考古研究所：《洛阳中州路（西工段）》,科学出版社,1959年。
[2] 中国科学院考古研究所：《上村岭虢国墓地》,科学出版社,1959年。
[3] 中国社会科学院考古研究所：《沣西发掘报告》,文物出版社,1962年。
[4] 湖北省博物馆：《湖北京山发现曾国铜器》,《文物》1972年第2期。
[5] 郑杰祥：《河南新野发现的曾国铜器》,《文物》1973年第5期。
[6] 湖北省博物馆：《湖北枣阳发现曾国墓葬》,《考古》1975年第4期。
[7] 黄陂县文化馆等：《湖北黄陂鲁台山两周遗址与墓葬》,《江汉考古》1982年第2期。
[8] 临朐县文化馆、潍坊地区文物管理委员会：《山东临朐发现齐、郯、曾诸国铜器》,《文物》1983年第12期。
[9] 罗西章：《扶风北吕周人墓地发掘简报》,《文物》1984年第7期。
[10] 随县博物馆：《湖北随县城郊发现春秋墓葬和铜器》,《文物》1980年第1期。
[11] 余从新：《安陆县晒书台商周遗址试掘》,《江汉考古》1980年第1期。
[12] 中国社会科学院沣西发掘队：《1967年长安张家坡西周墓葬的发掘》,《考古学报》1980年第4期。
[13] 随州市博物馆：《随州擂鼓墩砖瓦厂十三号墓发掘简报》,《江汉考古》1984年第3期。

[14] 武汉大学荆楚史地与考古教研室:《随州安居遗址初次调查简报》,《江汉考古》1984年第4期。
[15] 咸宁地区博物馆、阳新县博物馆:《阳新县和尚垴遗址调查简报》,《江汉考古》1984年第4期。
[16] 荆州地区博物馆:《江陵雨台山》,文物出版社,1984年。
[17] 山东省文物考古研究所:《曲阜鲁国故城》,齐鲁书社,1982年。
[18] 湖北省文物考古研究所:《湖北随州市擂鼓墩二号墓发掘简报》,《文物》1985年第1期。
[19] 孝感地区博物馆:《大悟吕王城重点调查简报》,《江汉考古》1985年第3期。
[20] 襄樊市博物馆:《湖北枣阳毛狗洞遗址调查》,《江汉考古》1988年第3期。
[21] 河南省文物研究所等:《淅川下王岗》,文物出版社,1989年。
[22] 湖北省博物馆:《曾侯乙墓》,文物出版社,1989年。
[23] 随州市博物馆:《随州东城区发现东周墓葬和青铜器》,《汉江考古》1989年第1期。
[24] 随州市博物馆:《湖北随州市安居镇发现春秋曾国墓》,《江汉考古》1990年第1期。
[25] 王善才:《随州师范学校战国墓地》,《中国考古学年鉴(1989)》,文物出版社,1990年。
[26] 南京市博物馆、六合县文教局:《江苏六合程桥东周三号墓》,《东南文化》1991年第1期。
[27] 随州市博物馆:《湖北随州擂鼓墩战国东汉墓发掘简报》,《江汉考古》1992年第2期。
[28] 麻城博物馆:《麻城金罗家遗址调查简报》,《江汉考古》1992年第3期。
[29] 宜昌地区博物馆、北京大学考古系:《当阳赵家湖楚墓》,文物出版社,1992年。
[30] 武汉大学历史系考古教研室等:《西花园与庙台子》,武汉大学出版社,1993年。
[31] 武汉大学历史系考古专业:《随州庙台子遗址试掘简报》,《江汉考古》1993年第2期。
[32] 随州市考古队:《湖北随州义地岗又出土青铜器》,《江汉考古》1994年第2期。
[33] 孝感市博物馆:《湖北孝感聂家寨遗址发掘简报》,《江汉考古》1994年第2期。
[34] 熊卜发:《孝感地区古文化遗址调查》,《鄂东北地区文化考古》,湖北科学出版社,1995年。
[35] 云梦县博物馆:《云梦楚王城H11清理简报》,《汉江考古》1996年第1期。
[36] 北京市文物研究所:《琉璃河西周燕国墓地(1973—1977)》,文物出版社,1995年。
[37] 湖北省文物考古研究所等:《湖北襄樊真武山周代遗址》,《考古学集刊》第9辑,科学出版社,1995年。
[38] 沙市市博物馆:《沙市市杨岔古遗址试掘简报》,《江汉考古》1995年2期。
[39] 湖北省文物考古研究所:《江陵九店东周墓》,科学出版社,1995年。
[40] 湖北省孝感市博物馆:《云梦楚王城遗址发掘和城垣解剖》,《鄂东北地区文物考古》,湖北科学技术出版社,1995年。
[41] 罗西章:《北吕周人墓地》,西北大学出版社,1995年。
[42] 湖北省文物考古研究所:《汉川乌龟山西周遗址试掘简报》,《江汉考古》1997年第2期。
[43] 武汉大学历史系考古研究室:《湖北宜城郭家岗遗址发掘》,《考古学报》1997年第4期。
[44] 中国社会科学院考古研究所:《安阳殷墟郭家庄商代墓葬——1982—1992年考古发掘报告》,中国大百科全书出版社,1998年。

[45] 张剑:《洛阳白马寺三座西周晚期墓》,《文物》1998年第10期。

[46] 洛阳市文物工作队:《洛阳北窑西周墓》,文物出版社,1999年。

[47] 湖北省文物考古研究所等:《湖北宜城县肖家岭遗址的发掘》,《文物》1999年第1期。

[48] 中国社会科学院考古研究所:《张家坡西周墓地》,中国大百科全书出版社,1999年。

[49] 北京大学考古学系商周组、山西省考古研究所:《天马—曲村(1980—1989)》,科学出版社,2000年。

[50] 中国社会科学院考古研究所:《1997年沣西发掘报告》,《考古学报》2000年第2期。

[51] 刘海旺、郭培育:《潢川县高稻场春秋墓地》,《中国考古学年鉴(2000)》,文物出版社,2002年。

[52] 湖北省文物考古研究所:《湖北老河口杨营春秋遗址发掘简报》,《江汉考古》2003年第3期。

[53] 湖北省文物考古研究所:《湖北枣阳市九连墩楚墓》,《考古》2003年第7期。

[54] 湖北省文物考古研究所等:《湖北随州市擂鼓墩墓地的勘探与试掘》,《考古》2003年第9期。

[55] 中国社会科学院考古研究所:《中国考古学·两周卷》,中国社会科学出版社,2004年。

[56] 河南省文物考古研究所等:《淅川和尚岭与徐家岭楚墓》,大象出版社,2004年。

[57] 中国社会科学院考古研究所:《安阳小屯》,世界图书出版公司,2004年。

[58] 湖北省文物考古研究所:《襄阳王坡东周秦汉墓》,科学出版社,2005年。

[59] 襄樊市考古队等:《枣阳郭家庙曾国墓地》,科学出版社,2005年。

[60] 中国社会科学院考古研究所:《殷周金文集成》(修订增补本),中华书局,2007年。

[61] 随州市考古队:《湖北随州市黄土坡周代墓的发掘》,《考古》2007年第8期。

[62] 襄樊市文物考古研究所、枣阳市文物考古队:《襄阳黄集小马家遗址发掘简报》,《襄樊考古文集》第1辑,科学出版社,2007年。

[63] 随州市博物馆:《随州擂鼓墩二号墓》,文物出版社,2008年。

[64] 陕西省考古研究院:《少陵原西周墓地》,科学出版社,2008年。

[65] 湖北省文物考古研究所等:《湖北随州叶家湾遗址发掘简报》,《湖北考古报告集》,江汉考古编辑部,2008年。

[66] 湖北省文物考古研究所:《湖北麻城吊尖遗址发掘简报》,《江汉考古》2008年第1期。

[67] 湖北省文物考古研究所:《随州广水巷子口遗址发掘简报》,《江汉考古》2008年第1期。

[68] 湖北省文物考古研究所等:《湖北随州义地岗墓地曾国墓1994年发掘简报》,《江汉考古》2008年第2期。

[69] 襄樊市文物考古研究所:《襄樊邓城黄家村遗址2005年西区周代灰坑发掘简报》,《中原文物》2008年第3期。

[70] 荆州博物馆:《荆州荆南寺》,文物出版社,2009年。

[71] 湖北省文物考古研究所等:《湖北随州叶家山M65发掘简报》,《江汉考古》2011年第3期。

[72] 湖北省文物考古研究所:《湖北随州叶家山西周墓地发掘简报》,《文物》2011年第11期。

[73] 湖北省文物考古研究所等:《湖北随州王家台遗址发掘简报》,《江汉考古》2012年第3期。

[74] 湖北省文物考古研究所等:《湖北随州市叶家山西周墓地》,《考古》2012年第7期。

[75] 湖北省文物考古研究所：《湖北随州义地岗曾公子去疾墓发掘简报》，《江汉考古》2012 年第 3 期。

[76] 湖北省文物考古研究所：《湖北叶家山西周墓地第二期考古发掘收获》，《江汉考古》2013 年第 3 期。

[77] 湖北省博物馆、湖北省文物考古研究所、随州市博物馆：《随州叶家山——西周早期曾国墓地》，文物出版社，2013 年。

[78] 湖北省文物考古研究所：《随州文峰塔 M1（曾侯舆墓）、M2 发掘简报》，《江汉考古》2014 年 4 期。

[79] 湖北省文物考古研究所、随州市博物馆：《湖北随州文峰塔墓地发掘简报》，《考古》2014 年第 7 期。

[80] 湖北省文物考古研究所等：《湖北随州文峰塔墓地 M4 发掘简报》，《江汉考古》2015 年第 1 期。

[81] 方勤、吴宏堂：《穆穆曾侯——枣阳郭家庙曾国墓地》，文物出版社，2015 年。

[82] 湖北省文物考古研究所等：《湖北枣阳郭家庙墓地曹门湾墓区（2014）M10、M13、M22 发掘简报》，《江汉考古》2016 年第 5 期。

[83] 湖北省文物考古研究所等：《湖北枣阳郭家庙墓地曹门湾墓区（2015）M43 发掘简报》，《江汉考古》2016 年第 5 期。

[84] 方勤、胡长春等：《湖北京山苏家垄遗址考古收获》，《江汉考古》2017 年第 6 期。

[85] 湖北省博物馆、香港中文大学文物馆：《有凤来仪——湖北出土楚文化玉器》，香港中文大学文物馆，2018 年。

[86] 山西博物院：《争锋——晋楚文明》，山西人民出版社，2018 年。

（三）研究论著

[1] 何浩：《楚灭国研究》，武汉出版社，1989 年。

[2] 湖北省博物馆等：《曾侯乙编钟研究》，湖北人民出版社，1992 年。

[3] 何光岳：《夏源流史》，江西教育出版社，1992 年。

[4] 黄锡全：《湖北出土商周古文字辑证》，武汉大学出版社，1992 年。

[5] 李文杰：《中国古代制陶工艺研究》，科学出版社，1996 年。

[6] 杨宽：《战国史料编年辑证》，上海人民出版社，2001 年。

[7] 冯天瑜：《封建考论》，武汉大学出版社，2006 年。

[8] 湖北省文物考古研究所等：《曾国青铜器》，文物出版社，2007 年。

[9] Lovthar von Falkenhausen, *Chinese Society in the the Age of Confucius*（1000 - 250 BC）：*The Archaeological Evidence*, Cotsen Institute of Archaeology Press, 2006.

[10] Li Feng, *Bureaucracy and the State in Early China*：*Governing the Western Zhou*, Cambridge University Press, 2009.

[11] 张昌平：《曾国青铜器研究》，文物出版社，2009 年。

[12] 陈伟：《新出楚简研读》，武汉大学出版社，2010 年。

[13] 湖北省文物考古研究所等:《2013年叶家山国际会议论文集》,江汉考古编辑部,2013年。
[14] 郭德维:《楚史·楚文化研究》,湖北人民出版社,2013年。
[15] 冯天瑜、何晓明、周积明:《中华文化史(珍藏版)》,上海人民出版社,2015年。
[16] 邹衡、谭维四:《曾侯乙编钟》,金城出版社,2015年。
[17] 湖北省文物考古研究所编著:《曾国考古发现与研究》,科学出版社,2018年。

(四) 研究论文

[1] 刘节:《寿县所出楚铜器考释》,《古史考存》,人民出版社,1958年。
[2] 屈万里:《曾伯漆簠考释》,《中研院历史语言研究所集刊》第33本,1962年。
[3] 俞伟超、高明:《周代用鼎制度研究》,《北京大学学报》(哲学社会科学版)1978年第1期。
[4] 石泉:《古代曾国—随国地望初探》,《武汉大学学报》(哲学社会科学版)1979年第1期。
[5] 李学勤:《再论曾国之谜》,《文物》1980年第1期。
[6] 程欣人:《随县涢阳出土楚、曾、息青铜器》,《江汉考古》1980年第1期。
[7] 苏秉琦:《从楚文化探索中提出的问题》,《江汉考古》1982年第1期。
[8] 陈贤一:《黄陂鲁台山西周文化剖析》,《江汉考古》1982年第2期。
[9] 冯光生:《珍奇的"夏后开得乐图"》,《江汉考古》1983年第1期。
[10] 孙敬明、何琳仪、黄锡全:《山东临朐新出铜器铭文考释及有关问题》,《文物》1983年第12期。
[11] 李学勤:《试论山东新出青铜器的意义》,《文物》1983年第12期。
[12] 刘彬徽、王世振:《曾国灭亡年代小考》,《江汉考古》1984年第4期。
[13] 杨权喜:《江汉地区发现的商周青铜器——兼述楚文化与中原文化的关系》,《中国考古学会第三次年会论文集》,文物出版社,1984年。
[14] 俞伟超:《关于当前楚文化的考古学研究问题》,《先秦两汉考古学论文集》,文物出版社,1985年。
[15] 王人聪:《关于曾侯乙墓的年代》,《江汉考古》1985年第2期。
[16] 张长寿、梁星彭:《关中先周青铜文化的类型与周文化的渊源》,《考古学报》1989年第1期。
[17] 左德田:《曾都刍议》,《江汉考古》1990年第1期。
[18] 李学勤:《曾国之谜》,《新出青铜器研究》,文物出版社,1990年。
[19] 李学勤:《盘龙城与商朝的南土》,《新出青铜器研究》,文物出版社,1990年。
[20] 杨宝成:《试论西周时期汉东地区的柱足鬲》,《楚文化研究论集》第4集,河南人民出版社,1994年。
[21] 叶植:《论楚熊渠称王事所涉及的地望问题》,《楚文化研究所论集》第4集,河南人民出版社,1994年。
[22] 杨权喜:《江陵纪南城附件出土的巴式剑》,《江汉考古》1994年第3期。
[23] 王恩田:《上曾太子鼎的国别及其相关问题》,《江汉考古》1995年第2期。
[24] 张昌平:《试论真武山一类的遗存》,《江汉考古》1997年第1期。

[25] 张昌平:《襄宜地区西周春秋时期文化序列初探》,《湖北省考古学会论文选集(三)》,江汉考古编辑部,1998年。

[26] 张昌平:《安居周代城址的发现及意义》,《中国文物报》1998年8月26日。

[27] 中国社会科学院考古研究所:《蕲春毛家咀和新屋塆西周遗存性质略析》,《江汉考古》2000年第4期。

[28] 王先福:《襄随两周遗址出土陶鬲分析》,《江汉考古》2002年第4期。

[29] 左超:《关于曾国问题的补遗》,《楚文化研究论集》第5集,黄山书社,2003年。

[30] 黄旭初、黄凤春:《湖北郧县新出唐国铜器铭文考释》,《江汉考古》2003年第1期。

[31] 冯天瑜:《泛化"封建"观有悖马克思的封建论》,《学术月刊》2007年第2期。

[32] 张昌平:《关于擂鼓墩墓地》,《江汉考古》2007年第1期。

[33] 王先福:《襄宜地区西周遗存出土陶器初步分析》,《楚文化研究论集》第7集,岳麓书社,2007年。

[34] 张昌平:《曾国铜器发现和疆域》,《文物》2008年第2期。

[35] 李学勤:《有新见青铜器看西周早期的鄂、曾、楚》,《文物》2010年第3期。

[36] 尹弘兵:《早期楚文化初析》,《江汉考古》2011年第3期。

[37] 曹锦炎:《"曾"、"随"二国的证据——论新发现的随仲嬭加鼎》,《江汉考古》2011年第4期。

[38] 张昌平:《吉金类系——海外博物馆藏中国古代青铜器(二):神面纹青铜器》,《南方文物》2011年第3期。

[39] 张昌平:《随仲嬭加鼎的时代特征及其他》,《江汉考古》2011年第4期。

[40] 杨升南:《叶家山曾侯家族墓地曾国的族属》,《中国文物报》2011年11月2日。

[41] 李伯谦、刘绪等:《湖北随州叶家山西周墓笔谈》,《文物》2011年第11期。

[42] 刘绪等:《湖北随州叶家山西周墓笔谈》,《文物》2011年第11期。

[43] 张昌平:《曾国问题研究》,《方国的青铜与文化》,上海人民出版社,2012年。

[44] 李学勤:《试谈楚季编钟》,《中国文物报》2012年12月7日。

[45] 笪浩波:《汉东的𢀜国、曾国与随国考》,《楚简楚文化与先秦历史文化国际学术研讨会论文集》,湖北教育出版社,2013年。

[46] 董珊:《从出土文献谈曾分为三》,《出土文献与古文字研究》第5辑,上海古籍出版社,2013年。

[47] 李伯谦等:《湖北随州叶家山西周墓第二次笔谈》,《江汉考古》2013年第4期。

[48] 田伟:《试论两周时期的青铜剑》,《考古学报》2013年第4期。

[49] 方勤:《叶家山M111号墓编钟初步研究》,《黄钟》2014年第1期。

[50] 何晓琳:《随州叶家山西周墓葬出土日用陶器浅析》,《江汉考古》2014年第2期。

[51] 方勤:《曾侯音乐文物小考》,《东亚音乐考古研究论文集》,中州古籍出版社,2014年。

[52] 方勤:《曾国历史的考古学观察》,《江汉考古》2014年第4期。

[53] 徐少华:《论文峰塔一号墓的年代及其学术价值》,《江汉考古》2014年第4期。

[54] 凡国栋:《曾侯與编钟铭文柬释》,《江汉考古》2014年第4期。

[55] 陈树祥：《随州叶家山出土曾侯家族铭文铜器及相关问题初析》，《两周封国论衡：陕西韩城出土芮国文物暨周代封国考古学研究国际学术研讨会论文集》，上海古籍出版社，2014年。
[56] 李伯谦等：《"随州文峰塔曾侯舆墓"专家座谈会纪要》，《江汉考古》2014年第4期。
[57] 黄凤春、胡刚：《再说西周金文的南公——二论叶家山西周曾国墓地的族属》，《江汉考古》2014年第5期。
[58] 项章：《随州博物馆藏曾侯甸鼎》，《文物》2014年第8期。
[59] 代梦丽：《随枣走廊东周时期陶器试析》，《楚文化研究论集》第11集，上海古籍出版社，2015年。
[60] 陈丽新、陈树祥：《试论大冶铜绿山四方塘墓地的性质》，《江汉考古》2015年第5期。
[61] 马楠：《清华简系年辑证》，中西书局，2015年。
[62] 方勤：《郭家庙曾国墓地的性质》，《江汉考古》2016年第5期。
[63] 方勤：《郭家庙曾国墓地的发掘与音乐考古》，《音乐研究》2016年第5期。
[64] 韩宇娇：《卜辞所见商代曾国》，《中原文物》2017年第1期。
[65] 方勤：《多学科协作全面了解曾侯乙编钟》，《中国社会科学报》2017年1月23日。
[66] 朱凤瀚：《关于春秋金文中冠以国名或氏名的"子"的身份》，《古文字与古代史》第5辑，"中研院"历史语言研究所，2017年。
[67] 方勤：《昭王迁鄂于鄀之"鄀"系当阳季家湖城考证》，楚文化研究会：《楚文化研究论集》第12集，上海古籍出版社，2017年。
[68] 方勤：《文峰塔M4墓主人为曾侯邶小考》，湖北省文物考古研究所、湖北省博物馆：《曾国考古发现与研究》，科学出版社，2018年。

（五）学位论文

[1] 李雪山：《商代方国及其制度研究》，郑州大学博士学位论文，2001年。
[2] 井中伟：《先秦时期铜戈·戟研究》，吉林大学博士学位论文，2006年。
[3] 傅玥：《长江中游西周时期考古学文化研究》，武汉大学博士学位论文，2010年。

附录一

曾国历史的考古学观察

本文讨论的曾国，是自上世纪以来屡在今随枣走廊考古发现中出现的周代诸侯国。这个曾国在传世文献中鲜有记载，其历史是伴随着不断的考古发现而逐步厘清的(图一)。1966年，京山苏家垄带有"曾侯"字样的9鼎7簋墓的发现，[①]为学术界推测的与楚为邻的曾国找到了直接证据。[②] 1978年曾侯乙墓发掘后，[③]学术界对曾国研究倾注了极大关注。此后，枣阳郭家庙墓地、[④]随州西花园庙台子[⑤]和安居城址[⑥]等遗址的发现、发掘，进一步推动了曾国历史与文化的研究，涌现出一大批学术成果。近年来，由于随州叶家山西周早期曾侯墓地[⑦]和文峰塔曾侯墓地[⑧]的考古新发现，曾国考古工作又取得了突破性进展，使曾国历史研究进入了一个全新阶段。对此，已有不少先生发表了很好的见解，本文拟在此基础上，重点从考古学方面对曾国历史的若干问题进行考察。

一、曾侯编年序列考察

目前，曾国铜器铭文中名号明确的曾侯已有9位，若加上虽没有曾侯铭文铜器出土，但墓葬规模相当于曾侯的墓主，以及具有谥号的曾侯，则超过10位。有如此之多的诸侯名号见于铜器铭文，这在周代众多诸侯国中是较为少见的。这些曾侯，大致从

---

① 湖北省博物馆：《湖北京山发现曾国铜器》，《文物》1972年第2期。
② 郭沫若：《两周金文辞大系图录考释》，科学出版社，1957年。
③ 湖北省博物馆：《曾侯乙墓》，文物出版社，1989年。
④ 襄阳市考古队等：《枣阳郭家庙曾国墓地》，科学出版社，2005年。
⑤ 武汉大学历史系考古教研室等：《西花园与庙台子》，武汉大学出版社，1993年。
⑥ 武汉大学荆楚史地与考古研究室：《随州安居遗址初次调查简报》，《江汉考古》1984年第4期。
⑦ 湖北省文物考古研究所、随州市博物馆：《湖北随州叶家山M65发掘简报》，《江汉考古》2011年第3期；《湖北随州叶家山西周墓地发掘简报》，《文物》2011年第11期；《湖北随州叶家山墓地》，《考古》2012年第7期；《随州叶家山第二次发掘的主要收获》，《江汉考古》2013年第3期；《湖北随州叶家山M28发掘报告》，《江汉考古》2013年第4期。湖北省博物馆、湖北省文物考古研究所、随州市博物馆：《随州叶家山西周早期曾国墓地》，文物出版社，2013年。
⑧ 湖北省文物考古研究所、随州市博物馆：《随州文峰塔墓地发掘的主要收获》，《江汉考古》2013年第1期；《湖北随州市文峰塔东周墓地》，《考古》2014年第7期。

早到晚分属于三个阶段。以下先按阶段考察各位曾侯的大致时代及相互间的早晚关系,然后将这些曾侯的编年序列予以复原。

第一阶段:西周早期,以叶家山墓地为代表。

根据墓葬规模和随葬器物特征,叶家山墓地有三座曾侯墓已基本被学术界认同。三座侯墓分别为 M65、M28、M111,由北往南逐次分布在叶家山墓地的中心岗地上。M111 中出有多件带"曾侯犺"铭文的青铜器,基本可确定该墓墓主为曾侯犺。M65、M28 均出有带"曾侯谏"铭文的青铜器,表明这两座墓中有一座为曾侯谏墓,另一座为哪位曾侯墓尚不明了。有学者认为同墓地铜器铭文中的伯生也是一代曾侯,① 由于尚未取得共识,本文暂且搁置不论。至于 M65 和 M28 谁是曾侯谏之墓,还需墓地材料全部整理出来后作进一步探讨。至此有一点是可以肯定的,叶家山墓地最少有三位曾侯,其中有明确私名的曾侯有两位,即"谏"、"犺",他们的年代都在西周早期。

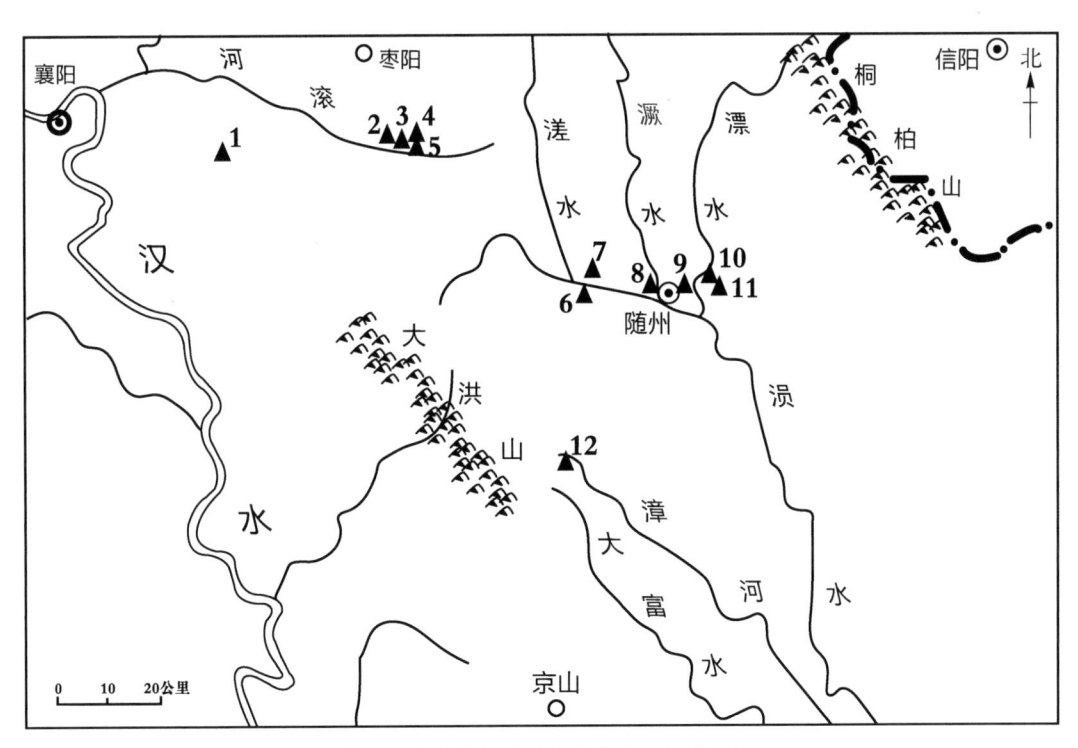

图一 随枣走廊两周时期曾国遗存分布图

曾国遗存:3. 郭家庙墓地 4. 周台遗址 5. 忠义寨城址 6. 安居古城址 8. 擂鼓墩墓群
　　　　　9. 义地岗墓地 10. 叶家山墓地 11. 庙台子遗址 12. 苏家垄墓地
非曾国遗存:2. 九连墩墓地 7. 羊子山墓地
其他:1. 楚王城城址

---

① 冯时:《叶家山曾国墓地札记三题》,《江汉考古》2014 年第 2 期。

第二阶段：西周晚期至春秋早期，以枣阳郭家庙和京山苏家垄两墓地为代表。

郭家庙墓地范围较大，1982年出土"曾侯绛白秉戈"的曹门湾①即是郭家庙墓地中的一个岗地。2002—2003年，为配合高速公路的建设，在高速公路通过的郭家庙墓地地段进行了小规模发掘，②共发掘曾国墓葬25座，其中有两座是带墓道大墓，一为M17，因不出兵器，而出大量玉器和陶器，疑为女性墓。另一为M21，墓葬规模与中原地区发现的诸侯墓相同，并出有曾伯陭铜钺，铜钺铭文显示的曾伯陭的口气颇具诸侯气势，③因而有学者推测M21墓主可能是一代曾侯，我认为这一推测是合理的。曾伯陭铜钺当属称侯之前所铸器物。

以上信息表明，郭家庙墓地至少有两位曾侯，一位是曾侯绛伯，另一位是M21墓主。他们的年代属两周之际。依器物特征判断，曾侯绛伯年代稍早于M21墓主年代。根据考古勘探可知，郭家庙墓地还有规模类似于M21的大墓，墓地应还葬有其他曾侯，这有待今后的考古工作证实。

苏家垄属京山县，1966年在这里出土90多件青铜器，④其中包括9件青铜列鼎和7件铜簋（实际应为8件），部分铜器上铸有"曾侯仲子斿父"铭文。这批铜器应出自同一墓葬，因此该墓有可能也是一代曾侯墓，其年代约在春秋早期。

第三阶段：春秋中期至战国中期，以随州义地岗和擂鼓墩墓地为代表。

义地岗墓地规模很大，加上季氏梁、⑤东风油库、⑥和文峰塔⑦墓地组成了义地岗墓群。1994年在东风油库发掘的M3出土有曾侯邨铜鼎。2009年在文峰塔抢救发掘的一座东周墓（编号M1）中，清理出原可能为一套青铜编钟中残存的几件甬钟和铜鬲、铜鼎等青铜器。其中编钟与铜鬲铭文中有"曾侯遱（與）"字样，说明器主为曾侯與。⑧这两位曾侯的铜器，早在1978年发掘的曾侯乙墓中就有出土。曾侯乙墓出土了数量不少的曾侯與、曾侯邨铜戈；曾侯乙尊盘的盘内铭文，原为"曾侯遱"，为铸铭，后被刮磨改刻为"曾侯乙"。张昌平先生研究认为这三位曾侯的早晚排序是：曾侯與→曾侯邨→曾侯乙，⑨根据现有材料看应该是合理的。

---

① 田海峰：《湖北枣阳县又发现曾国铜器》，《江汉考古》1983年第3期。
② 襄阳市考古队等：《枣阳郭家庙曾国墓地》，科学出版社，2005年。
③ 曾伯陭钺铭文："曾伯倚铸戚钺，用为民刑，非历殴刑，用为民政。"
④ 湖北省博物馆：《湖北京山发现曾国铜器》，《文物》1972年第2期。
⑤ 随县博物馆：《湖北随县城郊发现春秋墓葬和铜器》，《文物》1980年第1期。
⑥ 湖北省文物考古研究所等：《湖北随州义地岗墓地曾国墓1994年发掘简报》《文物》2008年第2期。
⑦ 湖北省文物考古研究所、随州市博物馆：《随州文峰塔墓地发掘的主要收获》，《江汉考古》2013年第1期；《湖北随州市文峰塔东周墓地》，《考古》2014年第7期。
⑧ 湖北省文物考古研究所、随州市博物馆：《随州文峰塔M1（曾侯與墓）、M2发掘简报》，《江汉考古》2014年第4期。
⑨ 张昌平：《曾国青铜器研究》，文物出版社，2009年，第247页。

近年，随州公安部门收缴一批盗掘文物，其中有"曾侯宝"鼎一件，①铭文曰"唯王五月吉日庚申，曾侯宝择其吉金自作肼鼎永用之"。该鼎附耳，浅半球状腹，蹄足。腹上部近口处是一周窃曲纹，腹下部是垂鳞纹，时代属春秋中期偏早。因盗墓团伙案发于随州，推测此鼎可能出自随州义地岗墓地。若此，曾侯宝鼎是随州出土东周各曾侯器物中时代最早之器。

2003年，因配合基建工程，对襄阳梁家老坟楚国墓地进行了发掘，于M11中出土了错金文字的曾侯戉戈，②相同之曾侯戉戈也见于私人收藏。③此墓的时代属战国中期，但依铜戈器形特征，有学者认为此戈比墓葬埋葬的年代早，相当于春秋晚期，实际更接近于春秋中期。

1979年，在属于义地岗墓地范围的季氏梁发现一座春秋贵族墓，出土了两件青铜戈，其中一件铭文为"周王孙季怡孔臧元武元用戈"，另一件铭文为"穆侯之子，西宫之孙，曾大工尹季怡之用"，④"季怡"为曾国的大工尹，是曾国先君穆侯之子，西宫之孙，又称是"周王孙"。据此可知文峰塔墓地还有一位谥号为穆的曾侯。铜戈的时代属春秋中期，即这位曾穆侯的时代与曾侯宝相当，二者的关系有两种可能，一是二者为同一人，即穆为曾侯宝之谥号；二是二者为父子或祖孙关系。因季氏梁墓青铜容器的特征，都晚于曾侯宝鼎，若季怡之戈与这些容器同时，则季怡与其父穆侯仅一代之别，穆侯也不会早于曾侯宝。本文暂取第二种可能。

2013年，在文峰塔墓地发掘的M18的陪葬坑中，出土了曾侯丙的铜器。⑤M18是一座带墓道的大墓，"亚"字形墓室，墓葬方向也不同于文峰塔其他墓葬，时代最晚，约为战国早中期。无论M18是否为曾侯丙之墓，但这说明战国早中期曾国还有一位为"丙"的曾侯，其年代晚于曾侯乙。

随州另一处东周曾侯墓地就是擂鼓墩墓地，其东南与义地岗墓地相距4.3公里。这里发掘有曾侯乙墓，关于曾侯乙的年代，前已述及，不再重复。

总结以上所有曾侯，其编年序列如表一。

---

① 资料现存随州市博物馆。
② 湖北省文物考古研究所发掘资料。
③ 湖北省文物考古研究所：《曾国青铜器》，文物出版社，2007年。
④ 随县博物馆：《湖北随县城郊发现春秋墓葬和铜器》，《文物》1980年第1期。"穆侯之子"四字，有先生释为"穆王之子"，第二字因锈蚀较甚，不易看清。但铜戈本身形制特征不属西周中期，而属春秋中期，而且铭文中"元用"一词常见于东周时期。季怡之戈既为春秋中期，其父不可能是穆王。
⑤ 湖北省文物考古研究所、随州市博物馆：《湖北随州市文峰塔东周墓地》，《考古》2014年第7期。

表一　曾侯编年序列

西周早期	西周中期	西周晚期	春秋早期	春秋中期	春秋晚期	战国早期	战国中期
曾侯谏、M28或M65墓主、曾侯犹	?	曾侯绛伯	郭家庙M21墓主（曾伯陭）、苏家垄墓主	曾侯宝、曾穆侯、曾侯昃	曾侯舆、曾侯䋣	曾侯乙、曾侯丙	?

二、曾国都邑变迁的考察

已知先秦时期诸侯陵墓的位置，几乎都在都邑附近。就周代而言，凡二者关系明确者，无不如此。西周时期，如燕国，琉璃河西周早期燕侯墓地在都邑东南不足300米处。春秋时期，秦都雍城时，秦公陵园位于雍都之南，二者相距不足千米；虢都上阳时，虢君墓地——上村岭墓地位于李家窑上阳城之北，二者相距也不足千米。这一时期，因特殊的社会环境，有的诸侯墓甚至葬在城内，如甘肃礼县大堡子山秦公墓就葬在可能是犬丘城的大堡子城内；新郑李家楼郑公大墓葬于郑城之内；临淄齐城内发现有疑似齐景公墓的河崖头5号大墓等。战国时期（尤其是战国中晚期），诸侯纷纷称王，陵园范围明显扩大，多数不及此前集中，因而部分诸侯的陵墓距都城的距离显得稍远，但总体上看，还是在都城近旁。如秦迁咸阳后的芷阳东陵；赵都邯郸赵王城西北的5处赵王陵；齐都临淄城东南的几处田齐陵；郑韩都城之西的10余处韩王陵，中山都城平山中山故城之西和城内的几处中山王陵等等。

总之，整个周代，各诸侯或诸侯王的陵墓都位于各自都邑附近，在这方面，没有国别、族系的不同，属时代共性。因此，曾国也不会例外。循此规律，我们根据上述曾侯墓葬的发现地点，可以推断曾国都邑的大致范围与变迁过程。

叶家山是西周早期曾侯墓地，那么此时曾国的都邑应在其附近。据湖北省文物考古研究所等单位近年调查，在以叶家山为中心约30万平方米的范围内，发现9处商周时期的遗址，其中以庙台子和西花园规模最大。庙台子遗址北距叶家山墓地不足千米，并探出有城墙、城壕与建筑基址。其西周文化遗存可分西周早期、西周晚期两期，所出土的敞口束颈鼓腹袋足鬲、折沿方唇鼓腹簋、敞口鼓腹束腰甗等，皆与长安沣西遗址所出土的同类器相似。① 本遗址已引起学术界的重视，西周早期曾国都邑很可

---

① 杨宝成主编：《湖北考古发现与研究》，武汉大学出版社，1995年。武汉大学历史系考古教研室等：《西花园与庙台子》，武汉大学出版社，1993年。

能就在这里。另外,在30万平方米的范围内发现9处遗址,若均为同时,分布密度是相当高的,这也与都邑周围的应有景况相符。

郭家庙墓地是西周晚期晚段到春秋早期包括曾侯在内的曾国墓地,今属枣阳,西临汉江支流滚河,其东南距随州叶家山曾侯墓地约58公里。据枣阳文物普查资料显示,枣阳一带商周时期的遗址"分布密集","达数十处之多"。① 在郭家庙东边约1公里处是周台遗址,②该遗址面积较大,东西长约1 500、南北宽约600米。2002年为配合孝(感)襄(樊)高速公路建设对遗址进行了发掘,其周代遗址的最早一期为西周晚期,时代还明显偏早,可能到西周中、晚之际,其余各期分别为春秋早期、中期、晚期以及战国早期、中期偏早阶段。发掘者认为,该遗址鬲、甗的瘪裆特征,以及出土周原地区西周时期流行的锥形鬲足,体现了其对西周姬姓文化的继承更为完全。总之,周台遗址的时代包括了郭家庙墓地的时代,二者之间必有内在联系,这是今后开展考古工作的重点。此外,北距周台遗址约500米的忠义寨东周城址紧邻汉江支流滚河,③其上限是否进入西周晚期,还有待做进一步的考古工作。

枣阳附近商周遗址分布密集,似乎透露出这一带在当时是重要的聚居区的信息,其中应该包括了郭家庙曾侯们的都邑。考虑到湖北汉阳地区发现的所谓商周遗址,实际上是商代少(商代晚期更少)、周代多,分布密集主要应指周代遗存,这就更增加了曾国都邑在汉东存在的可能。

至于京山苏家垄之9鼎墓附近是否有都邑遗址,也是需要做进一步的考古工作。但发现了九鼎墓,说明此地无论如何不低于曾国重要据点的级别。

随州义地岗墓地和擂鼓墩墓地是曾国后期各代曾侯的墓地,年代为春秋中期至战国中期,沿用时间较长,表明曾国的最后都城也应该在这两处墓地附近。这两处规模较大的曾侯墓地一东一西分布于今天的随州市区,是否指示了春秋中期后曾国的都城有可能压于今天的随州市区下。

同时结合东周特别是战国时期诸侯墓比较分散、距都城稍远的规律,本时期的曾侯墓地也可能距曾国都城稍远,若如此,以下两处遗址值得重视。

一是庙台子遗址。不排除东周时期继续沿用早期城邑,经过修葺而重新为都。

二是安居古城址。因安居古城址离安居羊子山噩侯墓地很近,学界多有人把两者结合起来,认为该城址为噩国都城,这是值得基于考古材料进行分析探讨的问题。

---

① 襄樊市考古队等:《枣阳郭家庙曾国墓地》,科学出版社,2005年,第3页。
② 襄樊市文物考古研究所:《枣阳周台遗址发掘报告》,《襄樊考古文集》第1辑,科学出版社,2007年。
③ 叶植主编:《襄樊市文物史迹普查实录》,今日中国出版社,1995年。

武汉大学考古系曾在安居古城址进行过简单的考古勘探试掘工作,[1]根据发掘资料,张昌平先生判断其"主要遗存约在春秋时期",[2]这与义地岗墓地的年代基本是对应的。1988年,在距古城址不远的安居徐家嘴汪家湾发现了一座春秋晚期残墓,出土的铜鼎与铜簠（自名瑚）上分别有"曾孙定"和"曾都尹定"铭文。[3]"都尹"意为都城的长官、管理者,如此看来"定"即为当时曾国都城的长官,曾国都城在此地附近应是情理之中。

由以上从早到晚对曾国都城的推断,可以看出曾国都城不止一处,前后至少经过两次迁徙,共有三处都城。

西周初年曾被封于南土时,在随州叶家山附近建都,此为始封地都城。这与西周昭王时期中甗、中方鼎和静方鼎铭文提到的南国之地的曾相合。至为重要的是,随州文峰塔墓地（属义地岗墓群）发现的曾侯舆编钟铭文记载的"南公"可与叶家山M111中所出的"犺作烈考南公宝尊彝"簋铭中的"南公"[4]对应起来,因为曾侯舆编钟铭文提到南公是说他"左右文武,达殷之命,抚定天下"以及"君此淮夷、临有江夏"等等,这些都与叶家山"南公"所处考古学年代和地域空间极相吻合。南公是否就封于今叶家山附近的曾还是由其子代封,待下文论及。

由于未有考古材料的支撑,西周中期至西周晚期曾国的历史状况不为人所知,其都城也无从可考。根据上述考古发现可推定约在西周晚期偏晚之时,曾国又以枣阳郭家庙附近为都,直至春秋早中期之交。鉴于西周中晚期曾国资料的缺失以及郭家庙墓地未能全面揭露,郭家庙附近之都是第一次所迁之都,还是第二次所迁之都的结果,目前难以定论。

约在春秋中期,曾国进行了最后一次迁都,即由郭家庙附近迁回其始封地今随州地域,建都于今随州市区一带。

曾国何以数迁其都？究其因,这里试做推论。

叶家山曾侯墓地已全部发掘,据已公布的三座侯墓材料分析,[5]墓地最晚一代曾侯约死于周昭王时期或稍晚。墓地于此时突然结束,使研究者很容易联想到这是否与昭王南征失败有关。昭王南征是西周时期的大事,历史文献与金文材料中多有记

---

[1] 武汉大学荆楚史地与考古研究室：《随州安居遗址初次调查简报》，《江汉考古》1984年第4期。
[2] 张昌平：《曾国青铜器研究》，文物出版社，2009年，第343页。
[3] 随州市博物馆：《湖北随州市安居镇发现春秋曾国墓》，《江汉考古》1990年第1期。
[4] 湖北省文物考古研究所：《2013年湖北省文物考古研究所考古工作主要收获》，《江汉考古》2014年第1期。
[5] 湖北省文物考古研究所、随州市博物馆：《湖北随州叶家山M65发掘简报》，《江汉考古》2011年第3期；《湖北随州叶家山M28发掘报告》，《江汉考古》2013年第4期。湖北省博物馆、湖北省文物考古研究所、随州市博物馆：《随州叶家山西周早期曾国墓地》，文物出版社，2013年。

载,后人对此事的研究亦多,兹不赘述。值得注意的是,昭王南征伐楚时,作为周初分封在南土意在监督控制江夏淮夷的曾国,一定会参加这次战争。战争以周师大败昭王死于汉水而结束,产生的直接后果即是周王朝在江汉地区势力的萎缩,曾国首当其冲,其统治区域势必发生变化,这也许就是叶家山墓地终结的最主要原因。

如果以上推论成立,那么在西周早中期之交,曾国进行了第一次迁都,这次迁都的方向应该是向北,或是向东向南,不会是向西,因为楚在汉西。

昭王伐楚失败对周王朝的影响是暂时的,据速盘铭文可知,穆王时也南伐荆楚,是对昭王南征不还的报复。自此,终西周之世,周与楚再未发生大的冲突,楚国势力也未见明显强大。但是,昭王的失利对周王朝来说是惨痛的,此后周王不能不对楚加以警惕和防范,西周晚期枣阳郭家庙一带曾都的出现应与此相关,这里距汉水更近,可谓与楚毗邻,楚的一举一动尽在曾之眼底。这可能是曾在西周时期的又一次也是最后一次迁都。纵观西周晚期到春秋早期曾国考古遗存主要集中在枣阳滚河一带,往南到达漳河上游的京山苏家垄。滚河、漳河都是汉水的支流,其流经区域为楚势力范围的东部边缘地区。

春秋早期偏晚(公元前704年前后),楚武王在位,楚国势力逐渐强大起来,开始四处征战。曾国都城约于春秋中期由郭家庙一带东迁回故都今随州一带,显然是由于受到楚国的威胁,属无可奈何之举。约到春战之交,枣阳一带为楚所有,这里楚墓的大量发现就是最好的证明,如九连墩战国楚墓[①]就与郭家庙曾国墓地紧邻。

三、叶家山曾侯的族属考察

在叶家山西周早期曾国墓地发掘之前,人们仅知在汉阳地区自西周晚期以来存在一个姬姓曾国,此前这里是否还有姬姓曾国存在,学术界有研究但未成定论。尽管"安州六器"中的西周早期"中"器铭文提到南国之曾,但因缺少考古实证,研究者往往把此曾理解为地名。叶家山墓地发现后,由于出土了大量带"曾"与"曾侯"铭文的青铜器,且墓地年代明显属西周早期,充分证明了西周早期曾国就存在于今随州境内。大家很自然联想到中器铭文中的曾与叶家山的曾是否是同一曾国,它与西周晚期至战国中期的姬姓曾国又是何等关系等等。随着叶家山曾国墓地的发现,有关曾国诸多新问题出现,引起大家的猜想与思考,其中讨论较多的就是叶家山墓地曾侯的族属。

---

① 刘国胜:《湖北枣阳九连墩楚墓获重大发现》,《江汉考古》2003年第2期。湖北省文物考古研究所:《湖北枣阳市九连墩楚墓》,《考古》2003年第7期。

叶家山第一期发掘结束后,学者们就根据出土资料,纷纷对叶家山曾侯的族属进行了推测。部分学者倾向于是非姬姓之曾,[①]有的学者更明确推断其为姒姓;[②]部分学者包括墓地发掘者认为是姬姓之曾;[③]也有学者持谨慎态度,彷徨其间。综合非姬姓之说的理由,主要有五:一是商代甲骨文中有曾国,肯定不属姬姓,此曾可能延续至西周;二是叶家山墓地发现带腰坑墓,而腰坑是商代普遍的葬俗,周代殷遗民仍然沿用;三是叶家山墓葬为东西向,与姬姓高级贵族墓均南北向不合;四是叶家山出土铜器有用日名,如M1出土铜器有"师作父癸"、"师作父乙"等铭文,这与周人不用日名说相悖;五是叶家山墓地出土较多带徽识铜器,徽识种类亦较多,此乃商文化风格。实际上,这五个方面都不是绝对的评判标准,都有商讨的余地。对此,黄凤春和王恩田等先生都有过论辩,[④]除腰坑一项论证还不到位外,其他均言之成理,值得重视和进一步探讨。

要论定叶家山曾侯的族属,最理想的证据是铜器铭文,这也是彷徨者最期待的。可喜的是,在叶家山墓地第二期发掘与文峰塔墓地的发掘中,恰好出土了有助于解决这一问题的文字材料。

叶家山曾侯犹墓(M111)中出土的"烈考南公"方座簋,其器内底、盖内所铸"犹作烈考南公宝尊彝"铭文,表明曾侯犹为南公之子。南公何许人?过去有多件传世和出土铜器的铭文提到此人,也有多位历史学家、古文字学家对其进行过研究。近来,黄凤春、胡刚二位先生在前人研究的基础上,结合叶家山犹簋铭文对"南公"其人又做了进一步探讨,[⑤]其中部分认识似可成立,如他们认为犹父南公与大盂鼎铜器铭文中的南公为同一人物,族属姬姓。

前文我们谈到的文峰塔墓地出土的曾侯與编钟,其铭文主要内容是宣扬春秋晚期姬姓曾国曾侯與的祖先南公在周初的重要事迹,一是南公辅助文、武王,帮助周王朝抚定天下;二是南公被周王室分封于周之南土,为周王朝镇守监管江夏和淮夷。钟铭内容完全可和叶家山考古发现相印证,从而也充分证明了叶家山墓地曾侯属姬姓,墓地是姬姓曾国墓地。"烈考南公"是曾侯犹的父辈,南公以及曾侯谏、曾侯犹都是曾

---

① 李学勤、李伯谦、朱凤瀚等:《湖北随州叶家山西周墓地笔谈》,《文物》2011年第11期。
② 杨升南:《叶家山曾侯家族墓地曾国的族属》,《中国文物报》2011年11月2日3版。
③ 黄凤春:《关于叶家山西周曾国墓地的族属问题》,《叶家山西周墓地国际学术研讨会会议论文》,2013年。王恩田:《随州叶家山西周曾国墓地的族属》,《江汉考古》2014年第3期。
④ 黄凤春:《关于叶家山西周曾国墓地的族属问题》,《叶家山西周墓地国际学术研讨会会议论文》,2013年。王恩田:《随州叶家山西周曾国墓地的族属》,《江汉考古》2014年第3期。
⑤ 黄凤春、胡刚:《说西周金文中的"南公"——兼论随州叶家山西周曾国墓地的族属》,《江汉考古》2014年第2期。

侯舆的先祖。

有学者认为这位南公即是文献记载中的"南宫括",[①]也就是中甗铭文所言陪周王大省南国之地唐的那位"南宫",亦即《尚书·君奭》所言周初的重臣南宫括(适)。考古材料和我们的分析支持这种意见。周王朝在周初开疆拓土,大规模封建诸侯时,把周公封于鲁、召公封于燕、太公封于齐、南公封于南土,由此看来南公非同一般,其地位可与周公、召公、太公相当,周王朝对南土的重视程度亦可想而知。

以上考察了叶家山曾侯的族属,其中涉及一个问题没有交代,还需予以说明,就是叶家山几位曾侯墓中有没有南公墓,几位曾侯关系如何。据文献记载、传世及出土青铜器材料基本可证实,南公和周公、召公等一样,[②]并未就封,而是由其子前往统治封地。因此可确定叶家山不存在南公墓。关于几位曾侯的关系,学术界在叶家山已公布资料的基础上做了初步研究,一般认为三座侯墓的早晚关系是 M65→M28→M111,[③]三位曾侯可能是父死子继或兄终弟及。但是随着叶家山考古资料全面整理工作的开始,新的材料不断出现,让我们对叶家山诸多问题不得不需要重新进行审视。对叶家山几位曾侯墓的早晚关系、墓主身份与关系等,我们将另行文进行探讨。

至此,考古学所见曾国的历史,自西周初期的叶家山曾侯开始,至战国早中期的曾侯丙,其粗线条的编年系列基本建立。唯西周昭王之后,即叶家山墓地之后,至西周晚期之前的曾国历史尚不清晰,这有待今后在以随州、枣阳为中心的更广阔的区域中开展更多的考古工作。

本文原刊于《江汉考古》2014 年第 4 期。

---

① 李学勤:《曾侯腆(舆)编钟铭文前半释读》,《江汉考古》2014 年第 4 期。
② 参见韩巍:《西周金文世族研究》,北京大学博士研究生学位论文,2007 年。
③ 张昌平:《叶家山墓地相关问题研究》,《随州叶家山西周早期曾国墓地》,文物出版社,2013 年。

附录二

叶家山 M111 号墓编钟初步研究

叶家山墓地位于湖北随州市淅河镇漂河西南一处南北走向的椭圆形岗地上,湖北省文物考古研究所分别于 2011 年 2 月、2013 年 3 月进行了考古发掘,发掘了 140 座墓葬和 7 座马坑,出土各类文物约千余件,时代在西周早期的康、昭之际,至迟不晚于穆王时期。尤其是 M65、M28、M111 三座大墓的许多青铜器上分别出现了"曾侯谏"等三位曾侯的铭文,表明这三座墓葬分别是三个曾侯的墓葬。[①] 叶家山墓地的发掘是继 1978 年曾侯乙墓发掘之后,又一重大的考古发现,特别是 M111 出土的编钟,意义重大。

一、西周早期数量最多的编钟

叶家山 M111 经科学发掘,出土编钟一组共 5 件,包括镈钟 1 件、甬钟 4 件,保存完好。该墓出土的器物组合,其年代特征明确属西周早期,比曾侯乙墓还早 500 余年。此前所知明确属西周早期至穆王时期的甬钟主要出土于陕西、河南、山西等地,共 10 余例,基本组合为 2 件或 3 件。因此这组编钟无疑是迄今为止西周早期数量最多的编钟。

该组编钟全部出自墓坑内西侧二层台上中间的位置,现场没有发现明确为悬钟所用的架及构件,以及为演奏所用的工具。钟型分为镈钟、甬钟两种,全部为青铜所铸,铸造精良。出土现场显示,镈、甬皆钟口朝下,另甬钟部分边上两钟斡部朝上、中间两钟斡部朝下;一字排开,排列顺序是自南往北依次为镈钟 M111∶5,甬钟 M111∶7、M111∶8、M111∶11、M111∶13。其中甬钟分为两式,M111∶7、M111∶11 为一式;M111∶8、M111∶13 为另一式,显然两式甬钟为交错排列(图二)。

---

① 湖北省文物考古研究所、随州市博物馆:《随州叶家山西周墓地第二次考古发掘的主要收获》,《江汉考古》2013 年第 3 期。

附录二 叶家山 M111 号墓编钟初步研究 ·225·

图一 叶家山 111 号墓编钟出土现场

图二 叶家山 111 号墓编钟

　　镈钟 M111：5，体扁，钟体合瓦，横截面为椭圆，纵截面轮廓为正梯形，钟口齐平。前后有脊、两铣边设有扉棱。前后脊为高冠凤鸟云纹，设于两面正中；铣边扉棱为透雕扁虎，对称装饰成钟体两翼，每翼有虎 2 只，均首朝下。钮为扁平长方形单钮，饰以细阴线云纹，钮下方有桥。舞部为素面，中心开方孔与钟腔相通。前、后两面钲部均为浮雕大兽面纹填细阴线云纹，每面上、下边及中间对应装饰有小、大、中三种圆形涡纹乳钉，其中上、下边各4颗，中间2颗，全钟两面共20颗。钲部以下鼓部均为素面。本件腔内平滑，无调音痕迹。

甬钟4件，均体扁，横截面为合瓦形，纵截面轮廓为正梯形，铣边有棱，钟口于部向上收成弧形。舞部平，对称饰以四组阴线大云纹。舞上有甬，甬横截面为椭圆。甬下部设有斡旋，斡部为小环形、素面，旋部饰以细阳线云纹，对称装饰4颗小乳钉。甬内中空，下端与钟腔贯通，顶端开放无衡，且疑设有一对微小半圆缺口。钟面纵向中轴线上有细阳线且贯通钲部。钟的前后两面各有18个钟枚分两组对称分布在钲部两侧，每组3列3行共9个。篆带饰以细阳线云纹，正鼓部皆饰以双钩形云纹。腔内平滑，无调音痕迹。

甬钟两式的不同主要在于钟枚、右鼓部花纹，以及钲、篆界隔等方面。其中M111∶7、M111∶11的钟枚为长尖锥状，二层台结构不太明显；其钲、篆界隔为双细阳线，并装饰有小乳钉纹；在右侧鼓部位置装饰有一小片疑似小鸟的变形云纹。M111∶8、M111∶13的钟枚为短尖锥状，二层台结构明显；其钲、篆界隔为双细阳线，并装饰有小圈、点纹；侧鼓部没有装饰花纹。

叶家山M111出土编钟测音、测量基本数据与听感对照表[①]

单位：音分、厘米、公斤

标本	正鼓音	侧鼓音	听感	通高	中长	铣长	鼓间	铣间	重量
M111∶11	$\#C_5^{-48}$	E_5^{+5}	La(羽)-Do(宫)	39.5	22.5	26.8	19.9	23.4	12.52
M111∶7	$\#G_4^{-26}$	B_4^{+47}	Mi(角)-Sol(徵)	42.0	24.0	29.2	17.6	25.2	13.26
M111∶13	E_4^{-4}	$\#G_4^{+39}$	Do(宫)-*	44.0	25.6	29.5	18.2	25.4	11.70
M111∶8	$\#C_4^{-41}$	F_4^{-32}	La(羽)-*	46.2	28.2	32.0	20.7	27.3	14.19
M111∶5	B_3^{-7}	D_4^{-24}	Sol(徵)-*	44.0	33.5	33.5	20.7	27.5	16.47

注：A_4=440 Hz。标本的前后顺序依正鼓音高顺序排列。

从测音结果看，每件钟都能在正鼓部和侧鼓部各击发出一个音高。音高较低的两件，即M111∶8、M111∶13正、侧鼓音相距大约三度，较高的两件即M111∶7、M111∶11正、侧鼓音相距约小三度（谱例一）。由于腔内均平滑而无调音痕迹，根据

[①] 测试、测量与实验时间：2013年9月23日上午10时；地点：随州市博物馆文物考古整理间；温度：27℃；相对湿度：60%；仪器：1. 便携式计算机：SONY VGN—C22CH；2. 测音软件：General Music Analysis System Release 2.0；3. 拾音器：M—AUDIO MobilePre USB、BEHRING ECM8000；参与听感实验的人员：王纪潮、张翔、卫扬波、余文扬、曾攀、伍莹、王园园。

冯光生周代双音钟发展理论判断,这组编钟的双音为铸生双音。其所具有的大、小三度音程及其在音分值所体现的离散性,说明当时对双音音程已有了大致的(三度之内),但还不是十分精确(具有律学意义的)的追求。这种追求是通过对钟模的规范和调理,经铸造而获得的。①

谱例一

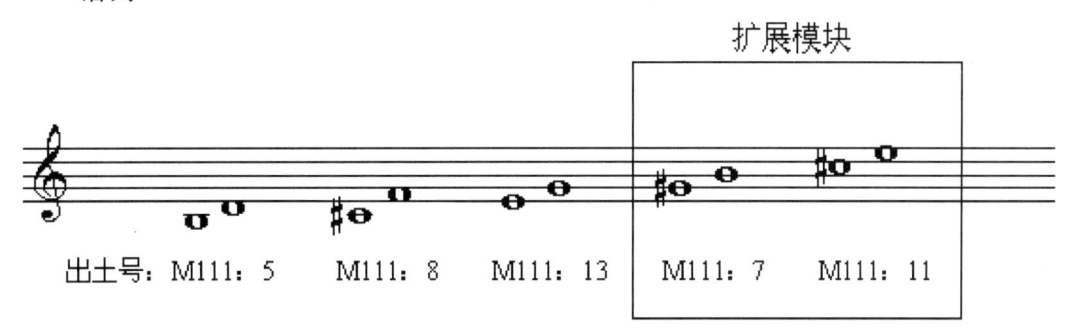

(各音高修正值请参见上表,余下同)

这组编钟的音域属于人声最自然的音区,由于最高音未超出人声的换声点,整个音域与人声极为熨帖。5件编钟共计10个音高,去掉重复音可析出并排列成一个六声音列(见谱例二)。甬钟基本音阶为E宫四声羽调式音阶(即周代音阶骨干结构,参见谱例四),若含镈钟则基本音阶为E宫四声徵调式音阶(谱例三),均与主观听感完全一致。全组编钟乐音系统为四声七律(谱例四),内含周代音阶骨干结构"羽(La)-宫(Do)-角(Mi)-徵(Sol)",是迄今所知最早的实例。

谱例二

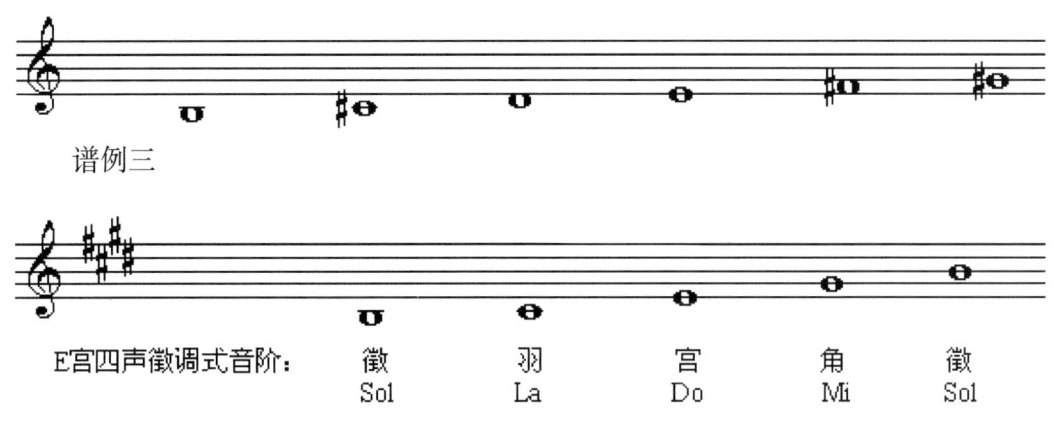

谱例三

---

① 冯光生:《周代编钟的双音技术及应用》,《中国音乐学》2002年第1期。

谱例四

周代音阶骨干结构

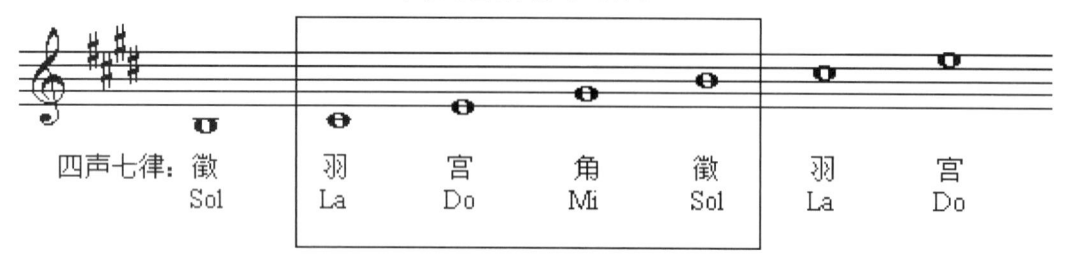

四声七律：	徵	羽	宫	角	徵	羽	宫
	Sol	La	Do	Mi	Sol	La	Do

这组编钟可以明确为实用器。其音列的连续性及跨越八度，是编钟音列发展上的一个突破，标志着两钟相邻及音高为"角（Mi）-徵（Sol）、羽（La）-宫（Do）"结构的"核心模块"（见谱例一）的形成，此后西周中晚期编钟规模的扩大大致是这一模块在另一八度上的仿制。

二、具标志性意义的钟体特征

镈钟起于商代晚期，早期多为单件（称特镈），至西周中晚期出现3件成编（称编镈）。北方早期镈钟多自铭为钟，自铭为镈见于春秋中晚期。同型式、纹饰的镈钟还见于故宫博物院，有传世品1件，断代意见不一，有西周前期及西周晚期等多种说法。另有传世品5件，分别是上海博物馆2件、故宫博物院另有1件、日本京都泉屋博古馆、美国华盛顿赛克勒博物馆各1件；还有湖南省博物馆藏采集品1件、《宣和博古图录》著录1件。其中湖南省博物馆的那件断代为商末周初，而上海博物馆的那件则断代为西周晚期。[①] 这7件镈钟与本件型式相同、纹饰近同、尺寸上有多件极为接近，因此年代也有可能为西周早期。

中原地区虽然出了一些西周编镈，受残损、锈蚀等因素的影响，音高稳定状况及音色多数都不如本件，就已有的测音数据的统计来看，结果均不理想。[②] 遇到与甬钟同出的情形，也不好准确判断其与甬钟的关系。就上述多件镈钟而言，在本件的高度尺寸居中偏厚而型同、纹近的先决条件下，单就音高来看现有音高数据普遍高出本件约八度左右，颇令人费解。而这次叶家山M111出土的镈钟，音高稳定、音色醇美。客观上其与甬钟音列连续，可以构成E宫徵调式四声音阶，使音域达一个八度又一个纯

---

① 冯卓慧：《西周镈研究》，中国艺术研究院，2008年。
② 方建军：《中国古代乐器概论》，陕西人民出版社，1996年。

四度。这即便是巧合,那也十分珍贵,为镈钟与甬钟组合问题的研究新添一可靠的材料。

有学者在考察北方西周早期的10余批甬钟后初步总结到,北方西周早期甬钟的特点主要有:成编者均为3件一组,未见3件以上成编者,体瘦高且小;斡旋齐备,旋上多有乳钉,斡部呈圆柱或绳索状小环形;钲、篆间均以细阳线、小乳钉纹或圈、点纹界隔;右鼓无第二基音标识;篆间、鼓部多饰纤细的阳线云纹或光素无纹;舞部绝大多数光素,仅个别饰阴线卷云纹;钲间、左鼓光素无纹,均无铭记;钟体腔内光平,未见刮削磨凿之痕迹。① 从上文描述来看,这批编钟与北方西周早期编钟相比有许多共同点,但件数不同显而易见,其他特点也很明显,具标志性意义。

首先是形体体量明显不同。相对来说,叶家山M111甬钟体大、量重、壁偏厚(见上表),北方西周早期甬钟正相反。如陕西出土的西周早期康昭时期的宝鸡竹园沟墓地7号墓的编钟,3件一组,通高在18.9—24.2厘米之间,鼓部厚度在0.55—0.88厘米之间,形体小,器壁薄。宝鸡茹家庄1号墓也出土有3件一组的编钟,器型、纹饰与竹园沟7号墓的几乎完全相同,通高在14.5—20.4厘米之间,鼓部厚度在0.4—0.5厘米之间,总的情形大致一样。②

其次是制作精美程度不同。叶家山M111甬钟做工精良,器型比例协调、轮廓清晰、纹饰精美,器物表面无明显铸造缺陷。而上述后两例,其制作工艺明显不如前者。叶家山M111甬钟舞部均阴刻大云纹,做工精良,风格自然流畅。而后两者皆舞部光素。

其三是声音质量差距明显。叶家山M111甬钟经测量、测音及听觉测试后,我们了解到其虽然未经任何方式调音,但全组编钟音高稳定、音调明确、音色醇美。编钟的声音质量,与制作工艺有很大的关系,除铸造等因素外,其鼓部厚度设计甚为关键。M111甬钟的正、侧鼓的厚度设计在0.9—1.5厘米之间,从声音的测试结果来看,这正是获得良好声音品质的一个厚度范围。这一厚度范围相对于后两例来说显然是偏厚了,后两例的鼓部厚度范围仅为0.4—0.9厘米之间。器壁薄自然音色一般、音高稳定性差,从后两例的测音情况来看,两组编钟的音调都比较含混,疑似角(Mi)、羽(La)、角(Mi)结构,测音结果也不理想。③

---

① 李纯一:《中国上古出土乐器综论》,文物出版社,1996年。方建军:《中国古代乐器概论》,陕西人民出版社,1996年。高西省:《北方西周早期甬钟的特点及甬钟起源探索》,《洛阳博物馆建馆四十周年纪念文集》,科学出版社,1999年。
② 卢连成、胡智生:《宝鸡强国墓地》,文物出版社,1988年。李纯一:《中国上古出土乐器综论》,文物出版社,1996年。
③ 李纯一:《中国上古出土乐器综论》,文物出版社,1996年。

其四是第二基频标识存无，这亦是最重要的不同之处。叶家山 M111 出土编钟中，有 2 件即 M111∶7、M111∶11，右鼓部出现了一小片云纹装饰，而如前所述北方西周早期甬钟的特征里并无第二基频标识，上述宝鸡出土的两例也证实了这一看法。然而对本次出土编钟的测音结果来看，M111∶7、M111∶11 上所存之侧鼓音皆为同调之音，并参与构成了全组编钟四声七律的乐音系统，因此两钟右鼓部云纹应该是第二基频的标识。这一现象说明早在西周早期第二基频已实际得到运用，标识符号的出现，反映其运用第二基频的意识很明确。

三、礼乐制度发展的重要一环

叶家山 M111 出土编钟，较之于同期其他出土编钟而言，不仅体量大、制作精，而且音乐性能很好。由于其为迄今所知最早的周代音阶骨干结构的实例，由此可以明确这组编钟（镈钟是否加入并不影响这一特征），是成套使用的实用器；即便不计入镈钟，仍然是迄今为止数量最多的西周早期的成套编钟。在这组编钟里发现的右鼓部小片云纹，更是迄今为止发现的最早的双音钟侧鼓音（第二基频）标识符号。

周人代商后，周公遂以"天命"和"德性"为号召，制礼作乐，以"礼"强调规范，以"乐"倡导和谐，其礼乐制度在青铜礼乐器的使用上体现得尤为明显。与商代以爵、觚等酒器为核心的礼器组合不同，周代确立的是以食器鼎为核心的列鼎列簋制度，并辅以编钟为核心的乐器，叶家山西周早期墓地的考古发现证实了这一点。文献记载，西周周公旦制礼作乐完善礼制制度后，规定用鼎制度为天子九鼎，诸侯七鼎，大夫五鼎，士三鼎。而考古发掘材料表明，该制度的形成和严格遵循，有一个时间过程，并也体现一定的地区不平衡性。

同为西周早期，叶家山 M111（曾侯墓）一次随葬 20 件鼎、12 件簋；甘肃灵台白草坡 1 号墓（泾伯，诸侯国卿大夫）随葬 5 鼎 3 簋；北京琉璃河 II253 号墓（堇或者圉，燕国卿大夫）随葬 5 鼎 2 簋，而另一座 II251 墓，等级与此座墓相仿，随葬 6 鼎 4 簋（因父癸鼎与同出其他 5 鼎形制差异较大，应为陪鼎，正鼎仍然为 5 鼎）。这几座墓反映了西周早期随葬青铜礼制的不完整性：如甘肃灵台白草坡、北京琉璃河墓葬没有发现侯这一级的墓葬，发掘的大夫这一级别的墓葬，尽管符合 5 鼎的制度，但配套的簋不完全符合 4 个的规定；叶家山侯这一级别的墓葬，鼎、簋数量也与规制有很大出入。这恰好反映了西周早期礼制正在开始形成的特点。而到西周晚期虢国的虢季墓，则是严格地随葬 7 鼎 6 簋，虢季既是虢国的国君，又是周王的卿士；时代更晚一些的陕西韩城梁带村27号墓,墓主为芮国国君,时代为两周之际,亦随葬7鼎6簋。这充分表明,周初周公制礼作乐,到完全遵循有一个时间过程,至西周晚期已经较为完整了。

作为礼乐重器的编钟,其发展成熟也有一个逐步完善的过程。众所周知,至西周晚期如三门峡上村岭虢国墓地2001号、2009号墓分别出土的虢季、虢仲编钟等,出现了8件套编组,且有调音槽;晋侯邦父墓出土的楚公逆钟,是西周晚期楚国公室青铜器,也为8件套,说明编钟发展到了一个新的阶段。在此之前,编钟发展线索纷纭复杂,逻辑诡谲不清。叶家山M111编钟的出土,进一步佐证了西周早期编钟的某些特点,同时也修正了过去的一些看法,增加了新认识。其在件数上的突破、在音域上的突破,以及对第二基频认识上的突破等等,这些特点说明其在西周早期具有标志性的意义,是礼乐制度发展的重要一环。

四、余　论

西周早期的曾国出现在随枣走廊的东部,是周王朝灭商后经略南方的反映。这样的地缘格局,反映在文化交流和传播上,是叶家山墓地既有来自周文化中心的背景,也必然会有南方地区文化对中原文化的反射。过去考古工作所见商周时期中原文化与周边地区的文化交流材料中,多见中原文化中心对周边的辐射,而少见对中原文化的反射。

叶家山M111四虎镈钟的出土,几乎可以确定那些年代不甚确定的同型镈钟,与南方有关。而西周中期之后中原文化的镈钟,则是在南方文化的影响下兴起的。

过去有关西周中原甬钟的原型的讨论有"南来说"、"北方说"。随州叶家山地处周文化核心区之外,位于中原文化与南方文化交流的中继之地,无论南来、北往,皆易得风气之先。叶家山M111甬钟,从时间上看略早于竹园沟,从件数上看超过了竹园沟,从体量上看与竹园沟差距甚大而与南方的铙、甬接近,这些材料都倾向于支持甬钟"南来说"。

本文原刊于《黄钟》2014年第1期。

附录三

郭家庙曾国墓地的性质

郭家庙曾国墓地位于湖北省枣阳市吴店镇东赵湖村,处于大洪山、桐柏山之间即随枣走廊的西端,汉水支流滚河的北岸。墓地南北长约 1 000 米,东西宽约 800 米,由南、北两个岗地组成,以两岗地之间的低洼地为界,北部为郭家庙,南部为曹门湾。上世纪七、八十年代在两岗地均发现过曾国青铜器和墓葬。[①] 2002 年为配合福银高速公路建设,湖北省文物考古研究所等单位对郭家庙墓地进行了抢救性发掘,清理包括 M21 曾伯陭墓在内的墓葬 25 座。发掘资料已公布,更明确了墓地为曾国墓地,年代为西周晚期至春秋早期。[②]

2014、2015 年湖北省文物考古研究所联合荆州文物保护中心等多家单位,分别对曹门湾和郭家庙进行了较全面的揭露,清理墓葬 110 余座。其中,曹门湾 M1 和郭家庙 M60 均为规模较大、等级较高的墓葬。曹门湾部分墓葬资料已公布,[③]显示了此处墓葬时代、文化特征均同于郭家庙,表明两处山岗为同时期曾国墓地,故统称为郭家庙曾国墓地,具体分为郭家庙和曹门湾两个墓区。

2002 年郭家庙墓地发掘报告根据 M21 规格、形制、岩坑墓带墓道、出土曾伯陭钺等,认为该墓为曾侯墓,墓地是西周晚期到春秋早期以曾侯墓葬为核心的曾国公墓地,并依据"国君的墓葬应在其国都"[④]的说法,进而认为以郭家庙为中心的枣阳地区是两周之际前后曾国都城所在地。[⑤] 张昌平先生亦认为两周之际前后滚河流域的吴店东赵湖(即郭家庙)一带是当时曾国的中心区域。[⑥] 然而,学术界对此并没有达成一

[①] 田海峰:《湖北枣阳县又发现曾国铜器》,《江汉考古》1983 年第 3 期。湖北省博物馆:《湖北枣阳县发现曾国墓葬》,《考古》1975 年第 1 期。徐正国:《枣阳东赵湖再次出土青铜器》,《江汉考古》1984 年第 1 期。
[②] 襄樊市考古队等:《枣阳郭家庙曾国墓地》,科学出版社,2005 年。
[③] 方勤、胡刚:《枣阳郭家庙曾国墓地曹门湾墓区考古主要收获》,《江汉考古》2015 年第 3 期。湖北省文物考古研究所等:《湖北枣阳郭家庙墓地曹门湾墓区(2014)M10、M13、M22 发掘简报》,《江汉考古》2016 年第 5 期。湖北省文物考古研究所等:《湖北枣阳郭家庙墓地曹门湾墓区(2015)M43 发掘简报》,《江汉考古》2016 年第 5 期。
[④] 李学勤:《曾国之谜》,《光明日报》1978 年 10 月 4 日。
[⑤] 襄樊市考古队等:《枣阳郭家庙曾国墓地》,科学出版社,2005 年,第 336—337 页。
[⑥] 张昌平:《曾国铜器的发现与曾国地域》,《文物》2008 年第 2 期。

致看法,特别是随着随州叶家山西周早期曾国墓地的发现、①随州文峰塔春秋中期到战国中期曾国墓地的发掘、②枣阳郭家庙两周之际曾国墓地的进一步揭露,③有学者就提出曾国统治中心自曾国始封周代南土以来,一直在今天的随州区域,曾国的都城也一直是在随州境内游移。④

关于郭家庙墓地的性质,除2002年发掘的资料外,最新的考古发现为我们讨论这个问题提供了最直接有力的证据。

曹门湾墓区从墓葬分布看,两座大墓M1、M2位于墓地偏北地势较高的位置,其他中小型墓葬主要分布于其南或西部。两墓形制和墓向基本一致,墓道均朝东,M2位于M1的东面,比M1稍小。M1开凿于岩石上,全长21(其中墓道长10)、宽8.5、深8米,带斜坡单墓道;M2长22、宽6.5、深8米,带斜坡单墓道。根据墓葬位置关系及出土器物分析,M2当是M1的夫人墓。紧邻M1的西面,分布着大型车坑CK1,长32.7、宽4米,葬车28辆,车舆、毂、辐、轮、辕、衡等结构清楚,车辆呈东西纵列式摆放;紧邻车坑的南面分布一座大型马坑,长9、宽8、深2米,葬马49匹以上。二者是曾国迄今所见最大的车坑和马坑,其中车坑也是目前全国考古发现春秋早期最大的车坑。整个曹门湾墓地是以M1、M2为中心,陪葬大型车坑、马坑,以及众多中小型墓葬的一处布局完整的墓地。墓地规模较大,布局完整有序,与同期的三门峡虢国墓地、⑤北赵晋国墓地⑥比较,级别相当。并且,M1出土了大型编钟(仅存篾篾)、编磬,以及建鼓、瑟等音乐文物,尤其是编钟、编磬,经复原研究,其组合反映了周代"轩悬"的乐悬制度,⑦与诸侯地位相称。此外,在M1的西南面,1982年于耕土层中采集到一枚有铭铜戈,铭文为"曾侯绊白秉戈",⑧戈的形制为直援、三角锋,与M1出土的其他戈的形制一致,为研究M1的墓主身份提供了重要线索,推测M1的主人极可能是曾侯绊白。

郭家庙墓区经过2002年和2015年两次大规模发掘,墓地的布局基本揭示清楚。

---

① 湖北省文物考古研究所等:《湖北随州叶家山M65发掘简报》,《江汉考古》2011年第3期。湖北省文物考古研究所等:《湖北随州叶家山西周墓地发掘简报》,《文物》2011年第11期。湖北省文物考古研究所等:《湖北随州叶家山西周墓地》,《考古》2012年第7期。湖北省文物考古研究所等:《湖北随州叶家山M28发掘简报》,《江汉考古》2013年第4期。湖北省博物馆、湖北省文物考古研究所、随州博物馆:《随州叶家山——西周早期曾国墓地》,文物出版社,2013年。
② 湖北省文物考古研究所:《随州文峰塔东周墓地》,《考古》2014年第7期。
③ 方勤、胡刚:《枣阳郭家庙曾国墓地曹门湾墓区考古主要收获》,《江汉考古》2015年第3期。湖北省文物考古研究所等:《湖北枣阳郭家庙墓地曹门湾墓区(2014)M10、M13、M22发掘简报》,《江汉考古》2016年第5期。湖北省文物考古研究所等:《湖北枣阳郭家庙墓地曹门湾墓区(2015)M43发掘简报》,《江汉考古》2016年第5期。
④ 黄凤春、陈树祥、凡国栋:《湖北随州叶家山新出西周曾国铜器及相关问题》,《文物》2011年第11期。
⑤ 河南省文物考古研究所等:《三门峡虢国墓》,文物出版社,1999年。
⑥ 北京大学考古学系商周组、山西省考古研究所:《天马——曲村(1980—1989)》,科学出版社,2000年。
⑦ 方勤:《郭家庙曾国墓地发掘与音乐考古》,《音乐研究》2016年第5期。
⑧ 田海峰:《湖北枣阳县又发现曾国铜器》,《江汉考古》1983年第3期。

岗地中部稍偏东有一南北长约120、东西宽约50米的高地，为墓区最高处，高地上东西前后向排列两排墓葬，每排墓葬自北向南分布，墓向均为东西向。东面的一排以M60、M50两座大墓为中心，其北依次分布M29、M30、M31、M32等中型墓葬；西面的一排以M21、M52两座大墓为中心，其北分布M28，其南分布M46、M47等中型墓葬。M60墓开凿在岩石上，历史时期已被盗，东西向，长21、宽8、深8米，自墓口下挖1.6米后，东西向收缩成长度为8米，从而在西部形成了一个平台，推测平台有墓道的功能。墓葬上分布有积石，积石呈圆圈状自中心向外辐射分布。紧邻其南的M50长约9米，宽超过7米，深超过6米，没有墓道。根据位置关系和墓中出土器物，M50为女性墓，可能为M60夫人墓。M60规模与曹门湾墓区M1规模相当，其北面也分布有一车坑，其中一车袝葬4马，符合"天子驾六"、"诸侯驾四"的规格，当为诸侯级别。2002年发掘的M21，发掘报告认为该墓是"曾伯陭"墓，墓中出土的"曾伯陭"铜钺，铭文为"曾伯陭铸戚钺，用为民刑，非历殹刑，用为民政"，铭文口吻颇有国君气势，这是该墓可能为曾侯墓最直接的文字证据。紧邻其北部的M52，当是其夫人墓，规模与M50相当，没有墓道，但出土了6件铜翣，规格与诸侯夫人相符。曹门湾M1、郭家庙M21与M60，三者除规模相当外，均开凿在岩坑上，这也是曾侯墓营建的特征，这一做法亦被曾侯舆墓、曾侯乙墓沿用。①

因此，包括曹门湾墓区和郭家庙墓区的郭家庙墓地是至少分布有三位诸侯及夫人墓葬，并有着众多贵族和平民墓，以及较多且级别较高车马坑的曾国公墓地。墓地东面约1.5公里处是周台遗址和忠义寨城址，②忠义寨城址处于滚河的北岸，城址的北边紧连周台遗址。周台遗址2002年进行过试掘，遗址中包含有同于郭家庙墓地时代的遗存，并发现了规模较大的房址F3等重要遗迹。③ 2014年郭家庙墓地发掘期间，对忠义寨城址进行过调查，发现城址主体遗存的时代与郭家庙墓地同期，因此，初步推测此处可能是曾国都城遗址。④ 在郭家庙墓地时期，忠义寨城址、周台遗址与郭家庙墓地构成一处布局完整的遗址区。整个遗址区地势北高南低，南部临水，墓地处于城址北面，符合"葬于北首"的丧葬礼仪，这些特征与同时期的晋国⑤等诸侯国城址、墓地布局规律基本相同。

---

① 湖北省文物考古研究所等：《随州文峰塔M1（曾侯舆墓）、M2发掘简报》，《江汉考古》2014年4期。湖北省博物馆等：《曾侯乙墓》，文物出版社，1989年。
② 方勤、胡刚：《枣阳郭家庙曾国墓地曹门湾墓区考古主要收获》，《江汉考古》2015年第3期。
③ 襄樊市文物考古研究所：《枣阳周台遗址发掘报告》，《襄樊考古文集》第1辑，科学出版社，2007年。
④ 方勤、胡刚：《枣阳郭家庙曾国墓地曹门湾墓区考古主要收获》，《江汉考古》2015年第3期。
⑤ 北京大学考古学系商周组、山西省考古研究所：《天马—曲村（1980—1989）》，科学出版社，2000年。

尽管从上世纪六十年代以来，在京山、随州一带也发现了两周之际的高等级墓地，但分析比较这些墓地资料，可以发现郭家庙墓地大墓等级最高、规模最大，同时在墓地附近也可找到同时期相对应的高等级遗址，因此，基本可确定郭家庙曾国墓地是西周晚期到春秋早期曾侯墓所在的曾国公墓地，曾国都城亦在郭家庙一带，曾国当时的中心区域应当就是以郭家庙为中心的滚河流域的吴店东赵湖一带。

本文原刊于《江汉考古》2016年第5期。

附录四

"汉东之国随为大"的考古学解析
——兼及两周之际的曾、楚关系

一

曾侯乙墓发掘引起了学术界关于曾、随之谜的关注,李学勤、石泉等先生认为曾即随国,系一国两名,这一说法逐渐为学术界所认可。[①] 叶家山曾侯犺西周曾国墓、[②] 义地岗曾侯與春秋晚期墓的发掘,[③] 表明曾国为姬姓国,始封于此的曾侯乃西周初年重臣南宫适(括)之后;曾国担负"君庇淮夷、临有江夏"的使命,是周王朝经营汉水流域及淮夷区域的重要诸侯国。春秋晚期的曾侯與编钟铭文记载"吴恃有众庶行乱,西征南伐,乃加于楚",危乱之际,穆穆曾侯,"复定楚王",与《左传》所述吴国攻破楚国都城、随人救楚昭王的记载一致,也为曾即随提供了强有力的证据。

"汉东之国随为大"的记载始见于《左传·桓公六年》。桓公六年,即公元前706年,楚武王伐随,楚大夫斗伯比分析楚、随两国实力时所言,斗伯比还以"吾不得志于汉东也"进一步阐释了"随为大"。可见,当时的随国实力不可小觑,不然,"随侯惧而修政,楚不敢伐"。其后,楚武王又分别于公元前704年、前690年两次伐随,尤其是公元前690年伐随,楚武王卒于军中,楚国军队秘不发丧,仍"除道梁溠,营军临随",迫使随人"惧"而签订了盟约。不过,楚国军队班师时"济汉而后发丧",仍是忌惮随人乘势攻击,可见此时的随国实力仍是强盛的。

楚建国之初虽"土不过同",但经过熊渠、武王、文王等雄主的北征东扩,逐步发展

[①] 李学勤:《曾国之谜》,《光明日报》1978年10月4日。石泉:《古代曾国—随国地理初探》,《武汉大学学报》(哲学社会科学版)1979年第1期。

[②] 湖北省博物馆、湖北省文物考古研究所、随州市博物馆:《随州叶家山——西周早期曾国墓地》,文物出版社,2013年。

[③] 湖北省文物考古研究所、随州市博物馆:《随州文峰塔M1(曾侯與墓)、M2发掘简报》,《江汉考古》2014年第4期。

成雄踞一时的南方大国。战国早期的曾侯乙墓,证明当时曾楚关系密切,曾国应为楚国的附庸国。这个观点也一直影响和左右着关于西周时期、春秋早期之前的曾、楚关系和军事实力的认识。近年的曾国考古发现不断更新我们的认识,叶家山的发掘让我们认识到西周早期曾国是一个实力强劲的诸侯国;郭家庙的发掘,特别是曹门湾墓区发现的长达 32.7 米的春秋早期诸侯国最大的车坑,使我们看到了当时曾国军事实力的强大。

郭家庙墓地的考古学年代为两周之际,即上限不超过西周晚期,下限为春秋早期,而《左传》记载楚国伐随的三次时间为鲁桓公六年、八年和鲁庄公四年,正好与郭家庙墓地的时代相当。文献记载与考古发掘的吻合,使我们能更好地从史料、文物两个角度来解析这段历史。从考古学的角度,叶家山曾国墓地的发掘,证明曾国始封之时确为实力雄厚的核心诸侯国,不论其间国力如何发展变换,至郭家庙墓地的春秋早期,曾国的军事实力仍然强劲。这与文献所言"汉东之国随为大"就相互印证了。滚河系汉水的支流,紧邻滚河的郭家庙在汉水的东面,西距汉水 30 千米左右,曾国地处汉水之东,与不断渴望向东扩张的楚国相邻,引得楚国发出"不得志于汉东"的感慨就实属自然了。

郭家庙墓地的东南约 2 千米有忠义寨城址,经过调查,时代可至两周之际,与郭家庙墓地同期;其东约 1 千米为周台遗址,[1]其遗存时代跨越了西周晚期和春秋早期。忠义寨城址、周台遗址与郭家庙墓地分布在大约 6 平方千米的区域内,构成了曾国在西周晚期、春秋早期这一时期城址、居住遗址和墓葬的完整布局,其城址在水之北、墓葬在城址西北向等特点,与同时期如天马—曲村晋国等诸侯国都城的布局特征相似。

与郭家庙紧邻的周台遗址,包含西周晚期至春秋早期遗存,是郭家庙墓地同期的生活居住遗迹。2002 年对周台遗址的考古发掘表明,西周晚期、春秋早期是曾国文化,但春秋中期至战国时期为楚国文化。这说明春秋中期以后,楚国占据了此地。其中西周晚期的曾国 M3 被盗,但盗洞之上又覆盖了春秋晚期楚国人生活的居住面,表明该墓葬是春秋中晚期被楚国人盗挖的。东周时期处于战争中的双方,因为攫取铜器等原因,战胜国常常盗挖战败国的墓葬,结合《左传》楚武王三次伐随等记载,M3 被盗正是楚、曾处于战争状况在考古学上的反映。汉水之东,曾国最强盛,处于汉水之西的楚国要向东扩张,需要打通随枣走廊。而曾国作为周王朝派往

---

[1] 襄樊市文物考古研究所、枣阳市文物考古队:《枣阳周台遗址发掘报告》,《襄樊考古文集》第 1 辑,科学出版社,2007 年。

南方的核心诸侯国,肩负"君庇淮夷、临有江夏"的使命,曾、楚两国处于战争态势就自然难免。

但曾、楚关系又不完全如此。笔者在主持郭家庙墓地发掘期间,得知2002年高速公路建设时,出土有一铜鼎,该鼎破坏严重,为两周之际常见的曾国铜鼎,尽管铭文仅残存"曾侯作季……汤妳(芈)媵……其永用……"(图一),仍可知是曾侯为某位嫁到了曾国的芈姓楚国女子作的鼎。应是春秋早期之前,楚国人尚未占领郭家庙一带,或

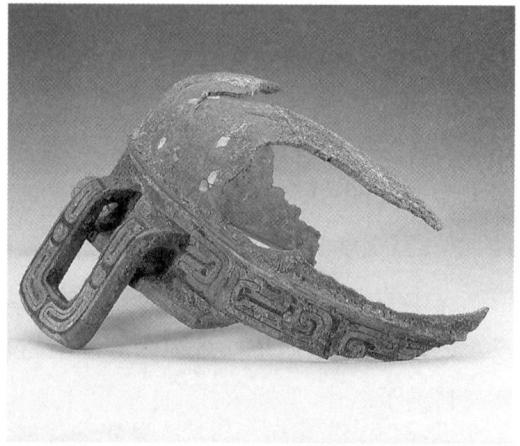

图一　曾侯作季汤芈鼎及铭文

是当时曾楚还未发生战争,双方存在婚姻关系;或是即使双方已经有了战争,仍难免既斗争又联合,并不影响双方发生婚姻关系。周代有婚姻关系的两国,即便是一国国君娶了对方国君的女儿,并不影响他们之间的战争,如秦、楚之间,楚、邓之间,这也是那一时期诸侯国之间政治局势的常态。《左传》记载楚武王伐随时提到的重要女性是夫人邓曼,她是邓国人,恰是她儿子楚文王于公元前678年灭掉了邓国。

二

郭家庙墓地、周台遗址、忠义寨城址为"汉东之国随为大"这一历史语境下的重要遗址,在西周晚期和春秋早期,段营、熊家老湾、何家台等地均有同期青铜器出土,除此之外,京山苏家垄也是这一时期的重要遗址。这些遗址和墓葬,尤其是出土文物反映的信息,让我们得以窥见"随为大"的一些历史信息。

郭家庙墓地分布在两个相对独立的山岗上,北岗为郭家庙墓区,南岗为曹门湾墓区,总面积达120万平方米以上。2002、2014年两次发掘,共清理墓葬近60余座,已发掘曹门湾M1、郭家庙GM21两座国君级墓葬,曹门湾墓区还发掘了大型车坑和马坑,征集或发掘所见铭文有"曾侯"、"曾侯绎白"、"曾伯陭"等。结合考古调查,墓地东南约2千米的忠义寨城址应是同期的都城。苏家垄墓地1966年因修水利出土过九鼎为学术界关注,有"曾侯仲子斿父"、"曾仲斿父"等铭文,但尚未发现确凿的大型墓坑,勘探中也未发现类似曹门湾墓区那样大型规格的完整墓地布局。苏家垄墓地附近虽未发现同期城址,但根据墓葬距城址不远的规律,附近也应有一处重要城邑。郭家庙、苏家垄墓地同期,两者应为都城与重要城邑之间的关系。

郭家庙墓地曹门湾墓区2014年发掘了曾侯M1,今年又勘探出了夫人墓M2,规格较M1略小一些。郭家庙墓区2002年发掘了曾侯墓,最近勘探的成果显示周边还有大型墓葬。这些布局完整的高规格墓地,体现了曾国的国力。尤其是曹门湾墓区的大型车坑长32.7、宽4米,葬车28辆,东西纵列式布局,出土精美的毂饰、軎、辕饰、銮铃等铜质构件约122件(套),车坑的北沿、南沿分别发现了14个、2个柱洞,是首次发现的类似"车棚"的地面建筑;马坑长9、宽8米,葬马49匹以上。这是曾国历史首次发现的大型车坑马坑,单就同期诸侯国发现的车坑比较而言,其车坑是最大的。同期的虢国也出土了大型车马坑,但车马是葬在一起,车13辆。这也从一个方面反映了曾国的军事实力。

音乐文物是郭家庙墓地考古发掘的一个最大亮点,也是体现这一历史时期曾国礼乐文明的重要内容。此次发现了钟、磬、瑟、鼓等众多乐器,其中瑟和建鼓是迄今发现最早的。更为重要的是,钟、磬的横梁圆雕龙首,立柱为圆雕龙凤合体羽人形象,钟、磬的底座是圆雕凤鸟造型,经过复原研究,编钟的横梁和立柱可组成曲尺形,与编磬组合,刚好构成"轩悬"这一诸侯级的乐悬规制。这些高规格的编钟、编磬及其他精美乐器的发现,是曾国礼乐文明发达的一个体现,也勾画出了叶家山、郭家庙、擂鼓墩这一曾国诸侯乐悬制度的纵向发展序列。①

科技上的成就也是体现这一时期曾国国力的一个重要方面。如曹门湾墓区出土的金银合金虎形饰、铜虎形饰等,采用了锤锻、锻模、冲孔等工艺,为我国考古发现最早的采用这些工艺的实证;其中一个虎形饰,还采用了鎏金工艺,也是考古所见最早的。此次发掘还发现迄今为止最早的墨块。

三

叶家山、郭家庙、义地岗(包括文峰塔,文峰塔只是义地岗的一个组成部分)和擂鼓墩,这些是曾国考古中极其重要的地名,它们是曾国的国君从西周早期、春秋早期、春秋晚期至战国早期不同时期的墓地。② 近几年来,通过连续的考古发掘,逐步揭示了曾国的历史。叶家山揭示了曾国始封的秘密,让我们知道曾国是西周初年的核心诸侯国;郭家庙诠释了春秋早期"汉东之国随为大"和楚武王三次伐随的历史,表明曾国在春秋时期仍是军事强国;义地岗与擂鼓墩揭开了曾、随之谜,展示了曾、楚之间"周室之既卑,吾用燮就楚"的历史。③ 正是这些不期而遇的考古发现,让我们得以揭开尘封的曾国秘密,与古人进行穿越千年的对话。

本文原刊于方勤、吴宏堂主编:《穆穆曾侯:枣阳郭家庙曾国墓地》,
文物出版社,2015年。

---

① 方勤:《曾侯音乐文物小考》,《东亚音乐考古研究论文集》,中州古籍出版社,2014年。
② 方勤:《曾国历史的考古学观察》,《江汉考古》2014年第4期。
③ 李天虹:《曾侯與编钟铭文补说》,《江汉考古》2014年第4期。

附录五

随州文峰塔 M4 墓主人为曾侯邸小考

随州文峰塔 M4 虽然遭到严重破坏，但从残存的墓坑及出土的青铜编钟和青铜戟上的铭文推测 M4 墓主也应为曾国的某位曾侯，[1]出土编钟有"左右楚王"铭文，对曾国历史研究十分重要，只是墓葬出土能见的铭文中不见其私名，戈上有"曾侯"，唯独私名处残损，十分可惜。笔者认为墓主人应当为曾侯邸。现略考如下。

其一，先考察墓葬规格。M4 仅存坑底，从残墓坑观察，墓葬为一近方形土坑竖穴墓，现存墓口东西残长 10.05、南北宽 7.6 米，墓底长 8.2、宽 7.3 米，填土经过夯打，墓内壁涂有白泥，墓底共发现有 10 条垫木沟槽，根据垫木槽痕推测，椁内原应分多室。文峰塔 M4 的规格与曾侯舆墓、[2]曾侯得墓[3]的规模相当。曾国春秋晚期前后，曾侯墓葬的规格都不太大，与之前的春秋早期郭家庙曹门湾 M1（墓主人为曾侯绛白）不可比，[4]也与之后的战国早期曾侯乙墓更不可比。曾侯绛白、曾侯乙规格高，当与曾国先"左右文武"后"左右楚王"的历史相关。曾侯绛白恰当曾国"左右文武"时，实力最强。曾侯乙则是"左右楚王"时，与楚国关系最密切。总之，从规模判断，以及根据墓中所出"曾侯"铭文戈（尽管不巧私名处已残掉，但表示其身份为曾侯级别），文峰塔 M4 同为诸侯级别墓葬应当无误。

其二，再从墓地布局考察。文峰塔墓地位于随州市东城区，涢水及其支流㴲水交汇于墓地西南部。墓地坐落在一座东北至西南走向的长条形土岗上，岗顶高出周边地面约 30 米，面积约 18 万平方米。这个岗地上，先后多次发掘曾国墓地，简报多用其

---

[1] 湖北省文物考古研究所、随州市博物馆：《湖北随州文峰塔墓地 M4 发掘简报》，《江汉考古》2015 年第 1 期。
[2] 湖北省文物考古研究所、随州市博物馆：《随州文峰塔 M1（曾侯舆墓）、M2 发掘简报》，《江汉考古》2014 年第 4 期。
[3] 湖北省文物考古研究所、随州市博物馆、随州市曾都区考古队：《随州汉东东路墓地 2017 年考古发掘收获》，《江汉考古》2018 年第 1 期。
[4] 方勤、吴宏堂：《穆穆曾侯——枣阳郭家庙曾国墓地》，文物出版社，2015 年。

中的具体小地名,或以"义地岗",或以"文峰塔",或以"汉东东路"为名发表。① 这一区域内,其中最为重要的并相互关联的大型墓是曾侯得墓、曾侯與墓、M4三个同为曾侯级别的墓葬(图一)。

从布局可以清晰地看到,曾侯得墓、曾侯與墓、M4由北至南,有规律地分布在岗地上,从墓葬下葬时间看,曾侯得墓早于曾侯與墓,曾侯與墓又稍早于M4。可见这3座曾侯墓是按时间早晚、从北至南有规律地分布的。从这3座曾侯所处历史时期看,自曾侯與与楚国交往甚好,从编钟铭文上"复定楚王"、"改复曾疆"等铭文看,曾、楚关系最为融洽。曾侯乙墓出土了曾侯與、曾侯邴、曾侯乙三代曾侯的铭文,时间早晚顺序也是依次为曾侯與、曾侯邴、曾侯乙。曾侯乙也与楚王熊章关系最为交好。当时楚国较为强大,曾国这三代诸侯在位时国内政局稳定,下葬亦当规划有序。如是,从墓地整体布局推定,M4为曾侯邴墓较为合理。自曾侯乙下葬时,该墓区改迁至擂鼓墩一带,这个判断当无误。

M4位于东风油库的南边,就同在这一区域,1994年建设位于义地岗墓地西南部的东风油库时,抢救发掘了3座墓葬,②编号M1—M3,皆为东西向。发掘者认定3座墓均为曾国墓葬,M1墓主为"曾少宰黄仲酉",M2墓主为"可",M3墓主为"曾仲姬",M1、M2的年代为春秋晚期偏晚,M3的年代或可晚至战国。尤其是东风油库M3中出土曾侯邴鼎、曾仲姬壶,没有出土兵器,明显可知其为女性墓,墓主人为曾仲姬。曾侯邴鼎当是曾侯邴赠送给曾仲姬的,这个推断无误。而且该墓铭文的字形具有与曾侯乙墓铭文文字一样修长的特色。③ 该墓还出土有橄榄形陶罐,与M4无异。这些表明,东风油库M3的曾仲姬墓,时代、器物特征与文峰塔M4基本相同,曾仲姬墓应当是围绕主墓曾侯邴墓布局的墓群中的一个组成部分(图二),曾仲姬应当与曾侯邴有着密切关系,如是,M3墓中出现曾侯邴鼎就属正常。反过来,也可以进一步佐证M4的墓主人是曾侯邴了。

其三,最后从器物风格观察。M4出土的残戈(M4:8)当为戟中的一后戈,器体厚重,刃锋锐利。三角形尖锋,直援中部起脊,上下两面刃,下刃近援末斜弧延展成胡,胡残缺。援上残存两个窄长方形穿,上穿完整,下穿残缺。戈内端及内上一穿均

---

① 湖北省文物考古研究所、随州市博物馆:《湖北随州文峰塔墓地M4发掘简报》,《江汉考古》2015年第1期。湖北省文物考古研究所、随州市博物馆:《随州文峰塔M1(曾侯與墓)、M2发掘简报》,《江汉考古》2014年第4期。湖北省文物考古研究所、随州市博物馆、随州市曾都区考古队:《随州汉东东路墓地2017年考古发掘收获》,《江汉考古》2018年第1期。
② 湖北省文物考古研究所、随州市曾都区考古队、随州市博物馆:《湖北随州义地岗墓地曾国墓1994年发掘简报》,《江汉考古》2008年第2期。
③ 湖北省文物考古研究所:《曾国青铜器》,文物出版社,2007年。

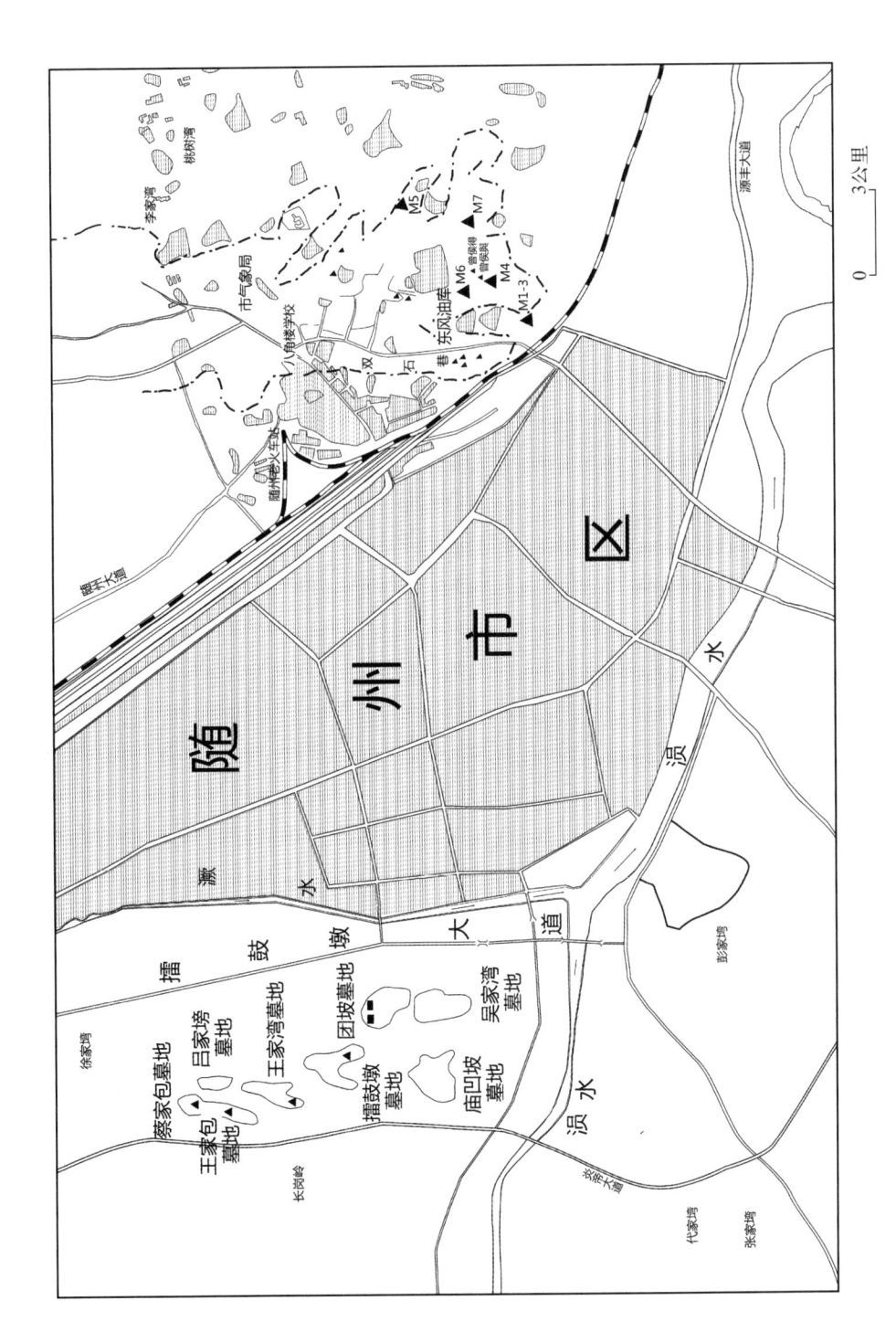

附录五　随州文峰塔 M4 墓主人为曾侯䣄小考

图一　擂鼓墩、文峰塔墓区分布图

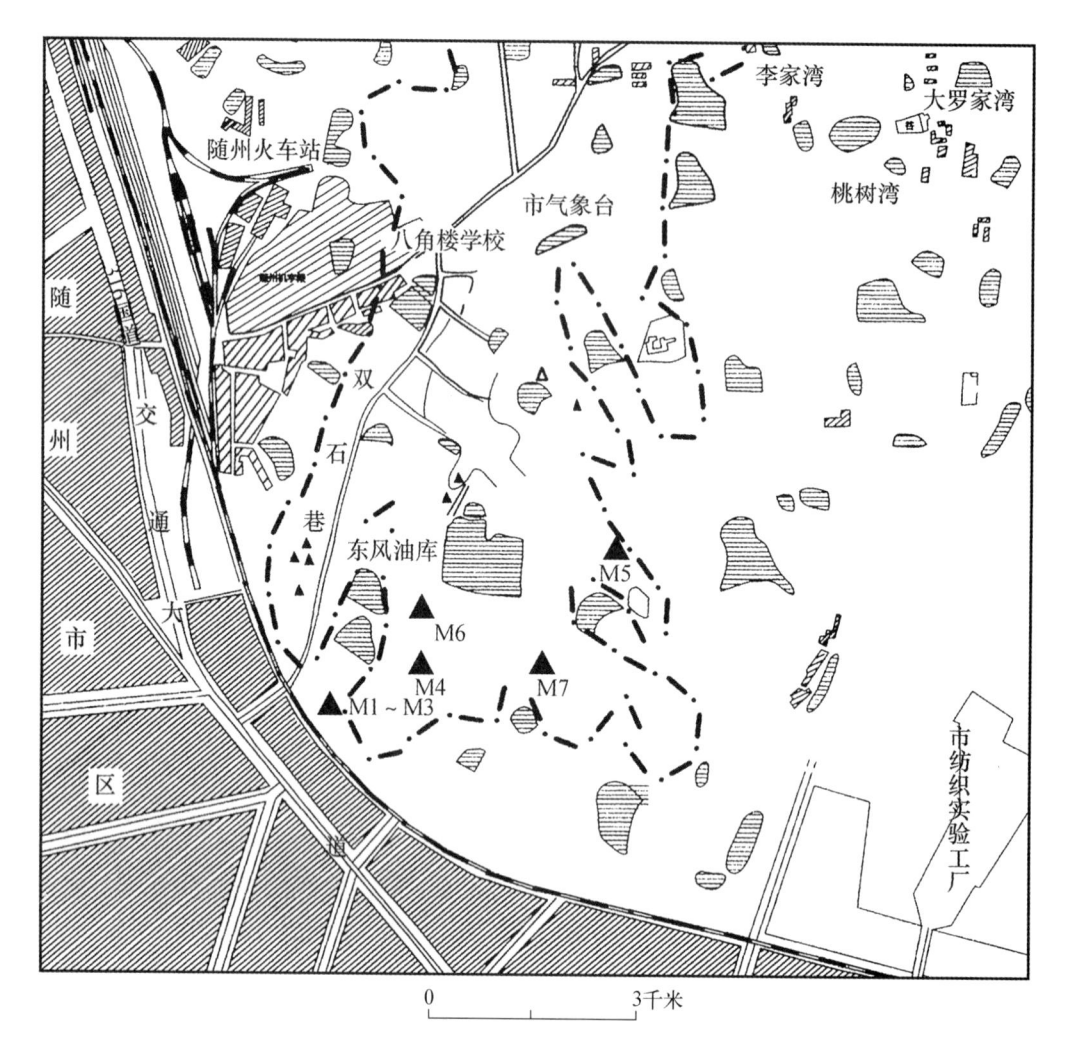

图二　随州东风油库墓区分布图

残缺。胡上残存竖行阴刻铭文"曾侯",其中"侯"字尚不全,"侯"以下的文字残断。仔细对照曾侯乙墓出土的曾侯邨戟、戈,形式类似,残存的"曾侯"字体,也与曾侯乙墓出土的"曾侯邨"戈、戟及曾仲姬墓中的曾侯邨鼎前两个字风格基本一致,"曾"上半部的"八"字写法、"侯"字的横与撇几乎呈直角(图三)。可见,M4墓中所残存"曾侯"两字与曾侯乙墓、曾仲姬墓中所见的"曾侯邨"的字体基本一致,可进一步证明M4为曾侯邨无疑。

综上所述,文峰塔M4当为曾侯邨墓。若是,则可做进一步推断如下。

第一,曾侯得、曾侯與、曾侯邨按时间早晚从北至南分布在东北至西南方向的高岗上,应当是精心布局的。大墓周边应当有围绕主墓的陪葬墓,如文峰塔M4即曾侯邨的周边,围绕该主墓布置有曾仲姬墓等,曾仲姬墓中出土的曾侯邨鼎应当是曾侯邨赠予的,这也进一步说明他们之间的主从关系。

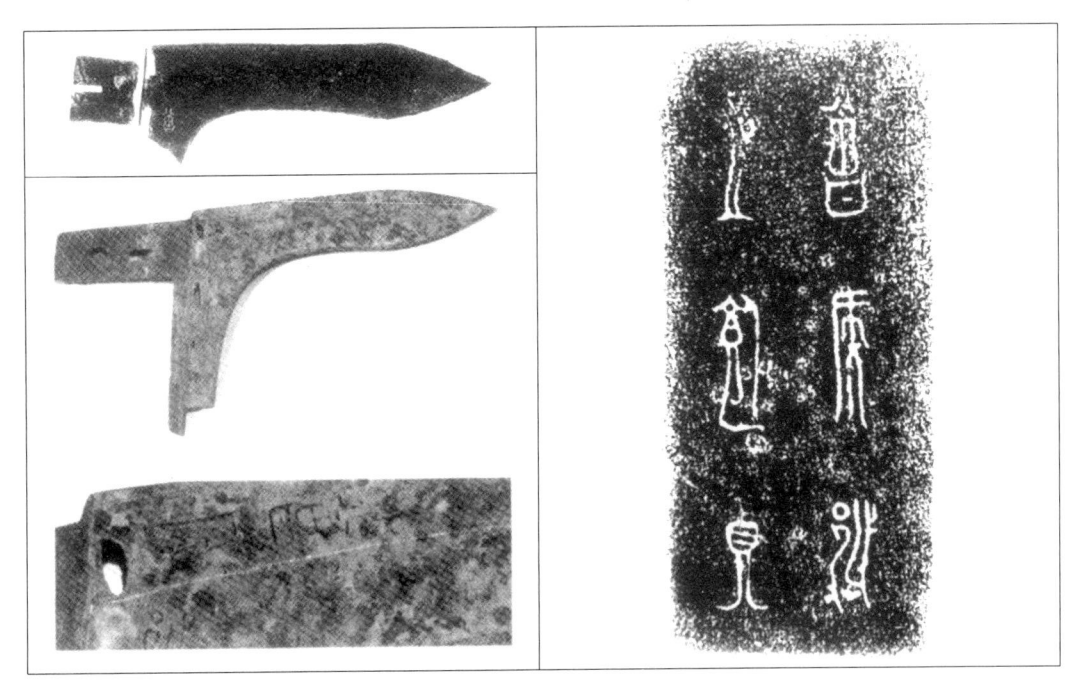

图三　文峰塔M4出土残戈铭文与曾侯邸戟、鼎铭文

第二，曾侯與墓、曾侯邸墓(文峰塔M4)分布在溠水的东面，之后的曾侯乙墓转至溠水对岸、溠水西面的擂鼓墩墓区分布，因㵐水及其支流溠水交汇于曾侯邸墓的南面，再往南是㵐水，没有分布空间，可能是曾侯乙墓转而布局在溠水西面的原因。在擂鼓墩墓区，初步勘探，发现有擂鼓墩土冢、王家湾、蔡家包M14、王家包等规模与曾侯乙墓相当的大墓，①也是曾侯级别，可见墓地布局从溠水东转至溠水西的推测成立。只是到战国中期，曾侯丙墓又重新分布至溠水东，在曾侯得、曾侯與、曾侯邸墓一线的东边，规格也较曾侯乙墓小了许多，当与此时楚国、曾国国力衰退有一定关联。

第三，义地岗(含文峰塔、汉东东路、东风油库)与擂鼓墩墓地格局，以及其中曾侯的规格、随葬品风格，与曾国的历史状况相符。曾侯與时曾国救楚王，楚国"改复曾疆"，嗣后的曾侯邸"左右楚王"，与春秋晚期楚国势力扩展的历史相符，与此时期蔡侯也不得不"左右楚王"是一致的。正是有了曾侯邸时期的"左右楚王"，紧随其后的曾侯乙才有楚王熊章亲自送镈钟等礼遇，曾侯乙墓才能有如此重大的发现。

本文原刊于湖北省文物考古研究所编、方勤主编：
《曾国考古发现与研究》，科学出版社，2018年。

---

① 湖北省文物考古研究所、随州市文物局：《湖北随州市擂鼓墩墓群的勘查与试掘》，《考古》2003年第9期。

附录六

凤舞九天　光耀千秋
——基于考古发现的楚文化观察

楚,一个盛极一时的南方大国,一个浪漫乐观的民族,一种开放融合的文化。

一、无限江山尘与土

楚国是周代南方的重要诸侯国。楚人发祥地在今湖北荆山。楚王室以"芈"为姓,自称"帝高阳之苗裔"。商末周初,楚人首领鬻熊率部居于丹阳。周成王时,楚首领熊绎受封为子爵。陕西岐山周原遗址出土有记载"楚子来告"的周初甲骨,证明了楚在西周早期即已受封。楚国建国之时,只是"土不过同(一百里)"的小国。楚人自述其祖先"筚路蓝缕,以启山林",经过艰苦的奋斗,才最终成为强国。西周中后期,楚人便以蛮夷自居,不奉周室号令,昭王为此南征伐楚,最终却死于汉水之中。

从春秋早期开始,楚国在军事上逐渐强大。春秋时期,诸侯之间的战争基本就是围绕楚国争霸中原、中原联军抗楚而展开。楚国曾陈兵周郊,问鼎中原,与晋国争霸长达百年。楚国军事力量也就在不断的兼并战争中得到壮大,成为春秋五霸之一。战国时期,楚国又占领了长江下游和淮河流域,基本统一了长江中下游地区。至楚威王时,楚境东接齐鲁、西邻强秦、北抵三晋、南达九嶷,疆域之大为列国之最,文献记载楚国"地方五千余里,带甲百万,车千乘,骑万匹,粟支十年"。楚国的扩张客观上促成了秦朝的统一。在公元前278年秦将白起攻克楚国首都"郢"之后,楚都东迁,退保于河南淮阳,最后迁于安徽寿县。此后楚国国力日衰,于公元前223年绝祀。楚国虽被秦所灭,但在秦末战争中,楚人仍是反秦主力,史书记载"楚虽三户,亡秦必楚",著名的反秦领袖陈胜、项羽等均为楚人。

楚国立国八百余年,创造了辉煌的文明。随着近几十年考古发掘,楚文化逐渐为世人认识,引起了学界的强烈关注。考古发现的文物为物质载体,所揭示的楚人尊礼崇乐、蕴美求奇等精神追求,给我们从礼制、艺术、科技等多个角度揭示了楚国辉煌的历史文化以及楚文化深远的历史影响。

二、几朝礼乐天与人

礼制是中国传统文化的核心。礼器,尤其是青铜礼器是先秦时期国家权力、贵族身份的象征。礼器的数量、形制、组合可以区分贵族的等级。楚国礼器整体上仍然不逾周礼规定,从楚墓出土的青铜礼器来看,无论是楚人下葬时遵循的鼎制、礼器组合关系,还是器物造型,都与中原有密切联系。楚国礼器虽有个别器形、器类和组合的变化,但这不改变楚国的礼乐制度仍属中原礼乐制度重要组成部分的事实。当然,楚人久居江汉地区,其礼乐制度尤其是核心的鼎制受到当地蛮夷文化的影响,如战国时期青铜鼎的形态较中原的青铜鼎有所改变,高级贵族采用平底束腰的升鼎作为身份等级的象征。曾侯乙墓、随州擂鼓墩二号墓的"九鼎八簋"虽出自曾国墓葬,但其时已经是臣服于楚国的"左右楚王"时期,还是体现了楚系文化的整体特征。

乐器也是礼器的重要组成部分。周代乐器是贵族身份等级的标志,我们常用"钟鸣鼎食"形容贵族生活。楚地出土乐器繁多,八音齐全,如中国较早的琴出土于楚系的曾侯乙墓,而地域风格浓郁的漆木虎座鸟架鼓还兼有宗教仪式功能,天星观2号墓出土的"虎座凤鸟漆木架鼓"就是迄今出土最精致的文物之一。九连墩楚墓出土的琴,通体在黑漆上朱绘纹饰,并浮雕凤纹等,也是迄今所见最精美的先秦古琴。

楚国的丝绸刺绣品织造精良、工艺繁复,其数量之多、品种之齐全、花纹之秀美、制造之精良,举世罕见。从考古出土的服饰实物及形象资料可知,楚服面料色彩鲜艳,纹饰灵动飘逸,充满神奇的艺术魅力和蓬勃向上的生命力;佩饰、妆饰与衣服相互交映,反映了楚人的审美时尚。

楚地也是先秦漆木器最重要的出土地,漆木器种类繁多、纹饰绚丽,其丰富浪漫的艺术造型、富丽华美的纹样图案、富于神话色彩的艺术题材,无不显示出楚文化奇诡浪漫的特性。尚赤之风奠定了楚漆器红黑黄主调,以黑衬红黄的融会孕育出漆器艺术飘逸生动的图案。楚地漆器表现出对木质材料的深刻感悟与非凡巧工,展现了楚人的浪漫情韵和艺术风韵。

三、不尽文脉情与韵

楚文化还有着丰富的精神内涵,以屈宋为代表的辞赋作品、以老庄为代表的哲学思想都是中国传统文化的瑰宝。从某种意义上来说,楚文化也开启了汉风的绵亘延长——黄老之学是汉初立国根本;刘邦立为汉王后,"以十月为年首",这是沿用楚人历法;叔孙通见刘邦,要脱去长袍、换上短衣才能讨得欢心,可见刘邦喜好楚服;汉朝《房中乐》为楚声,《大风歌》亦有《楚辞》韵致,可见刘邦喜好楚歌……楚国灭亡以后,楚文化的绵延虽不再冠以"楚"国号,其特质却因汉王朝的强大,在更大范围内得到传承。

楚地出土了大量简帛,内容囊括遣册、司法文书、日书等,反映了楚人生活的各个方面,也让今人得以一窥楚文字特有的书法艺术魅力。考古发现的著名的郭店楚简、楚帛书,它们的发现都改写了中国古代思想史。楚地特有的镇墓兽、羽人等珍贵文物,它们是楚人精神世界的象征,表现了楚人对鬼神的敬畏、对灵魂的关注、对飞升成仙的幻想、对除祟辟邪的渴望。楚之"巫"、"骚"、"道"等,极其强调神奇、浪漫、瑰丽为美的文化特质,经由盛世兼收并蓄、后世发扬光大,造就新的生命力。

对楚文化的研究始于考古发现。上世纪二三十年代,湖南长沙楚墓、安徽寿县李三孤堆大墓被盗掘后,大量器物流出,郭沫若、刘节等学者就已经开始对楚国青铜器和文字展开了研究。新中国成立后,对楚文化的研究进入科学发展时期。长沙楚墓、长台关楚墓、淅川下寺楚墓、纪南城遗址、望山楚墓、九连墩楚墓等重大考古发现,对于研究楚文化遗存的特征、认识楚国的历史文化起到了极大的推动作用,楚文化成为国际学界研究的热点。近年来,同在长江流域、与其紧邻的曾国文化遗址和墓葬的一系列重大考古发现,如随州叶家山西周早期曾国墓地、枣阳郭家庙曹门湾春秋曾国墓地、苏家垄春秋曾国遗址与墓地,使人们对周王朝对南土的经营以及长江流域的方国状况,有了进一步的认识,从而能够从周王朝整体政治格局的语境下观察楚文化,以获得关于楚文化的较为全面的认识。

《汉书·地理志》形容楚地"有江汉川泽山林之饶;江南地广,或火耕水耨,民食鱼稻,以渔猎山伐为业,果蓏蠃蛤,食物常足。故呰窳偷生,而亡积聚,饮食还给,不忧冻饿,亦亡千金之家。信巫鬼,重淫祀"。这种认为楚地文化落后、重巫信鬼的观点长期为人所熟知。但是经过多年的楚文化考古和研究,学术界已经公认楚人创造了辉煌灿烂的楚文化,它是中华多元一体文化的重要组成部分。楚文化为中原文化支流,又有清奇灵巧的风格、飘逸奔放的特征,对楚文化的研究,有助于进一步了解先秦时期中国辉煌的礼乐文明,增进对中华文明丰富性的认识。

本文原刊于《人民日报》2015年3月1日12版,略有改动。

附录七

楚昭王迁郢于鄀之"鄀"系当阳季家湖城考证

鄀见于《世本》、《左传》等文献，①也见于铜器铭文，如河南淅川出土的上鄀公簠有"上鄀"铭文。② 鄀有上鄀、下鄀之分，学界对上鄀的认识较为一致，认为在商密，即今淅川县；也基本认为下鄀在上鄀的南面，而对其具体位置，学术界则有不同看法，但多数学者倾向认为在今宜城市。鄀在不同时期，有鄀国、鄀地、楚国鄀都、楚国鄀县等不同含义，本文主要讨论楚昭王惧吴时"自郢迁鄀"之鄀。《左传》定公六年（前504年）载："四月己丑，吴大子终累败楚舟师，获潘子臣、小惟子及大夫七人。楚国大惕，惧亡。子期又以陵师败于繁扬。令尹子西喜曰：'乃今可为矣。'于是乎迁郢于鄀，而改纪其政，以定楚国。"徐少华、李玉洁、高崇文等多数学者认为"迁郢于鄀"之鄀应当为上鄀，③高崇文先生更是提出了避开吴国军队进攻的锋芒、寻求秦国支持等支撑理由。④《史记·楚世家》"北迁于鄀"之北的方位特指，更是让我们相信迁鄀是上鄀的合理性。然而，成书时代更早的《左传》，包括同一书中的《史记·吴太伯世家》并没有说是否北迁，可见《楚世家》所言北迁也只是孤证，尚待商榷。上鄀当时并不在楚国势力的腹地，楚穆王时期已迁鄀于楚内地，⑤楚国把都城迁到偏隅一方的上鄀，还是不得不让人疑窦顿生：第一，关于前506年吴军的进攻线路，石泉先生、高崇文先生考证的"西征南伐"无疑是合理的，⑥而昭王的逃亡线路"楚子涉睢济江，入于云中……王

---

① 《世本八种》，中华书局，2008年。杨伯峻：《春秋左传注》，中华书局，2009年。
② 徐少华：《鄀国铜器及其历史地理研究》，《江汉考古》1987年第3期。
③ 徐少华：《古鄀国、鄀县及楚鄀都地望辨析》，《石泉先生九十诞辰纪念文集》，湖北人民出版社，2007年。高崇文：《清华简〈楚居〉所载楚早期居地辨析》，《江汉考古》2011年第4期。
④ 高崇文：《曾侯與编钟铭文所记吴伐楚路线辨析——兼论春秋时期楚鄀都地望》，《江汉考古》2015年第3期。
⑤ 徐少华认为鄀南迁当不出鲁文公五年秦入鄀至文公十四年公子燮如商密的九年间，即楚穆王四年至楚庄王元年。徐少华：《鄀国铜器及其历史地理研究》，《江汉考古》1987年第3期。
⑥ 石泉：《从春秋吴师入郢之役看古代荆楚地理》，《古代荆楚地理新探》，武汉大学出版社，1988年。高崇文：《曾侯與编钟铭文所记吴伐楚路线辨析——兼论春秋时期楚鄀都地望》，《江汉考古》2015年第3期。

奔鄀"正是力图深入楚国腹地并尽量远离吴军的线路,最后为随国所救。而时隔两年的前504年,吴军并未打到眼前,而仅仅是"楚国大惕,惧亡",就草草迁往远离腹地、没有深厚基础的上鄀,临时避险尚可一说,迁都这么慎重的事,是令人费解的。

根据文献和考古材料,楚国尽管此时军事上虽然暂时失利,但仍是疆土辽阔的南方大国。显然,此时迁往的都,要同时符合既要避开吴军锋芒,又要具有与吴军抗衡的基础和实力才行。上鄀显然不是最佳的选择,为此,应从更大的地理范围来考察都鄀的地望。结合当时的历史状况以及考古资料,我们认为楚昭王时迁郢于鄀之鄀,当为季家湖城,理由如下。

其一,季家湖城南北长1.6、东西长1.4公里,地处楚纪南城的西北近30公里,位于沮漳河的西岸。昭王畏惧吴人的进攻,往南、往西迁,尽量远离吴军进攻路线,符合避险的思路。当时的楚国鄀都在今宜城市,这是为多数学者接受的观点,虽然还有许多考古工作要做,但大致位置在这一带应该不差。季家湖城距当时的楚国都城较远,如以今宜城楚皇城城址为参照,在其西南方,相隔近130公里。并且,《左传·哀公六年》(前489年)记载楚昭王所言:"江汉沮漳,楚之望也。"季家湖城在"楚之望"的核心范围,也应是情理之中。万福垴遗址出土了有铭文的12件甬钟和大量的西周晚期、春秋早中期的陶片,遗址面积近60万平方米。①编钟、鼎等青铜重器的出现,也说明万福垴遗址是楚国势力的重要区域。万福垴遗址尚在季家湖城之西48公里,恰说明了包括万福垴、季家湖的这一区域是楚国势力和基础较为深厚之地,亦是迁都于季家湖城的又一重要支撑。

其二,季家湖古城出土秦王卑命钟(断句应为"……秦,王卑[俾]命竞平王之定,救秦戎……",②笔者认为尊重以往形成的习惯,仍称秦王卑命钟是可以的)。据李学勤先生考证,"竞(景)之定"为楚平王之子、楚昭王之兄弟定。该城系贵为王族的"定"亲自镇守,可见季家湖城的重要性。虽然近年来季家湖城所做工作较少,但此前的考古工作已经探明,"东周文化层内含有大量的筒瓦、板瓦和少量的春秋至战国时期陶片",③城内还发现了建筑台基,出土了显然只有宫殿等高等级建筑才能使用的精美青铜建筑构件,城外有宽9.8米的壕沟,无疑表明该城既具恢宏的建筑又有较强的军事防御功能。正是具有这样雄厚基础,才更符合在当时情景下采取"迁郢于鄀"的应急措施。况且,怀王之子、昭王兄弟"定"亲自把守,也应是迁都事件在政治上的又

---

① 湖北省文物考古研究所、武汉大学考古系、宜昌博物馆:《2013年湖北宜昌万福垴遗址调查》,《楚文化研究通讯》2013年第13期。
② 李学勤:《论"景之定"及有关史事》,《文物》2008年第2期。
③ 湖北省博物馆:《当阳季家湖楚城遗址》,《文物》1980年第10期。

一有力支撑。

其三,赵家湖古墓群位于季家湖城的北稍偏东11.5公里处,那里有数千座楚墓,时代从西周晚至春秋战国,[1]分布于赵家湖楚墓群中的曹家岗5号春秋晚期墓[2]以及赵家湖楚墓群以北5公里的赵巷4号春秋墓[3]等级较高。曹家岗5号墓大量图案精美的金属甲片、金箔饰件的出土,无不表明墓主人的尊贵地位。"王孙雹作蔡姬食盨"铭文铜盨的出土,表明该墓的主人正是"如秦乞师"、"勺饮不入口七日"而搬来秦兵救楚的申包胥。[4] 申包胥生活在昭王时代,作为昭王时期的重要大臣,死后葬于"郢郢"季家湖城的周边再自然不过了。申包胥墓的发现也是季家湖城作为都城以及城址使用时代的有力旁证。再补充一点的是,申包胥墓距季家湖城11公里,而距纪南城32公里,且赵家湖楚墓群是附属于季家湖城而规划布局的墓葬区,隶属于赵家湖墓群的申包胥墓,也自然是隶属于季家湖城的。

其四,季家湖城西边数公里的青山古墓群埋葬着许多高等级的墓葬,仅大型封土堆就20余座。[5] 其中具备王陵规格的墓冢只发现一座,即位于季家湖城西北约7公里的谢家冢楚墓。其规模、布局与荆州熊家冢楚墓接近,唯没有陪冢,调查时在冢上采集到春秋晚期的陶片。[6] 推测当是楚昭王迁都之后,在楚国迁都于"郢郢"季家湖城期间去世,遂葬于楚国都城季家湖城的西、北,这也符合王陵、都城布局规律。根据童书业、李玉洁等的考证,楚国都城迁往纪南城的时间在楚惠王时期。[7] 如是,就不难理解为什么季家湖城只葬有一个楚王了。季家湖城东边的八岭山、川店熊家冢等楚王墓,均位于纪南城的西、北方向,系根据纪南城而规划、布局,符合古人将墓葬规划在城的西、北方的布局特点,[8]应当是楚国都纪南城时期所葬。同治五年《枝江县志》载:"楚昭王墓在西北当阳接界处。"此外,南朝《荆州地理记》、唐代李善注引《荆州图记》等也有过记载,这当然仅仅可作为参考。

其五,季家湖城为郢郢,季家湖城与纪南城之间的关系定位也就十分清晰了。楚国在"郢郢"季家湖城逐步安定下来后,根据向东发展的大局需要,开始着手营建新的

---

[1] 湖北省宜昌地区博物馆、北京大学考古系编:《当阳赵家湖楚墓》,文物出版社,1992年。
[2] 湖北省宜昌地区博物馆:《当阳曹家岗5号楚墓》,《考古学报》1988年第4期。
[3] 宜昌地区博物馆:《湖北当阳赵巷4号春秋墓发掘简报》,《文物》1990年第10期。
[4] 赵德祥:《簠铭"王孙雹"和"蔡姬"考略》,《考古与文物》1993年第2期。
[5] 湖北省宜昌地区博物馆:《枝江县青山古墓群调查简报》,《江汉考古》1987年第2期。
[6] 邹海燕等:《枝江青山古墓群》,《湖北日报》2015年4月15日。湖北省文物考古研究所调查资料。
[7] 童书业:《楚王酓章钟铭"西𦔮"解》,《童书业历史地理论集》,中华书局,2004年,第562页。李玉洁表示:"据吴闿生《吉金文录》载阮元《积古斋钟鼎彝器款识》的楚曾侯钟铜器铭文:'唯五十六祀徙自西阳。'这说明楚回到郢都纪南城,是在楚惠王五十六年,时已进入战国。"见李玉洁:《楚史稿》,河南大学出版社,1998年,第166页。
[8] 《礼记·檀弓下》载"葬于北方北首,三代之达礼也,之幽之故也",考古资料表明,周代墓葬多布局在城的西、北方,如枣阳郭家庙曾侯墓地就位于同期的忠义寨城址的西北方。

都城纪南城。季家湖城离新都城较近,推测一方面经过吴破郢事件的痛定思痛,认为季家湖城是个相对适合的建都地域,既便于防守,又利于向东方发展;另一方面,距离现有都城较近,也利于调动人力、财力营建一个新的规模庞大的都城。纪南城边长4公里,与同期的齐国临淄、赵国邯郸都城面积相仿。[①] 建设一个与大国身份相称、符合当时大国发展战略的规模宏大之都城,也是楚国建设一个强大的南方之国所需。纪南城考古成果表明纪南城城址的时代为战国,王光镐、王红星等认为纪南城时代为战国中期,[②] 杨权喜、郭德维认为可以早到春秋晚期。[③] 纪南城城址规模大,应该是多次建造、多次维修所成,因此,考古所见的遗迹有建造时期的,也会有后来维修甚至改建时期的。所以,即使目前考古工作所发现的遗迹是战国中期,并不能确认整个城址的建造时期只有战国中期。该城址的考古工作还有许多需要开展的地方,但我们认为到战国早期没有问题。熊家冢楚王墓应该是依据纪南城而规划布局的,其时代为战国早期,这也可以作为纪南城时代可到战国早期的一个旁证。

关于鄀的考证,徐少华先生在《古鄀国、鄀县及楚鄀都地望辨析》一文中进行了认真的梳理。[④] 他认为下鄀在宜城一带,但是,他同样认为昭王时期如果迁到宜城一带的鄀,与当时楚国所在的郢都相比较而言丝毫达不到避开吴军锋芒的效果,也就没有迁的必要。为了解决这个矛盾,他选择了赞成童书业的观点,即北迁于上鄀。[⑤] 其实,关于下鄀的地点,尽管多有考证,但迄今并不能完全确凿,这也是在考证迁鄀之地常有困惑的原因。我们认为,鄀从西周一直沿用至春秋晚期楚昭王迁鄀时,有西周的鄀国,楚国国君若敖统治的鄀地,楚国时期的上鄀、下鄀等等,既可能是国名、县名、地名,也可能是像"郢"一样,尽管已经迁往别处,仍保留原先"鄀"的名字,以保留对"鄀"的纪念,十分复杂,这也是考证"鄀"的具体位置十分困难的原因。通过认真梳理,我们认为楚昭王迁鄀的鄀在季家湖城无疑。而且,季家湖城即鄀的确认,纪南城的时代、性质,以及与季家湖城的关系等问题也就迎刃而解了。季家湖城周边的高等级墓葬曹家岗5号、赵巷4号为春秋晚期,规格为楚王陵的谢家冢时代亦可能为春秋

[①] 群力:《临淄齐故城勘探纪要》,《文物》1972年第5期。河北省文物管理处、邯郸市文物保管所:《赵都邯郸故城调查报告》,《考古学集刊》第4集,中国社会科学出版社,1984年。
[②] 王光镐:《楚文化源流新证》第四章《江陵纪南城的分期与年代》,武汉大学出版社,1988年。王红星:《楚郢都探索的新线索》,《江汉考古》2011年第3期。
[③] 郭德维:《楚郢都辨疑》,《江汉考古》1997年第4期;《楚纪南城复原研究》,文物出版社,1999年,第28页。杨权喜则认为纪南城城垣始建于春秋晚期,而始都郢也在纪南城,见杨权喜:《江陵纪南城的年代与性质再讨论》,《楚学论丛》第三辑,湖北人民出版社,2014年。
[④] 徐少华:《古鄀国、鄀县及楚鄀都地望辨析》,《石泉先生九十诞辰纪念文集》,湖北人民出版社,2007年。
[⑤] 童书业:《春秋楚郢都辨疑》,《童书业历史地理论集》,中华书局,2004年。

晚期,青山古墓群还有20多座高等级墓葬,其时代待考;而纪南城周边的高等级墓葬,均为战国时期而不见春秋时期,进一步证明了季家湖城、纪南城的建造时间、性质,以及迁都的地点、时间是可信的。当然,季家湖城发现春秋时期高等级墓葬二十余座,有的是迁郢于都后埋葬,有的是郢未迁到季家湖城之前埋葬,郢尚未迁到都之前,季家湖也应该是一处重要的楚国城邑,因而埋葬高等级春秋墓就可以理解了。

本文原刊于《楚文化研究论集》(第十二集),上海古籍出版社,2017年。

附录八

"金道锡行":中国青铜时代铜原料的南方之路

曾国的系列考古发现是近年来我国商周领域取得的重大考古收获。仅仅就青铜器而言,曾国出土青铜器数量之多,时间跨度之长,器型种类之丰富,铸造工艺之精湛相对于两周时期的诸侯国而言都是极为罕见的。从西周早期的随州叶家山墓地开始,经两周之际的枣阳郭家庙墓地、苏家垄墓地,再到春秋战国时期的义地岗墓群和擂鼓墩墓群,曾国出土的青铜器成千上万件(套),加上传世的曾国青铜器,总体数量十分庞大。两周时期常见的青铜器种类在曾国出土的青铜器中都可见到。青铜器铸造工艺常见的范铸法和浑铸、先铸、后铸以及焊接等青铜附件连接方式在曾国青铜器上都有体现;特别是当时先进的失蜡法熔模铸造工艺在曾国得到应用是目前所知是较早的。随州文峰塔墓2012M33的春秋中期青铜盘(M33:30)的方形镂空耳,在铸件上清晰发现熔蜡流动的痕迹,是失蜡法的明证,[1]时代与淅川下寺的王子午云纹铜禁相当(当不晚于公元前552年)。[2]就当时所处的时代和技术水平而言,曾侯乙尊盘是目前所见最精美的器物,是中国古代青铜铸造的巅峰之作。我们从中可见曾国青铜冶铸业水平之高、规模之大。要铸造如此众多且造型精美的青铜器必须要有稳定可靠的铜矿、铜料来源和大规模的青铜冶炼作坊。

《左传·成公十三年》云"国之大事,在祀与戎",而铜料作为制作礼器与兵器的主要原料就成了中原王朝和诸侯国所要获取的重要战略资源,所以控制铜矿资源及其运输通道就成为两周时期周王朝和诸侯国增强实力的重要条件之一。曾国作为周王朝分封在汉东地区的姬姓诸侯国如何获取铜矿、铜料资源,是需要探究的课题。曾国所处地理位置优越,处在汉水以东,大洪山与桐柏山中间地带,地势较为平坦,是一条西北—东南走向的狭长平原,这一地带被称为"随枣走廊",自古就是战略和交通要

---

[1] 台湾自然科学博物馆、湖北省博物馆:《鼎立三十——看先民铸鼎镕金的科学智慧》,2015年,第79—80页。
[2] 《左传·襄公二十一年》载"夏,楚子庚卒",即王子午死于公元前552年。

道。两周时期,随枣走廊是周人南下和控制江汉地区的重要通道,周王朝在随枣走廊沿线分封了众多诸侯国,史称"汉阳诸姬",它们担任着替周王朝管理江淮地区的重要职责;此外随枣走廊也是楚国东进的一条主要路线,楚国向汉东的扩张也主要是通过随枣走廊一带兼并江淮各诸侯国。随枣走廊的地理位置之所以如此重要,还因为它是一条重要的铜矿料的运输线,被称为"金道锡行",它可以通过涢水连接长江,这样鄂东南的大冶、江西瑞昌和安徽铜陵等地的铜矿、铜料资源就可以沿江而上通过随枣走廊再北上运至周王朝。[①] 曾国从始封之时直至灭亡,其疆域范围和政治中心基本都在随枣走廊一带。作为周王朝分封在汉水流域的姬姓诸侯国中实力最强的一个,担负着替周王朝守住南土的重要责任,而保障向周王朝运输铜料路线的安全就成了其责任的重中之重。当然,在保障周王朝铜矿、铜料所需的同时,曾国作为运输线上的重要转运"枢纽",自然也能获得丰富的铜矿料资源,保障其礼仪祭祀和战争需要。

近年的考古发现,尤其是随州叶家山墓地、京山苏家垄遗址及墓地的发掘,对我们了解"金道锡行"提供了新材料和新视角。随州叶家山西周早期曾国墓地 M28 曾侯墓出土有长方形和圆形的铜锭两块,[②]曾侯墓随葬铜锭体现了铜这种资源对于曾国有着不同于其他诸侯国的特殊意义。京山苏家垄遗址在这几年的调查发掘中发现了与墓地同时期的大规模曾国冶铜遗存,遗址内分布有面积达 75 万平方米的铜矿炼渣遗迹,检测结果与初步研究表明铜渣主要是当地进行冶炼的炼渣,另发现一座炼铜炉和距离炉址不远处的一块铜锭。这些发现都说明了铜对于曾国的特殊意义。

一、苏家垄墓地和遗址揭示的聚落等级与铜料路线地理方位

(一)苏家垄墓地所出曾伯桼器群与传世的曾伯桼"金道锡行"青铜簠对应,说明"金道锡行"的节点位置在曾国。苏家垄墓地 M79 与 M88 分别出土一对铜壶,四件壶形制相同,其中 M88 出土铜壶铭文显示器主是"曾伯桼"。根据两座墓的布局关系和出土器物推断,M79 为曾伯桼墓,M88 为其夫人墓。曾伯桼铜壶的铭文内容:"唯王八月初吉庚午,曾伯桼哲圣孔武,孔武元犀,克逊淮夷,余温恭且忌,余为民父母。唯此壶章,先民之尚。余是牀是则,允显允异。用其镛鏐,唯玄其良,自作尊壶,用孝用享于我皇祖,及我文考,用锡(赐)害(匄)眉寿,子孙永宝。"而早年被山东陈介祺先生收

[①] 方勤:《曾国历史与文化研究——以新出考古材料为线索》,武汉大学博士学位论文,2018 年。
[②] 湖北省文物考古研究所、随州市博物馆:《湖北随州叶家山 M28 发掘报告》,《江汉考古》2013 年第 4 期。

藏,现存于中国国家博物馆的曾伯桼铜簠铭文内容为:"唯王九月初吉庚午,曾伯桼哲圣元武,元武孔黹(致),克狄(逖)淮夷,印(抑)燮繁汤(阳),金道锡行,具既卑(俾)方。余择其吉金黄鑪(铝),余用自作旅簠,以征以行,用盛稻粱,用孝用享于我皇祖文考。天赐之福,曾伯桼叚(遐)不(丕)黄耇,万年眉寿无疆,子子孙孙永宝用之享。"从两个器物的铭文来看,不仅器主的称名一样,且铭文辞例相似;另外 M79 出土的铜簠从器型和纹饰上也都与国博所藏"曾伯桼"簠一致,据此可以断定两者的器主为同一人"曾伯桼"。传世的"曾伯桼"簠因收藏人陈介祺先生为山东之人,所以学界很容易联想到今山东境内之"曾",现在看来并非如此,传世的"曾伯桼"簠也是出自今湖北境内的"曾",只是不知这中间发生何种"变故"流传至今山东境内,或者是早在春秋时期,曾国与地处今天山东的某些诸侯国交流所致。但是,"金道锡行"的青铜之路,就在地处今天随枣走廊的曾国境内,这点毋庸置疑。需要特别说明的是,从曾国春秋时期主要通过随枣走廊的西端与中原交往,所以推测铭文所指"金道锡行"的线路,当是沿随枣走廊这条道路。"曾伯桼"簠铭文提到的"印(抑)燮繁汤(阳)","繁阳"一般指在今河南新蔡一带,同时考虑郭家庙、苏家垄所处的西周晚期和春秋时期,多重证据表明曾国与处于江淮的黄国交好,特别是苏家垄墓地的曾侯仲子斿父、郭家庙曹门湾墓地的曾侯绊白[①]的两位曾侯的夫人都可能来自黄国,不排斥还存在通过黄国再北上的一条线路,这条道路当经过今河南新蔡一带的"繁汤(阳)"。

(二)苏家垄遗址及墓地揭示的曾国当时高规格的社会结构和组织,佐证了能承担"金道锡行"使命

苏家垄墓地是以两位曾国国君为主的一处曾国公墓地。[②] 1966 年发掘的 M1"曾侯仲子斿父"墓、2016 年发掘的"曾伯桼"墓,墓主为两位曾侯,2016 发掘的 M1 祔葬的有 7 车的大型车马坑进一步佐证了 M1 的身份是诸侯;与"曾伯桼"的夫人身份匹配的 M88 的发现,特别是 M88 中鼎、簠"夫人芈克"铭文中明确称芈克为"夫人"这一诸侯国君配偶才配专享有的称谓,也进一步证明"曾伯桼"的身份为曾国国君。不仅如此,整个墓地排列有序,还发现了"太师"、"太祝"、"太保"类似周王朝三公职务的重要臣属的墓葬,其中太师墓三鼎四簠规格。整个墓地除 M1、M79 国君规格墓葬外,还有 5 座三鼎四簠规格的墓葬,其身份也当是重要大臣;除国君外,臣属设置齐全,[③]进一步表明苏家垄遗址是都城性质。苏家垄如此高规格的居址,当是曾国当时的都城所在,才能担当起"金道锡行"的使命。

---

① 方勤、吴宏堂:《穆穆曾侯——枣阳郭家庙曾国墓地》,文物出版社,2015 年。
② 方勤、胡长春等:《湖北京山苏家垄遗址考古收获》,《江汉考古》2017 年第 6 期,第 3—9 页。
③ 方勤:《曾国历史与文化研究——以新出考古材料为线索》,武汉大学博士学位论文,2018 年。

二、曾国铜料来源与运输线路的多元化性分析

虽然目前苏家垄遗址还没有发现铸造所需的陶范,无法说明墓地所出青铜器是否是在本地铸造,但如此大规模的冶铜遗存的发现足以说明苏家垄不仅为春秋早期中国青铜运输的重要节点,更兼具"加工"的功能,将从附近运输而来的铜矿资源加以冶炼(在距离7公里左右的地方调查发现了铜矿),而这一点与湖北铜绿山古铜矿遗址"原产地"的冶炼功能稍微有所区别。无论如何,苏家垄大规模铜器群和冶炼遗存的发现不仅揭示了周王朝管理经营南方及南方铜、锡原料的重大史实,也实证了当时在江淮地区确实存在一条铜矿资源的南方之路。[1] 需要补充说明的是,苏家垄冶炼的铜矿来源于哪里,则需要进一步的讨论。在苏家垄考古发掘期间,笔者组织了专题调查,在苏家垄遗址附近的今京山市境内的京山涂家塆(苏家垄遗址北面约7公里)、随州同兴、钟祥东桥与洋梓等地发现了铜矿原料地,[2]虽然具体确证还需要进一步考古工作,但这是一个值得关注的线索,如这些铜矿产地采矿并运输至苏家垄一带冶炼,当是较为合理的推断。如是,推测曾国维护的"金道锡行"的铜、锡来源是多元的,既有本地冶炼的;也应有从大冶铜绿山等地冶炼的铜锭,再运转而来的。

关于铜原料获得的方式,则既有贸易,也有武力掠夺,这可从铜器铭文的相关内容得到印证。北宋时期出土于陕西韩城的晋姜鼎铭文有记载:"……嘉遣我易卤积千两(辆)……征繇(繁)汤,取厥(厥)吉金,用乍(作)宝尊鼎……"(图一)这段铭文记述的当是晋楚之间的盐铜贸易,李学勤认为"繁汤"即河南新蔡以北的繁阳,晋姜鼎和戎生编钟记载了同一史实,即晋国以大量的盐前往繁汤交换铜料。[3] 关于晋姜鼎的年代,裘锡圭认为是春秋早期,李学勤认为是晋昭侯六年(公元前740年),晋姜鼎的铭文揭示了春秋初年晋国通过贸易从南方得到大量铜料的事实。关于贡享等掠夺方式,西周楚公逆钟的铭文记载"唯八月甲午,楚公逆祀厥先高祖考,夫(敷)工(供)四方首。楚公逆出求人用祀四方首,休多禽(擒)。𩰫(毓)内(纳)飨(享)赤金九万钧,楚公逆用自作䢅妻(谐)钖钟百肆。楚公逆其万年寿,用保厥大邦,永宝"。记载楚公逆(楚君熊咢,公元前799年—791年在位)为祭祀先祖等外出寻求贡品,[4]多有收获,得到进贡赤铜九万钧(约

---

[1] 方勤、吴宏堂:《穆穆曾侯——枣阳郭家庙曾国墓地》,文物出版社,2015年。
[2] 湖北省文物考古研究所苏家垄考古工作站资料。
[3] 李学勤:《戎生编钟论释》,《文物》1999年第9期。
[4] 董珊:《晋侯墓出土楚公逆钟铭文新探》,《中国历史文物》2016年第6期。

五六百吨)而铸造了大量的钟,至于获取的方式,"禽(擒)"表明使用了武力,应该是有直接用武力掠夺,也有他族迫于武力"主动"进贡的。黎海超、崔剑锋运用科技分析方法,也证实了至少在西周晚期到春秋初年晋国所用铜料有部分源于与楚国的贸易,①可见不论是自由贸易还是武力掠夺的方式,铜料的交流是真实存在的。

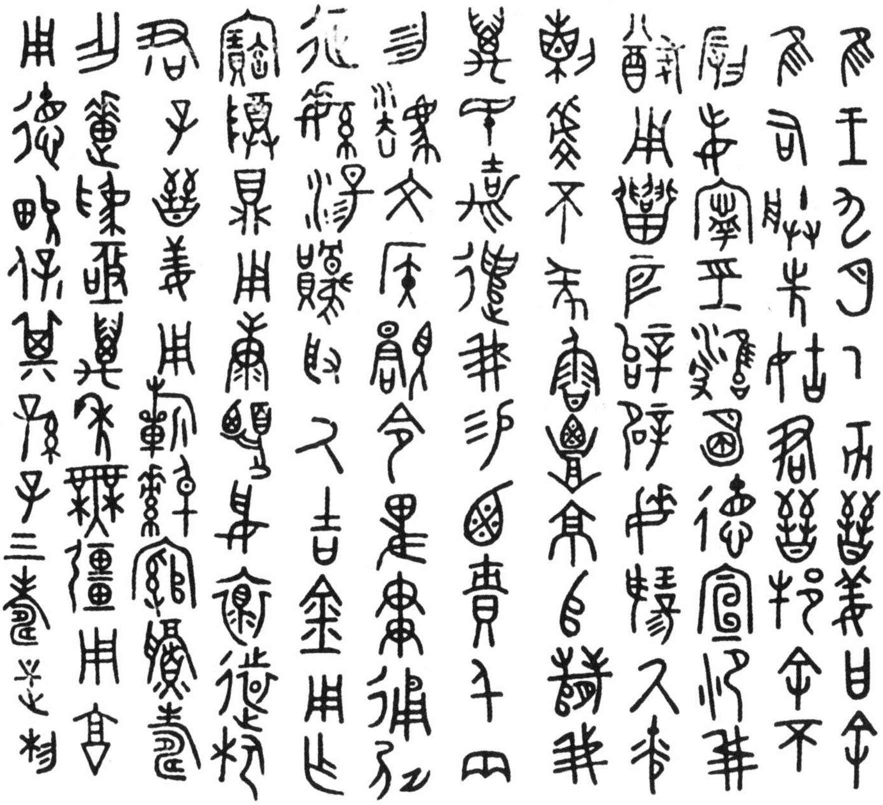

图一 晋姜鼎铭文

根据大冶、阳新、瑞昌等地的矿冶考古材料,尚未发现西周时期周人直接控制铜料生产的证据。1983年、2003年考古工作者曾对阳新和尚垴遗址进行了钻探和发掘,发现有大量炼渣及其他遗物,确认这里是一处早至西周早期的两周时期的重要冶炼遗址。和尚垴遗址中出土的带沟槽的鬲足、带流鬲都体现了较强的地方文化特点。② 据此可以推测,西周时期主要是本地的扬越部族在此进行铜料的生产冶炼,曾国应该主要是通过贸易、掠夺等方式获取铜料,再通过"金道锡行"随枣走廊线路或经过繁阳

---

① 黎海超、崔剑锋:《试论晋、楚间的铜料流通——科技、铭文与考古遗存的综合研究》,《考古与文物》2018年第2期。
② 咸宁地区博物馆、阳新县博物馆:《阳新县和尚垴遗址调查简报》,《江汉考古》1984年第4期,第26页。湖北省文物考古研究所资料。

的北方线路输送至周王朝核心地区。

春秋中晚期以后,尤其曾国"左右楚王"后,其主要活动区域在今随州一带。曾国臣服于楚国后,楚国并未将其消灭,曾国仍占据今随枣走廊的随州一带疆域,只是随枣走廊这一条运铜线路以及大冶、阳新一带的铜矿资源被楚国夺去了控制权,曾国此时已失去替周王朝掌控随枣走廊这条"金道锡行"运输线的能力。《史记·楚世家》记载楚成王元年(公元前671年),周惠王授予楚成王特权,"镇尔南方夷越之乱,无侵中国","于是楚地千里",楚国名正言顺地占有了南方大片蛮荒之地,古大冶地区也纳入楚国版图。

楚国夺去曾国对随枣走廊的控制权后,又东进占领了大冶、阳新一带进而控制了这一带的铜矿资源。但此时的曾国仍是随枣走廊这条运输线的一个重要方国,楚国要想把大冶、阳新一带的铜矿料资源运至楚国的北方地区仍走随枣走廊线路或经过繁阳的北方线路,从而需要曾国帮助其守卫着这条重要的运输通道。

从大冶铜绿山四方塘墓地出土较多含有楚文化因素的器物来看,此时铜绿山铜矿已经被楚国占领和经营。四方塘墓地的墓葬可以分为三个等级,分别对应着矿冶活动的组织管理者、低级管理者或高级技师、开采工匠。① 窄边小型墓穴、随葬沟槽足陶鬲者具有较强的当地扬越文化特色,宽边墓穴、有棺或有棺有椁、多随葬兵器、随葬陶鬲鬲足不见竖行沟槽者则有明显的楚文化作风。② 可见虽然大冶铜绿山的铜矿资源的管理者为楚国人的中下层贵族,但开采工作主要还是扬越人完成,楚国在控制扬越人给自己提供充足铜矿资源的同时,扬越人也当有一定的铜矿交易权。曾国在"左右楚王"时期,与楚国关系稳定,其当有一定的自主发展权。因此不同于楚国直接控制铜矿,曾国可以通过贸易手段从扬越人手中获得部分铜料资源,在春秋时期继续确保"金道锡行",在铜料的流通中发挥重要作用。

公元前21世纪至公元前221年的夏商周时期,中国创造了以青铜器为载体的辉煌灿烂的青铜文明,探索青铜矿的产地与开采是中国青铜文明研究的重大课题。我国铜矿资源丰富,自夏商周开始,北方、南方的铜矿资源得到开采与利用。北方以中条山及周边区域铜矿为代表,距离中条山仅数公里的山西绛县西吴壁遗址发现大规模的冶铜遗址,发现了炼炉残迹、铜炼渣、矿石、石范等夏代的二里头时期、商代的二里岗时期的冶铜遗存,③表明早在夏商时期已经形成了完整的采矿、冶炼、铸造的青铜

---

① 湖北省文物考古研究所等:《大冶铜绿山四方塘墓地第一次考古主要收获》,《江汉考古》2015年第5期,第35—44页。陈树祥等:《楚国经略鄂东南铜矿资源的考古学观察——以铜绿山等地考古发现为例》,《湖北理工学院学报》(人文社会科学版)2017年第2期。
② 陈丽新、陈树祥:《试论大冶铜绿山四方塘墓地的性质》,《江汉考古》2015年第5期,第100—101页。
③ 戴向明、田伟等:《山西绛县西吴壁遗址发现大量夏商时期冶铜遗存》,《中国文物报》2018年12月14日。

器产业链。南方以湖北大冶铜绿山遗址、①阳新大路铺遗址、②阳新和尚垴遗址③和江西瑞昌铜岭遗址④等为代表,表明南方至迟在商代就实施了开采与冶炼。出土于苏家垄墓地的曾伯桼壶与收藏于国家博物馆的曾伯桼簠相互印证,说明春秋时期曾国担负维护"金道锡行"矿料安全畅通的使命。尽管此时中国北方同时存在采矿、冶炼生产,由于铜、锡资源的需求量巨大,南方矿资源仍源源不断输送到中原,存在一条中国青铜时代铜、锡资源运输的南方之路——金道锡行。江西铜岭、湖北大冶与阳新一带的铜矿自商代、西周就实施了开采,商代盘龙城与中原地区的关系密切,随州叶家山墓地、黄陂鲁台山墓地⑤(图二)出土了表明铜料运输意义的铜锭,似乎暗示铜矿的这条运输道路可能自商、西周都存在,但这有待于考古发现的进一步证实。

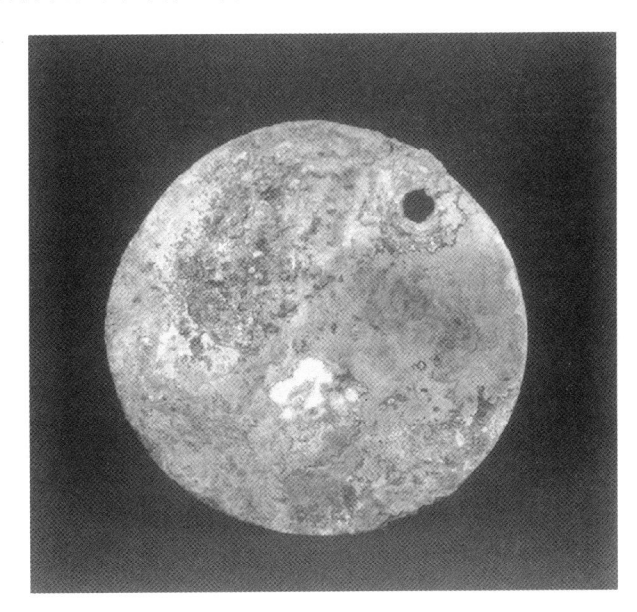

图二 黄陂鲁台山 M31 出土铜锭

原文为2018年9月武汉大学举办的"楚文化与长江中游早期开发国际学术研讨会"大会上发言,并收入论文集。

---

① 陈树祥:《铜绿山考古发现价值与意义》,《铜绿山考古印象》,文物出版社,2018年。
② 湖北省文物考古研究所等:《阳新大路铺》,文物出版社,2013年。
③ 咸宁地区博物馆、阳新县博物馆:《阳新县和尚垴遗址调查简报》,《江汉考古》1984年第4期。湖北省文物考古研究所资料。
④ 江西文物考古研究所铜岭考古队:《江西瑞昌铜岭商周矿冶遗址第一期发掘简报》,《江西文物》1990年第3期。
⑤ 黄陂县文化馆、孝感地区博物馆、湖北省博物馆:《湖北黄陂鲁台山两周遗址与墓葬》,《江汉考古》1982年第2期,介绍西周墓M31出土了一枚"铜镜",圆形素面,直径14厘米,报告描述"边缘上端有一小圆孔,应当为悬挂之用";武汉市文物考古研究所编《武汉出土文物精选》(武汉出版社,2008年)收录了该照片,仔细观察该"铜镜"没有钮,可能并非铜镜,小孔应当是为了便于携带,应是一块铜锭。

后 记

曾侯乙墓及曾侯乙编钟是20世纪最伟大的考古发现之一。2018年是曾侯乙墓发掘40周年,恰逢改革开放40周年。4月27日,习近平主席在与印度总理莫迪共同参观包括曾侯乙编钟、曾仲斿父壶在内的精品文物展时指出,荆楚文化是悠久的中华文明的重要组成部分,在中华文明发展史上地位举足轻重。11月14日,王岐山副主席考察湖北省博物馆时,强调要讲好中国历史文化故事,做好包括曾国文化在内的中华文明的整理、研究和宣传,让中华民族优秀文化代代传承,是文博人的责任和担当。作为文博人的其中一员,我深感自豪。

2018年12月,李伯谦先生亲自带队调查大冶东角山矿冶遗址,李延祥、陈建立、作者、孟华平、陈树祥参加调查,喜获收获后合影

后 记

近年来，围绕曾侯乙墓引发的曾国始封、曾随之谜、曾楚关系等国际性学术热点课题，湖北考古人开展了主动考古工作，取得了一系列重大收获。其中，叶家山墓地与庙台子遗址、郭家庙墓地与忠义寨城址、苏家垄墓地与冶炼遗址、铜绿山矿冶遗址与墓地、文峰塔墓地被评为全国十大或六大考古发现。此外，和尚垴西周早期冶炼遗迹、曾侯與墓、曾侯郏墓、曾侯得墓、曾侯乙附葬坑的发现，也十分重要。本书就是在充分吸收这些成果的基础上得以完成的。我特别要感谢可敬的师友和同事，没有他们辛勤的付出和取得的丰硕成果，我的研究就是无本之源，可以说，这本书是集体心血的结晶。更为可贵的是，他们无私地给我提供了丰富的资料，包括珍贵的照片，在此向给予帮助的各位师友与同事，以及参与曾国考古工作的湖北文物考古研究所的同事致谢，恕我未能一一列名；同时，向为本书编辑付出辛劳的同事与师友，表示诚挚谢意！还要特别感谢冯天瑜先生、李伯谦先生、刘绪老师、傅才武老师，正是在他们的鼓励与鞭策下，本书才得以完成。李伯谦先生为本书题签，冯天瑜先生更是亲自作序以鼓励。上海古籍出版社吴长青、张亚莉费心多多，在此一并致谢！

弹指一挥间，匆匆走过了四年未名湖畔、六年珞珈山麓的求学生涯，校园明师深邃的思想开启了我的学术之路；自1989年天门石家河遗址为期半年的田野考古实习起步，迄今考古生涯已经整整三十个年头，一线田野给了我探究的热情和思考的维度。边实践边思索的人生无疑是幸福的，一路走来，先贤的思想智慧和学界同行的扎实成就，给了我无尽的熏陶与启迪，让我受益匪浅，也促我鼓起勇气撰写此书，是要致以深切谢意的。最后，还要感谢我的家人，尤其是妻子杨燕默默的付出和鼓励，让我在享受学术滋润同时，沐浴着家庭的温馨与快乐！

2018年12月

图书在版编目(CIP)数据

曾国历史与文化:从"左右文武"到"左右楚王"/方勤著.—上海:上海古籍出版社,2019.7
ISBN 978-7-5325-9277-7

Ⅰ.①曾… Ⅱ.①方… Ⅲ.①中国历史—研究—春秋战国时代 Ⅳ.①K225.07

中国版本图书馆 CIP 数据核字(2019)第 138364 号

题　　签:李伯谦
责任编辑:吴长青
　　　　　张亚莉
封面设计:严克勤
技术编辑:耿莹祎

北京大学震旦古代文明研究中心学术丛书
曾国历史与文化
——从"左右文武"到"左右楚王"
方　勤　著
上海古籍出版社出版发行
(上海瑞金二路 272 号　邮政编码 200020)
(1) 网址:www.guji.com.cn
(2) E-mail:guji1@guji.com.cn
(3) 易文网网址:www.ewen.co
上海展强印刷有限公司印刷
开本787×1092　1/16　印张17.25　插页16　字数309,000
2019 年 7 月第 1 版　2019 年 7 月第 1 次印刷
印数:1—2,100
ISBN 978-7-5325-9277-7
K·2672　定价:89.00元
如有质量问题,请与承印公司联系
电话:021-66366565